中文社会科学引文索引(CSSCI)来源集刊
中国知网(CNKI)全文收录

对外汉语研究

第 二 十 五 期

上海师范大学
《对外汉语研究》编委会　编

《对外汉语研究》编委会

主　　编：齐沪扬

编委会成员（按音序排列）：
　　陈昌来　　崔希亮　　范开泰　　范　晓　　古川裕〔日本〕
　　李宇明　　陆俭明　　孟柱亿〔韩国〕　　潘文国　　齐沪扬
　　邵敬敏　　沈家煊　　石定栩〔中国香港〕　　史有为
　　吴为善　　信世昌〔中国台湾〕　　张谊生　　赵金铭

本期执行编委：齐沪扬　吴为善

本期执行编辑：杜　轶
编辑助理：焦密阳　郭晗晗

目 录

世界汉语教学学会"国际中文教育"专栏

全球汉语学习者汉语能力表现的现状与问题
　　——基于2018年汉语水平考试（HSK）大数据的分析
　　……………………………… 丁安琪　李佩泽　于　艳　程海婷（1）

汉语应用研究

动宾组合带时量成分的三种句式及其相关教学建议
　　………………………………………………… 辛永芬　马惠玲（12）
关于对外汉语语篇语法教学内容的一些思考 ………… 胡建锋（24）
国际中文教育学科知识生产制约因素初探 ……… 裴雨来　邱金萍（37）
《助词"了"》的编写背景与内容框架
　　——兼及面向汉语国际教育的多功能虚词研究专书的编写理念
　　………………………………………………… 邵洪亮　杜家俊（48）
基于对外汉语写作教材语料库的话题项目表研制
　　………………………………………………… 俞理明　谷肖玲（63）
非声调母语者对普通话声调的范畴感知研究
　　……………………………………… 李贤卓　杨伯顺　梁丹丹（77）
汉语二语学习者自主学习"心理—能力—行为"三维模型的
　　构建和量表制定 ……………………………… 徐晓羽　陈舒敏（92）

汉语本体研究

近代汉语"想"的话题标记功能研究 ……………………… 张新华（103）
"V得/不着"的情态特征及其语义演变 ………………… 周　红（118）

从计量角度看小说叙述与对话的语言差异 …………………… 郭昭军（132）
论汉语动词从"力量撑顶"到"语言顶撞"的演变 … 胡丽珍 蒋 铖（144）
谓词性成分前"要"的句法性质与判定标准 ………………… 王伟民（157）
视角型换言标记构式"从X方面说" …………… 李晓琴 陈昌来（169）
论主观大量构式"有的是NP" ………………… 代宗艳 宗守云（180）
"啊"的音变规律与用字规范问题再议 ……………………… 黄梦迪（193）

补白

施春宏等著《汉语教学理论探索》出版 ………………………………（62）
崔希亮主编《汉语国际教育研究论集·语法卷》出版 ………………（76）
周清海《华语教学语法（修订本）》出版 ………………………………（91）

全球汉语学习者汉语能力表现的现状与问题[*]
——基于2018年汉语水平考试(HSK)大数据的分析

丁安琪[1]　李佩泽[2]　于　艳[2]　程海婷[1]

摘　要：本研究在对2018年全球汉语水平考试(HSK,为行文方便,下文直接用HSK)考生结构、考试成绩等进行分析的基础上,从HSK视角呈现了全球汉语学习者及其学习表现的概貌；海外已经成为汉语学习的主要地点；学习者多集中在东南亚地区,尤其是汉字文化圈国家；全球汉语学习者整体汉语能力偏低,听力、阅读与书写能力发展不够均衡,其中听力水平高于阅读和书写水平。HSK2.0版已完成其历史使命,HSK3.0版如何满足新时期的需求仍待深入探讨。

关键词：汉语能力；汉语水平考试(HSK)；考生结构；能力表现

〇、引言

2021年3月24日,《国际中文教育中文水平等级标准》(以下简称《标准》)正式发布。这是国际中文教育事业进入高质量发展的里程碑,标志着国际中文教育进入了一个新的时代。马箭飞(2021)认为新标准发布后将全面指导国际中文教育的学习、教学、测试与评估工作。刘英林(2021)则进一步明确指出,《标准》发布后有两个当务之急,第一个就是在《标准》的引领下,重点开发国家级HSK3.0版。

汉语水平考试(HSK,为行文方便,下文直接用HSK)是一项国际汉语能力标准化考试,也是世界上影响最大的汉语水平考试之一,对世界各国汉语教学及汉语测试都产生了重要的影响。刘英林(2021)将1984—2008年的HSK称作1.0版,2009—2020年

---

[*] 本文的研究得到孔子学院建设和汉语国际教育2018年度课题重点项目"本土汉语教师职业身份认同研究"(项目编号：18CI03B)的资助,李佩泽为本文通讯作者。感谢匿名审稿专家对本文提出的宝贵意见。

的新 HSK 称作 2.0 版,新标准发布后即将研发的 HSK 称为 3.0 版。在 3.0 版研发之际,我们有必要对 2.0 版状态下汉语学习者的汉语能力进行研究,以期为 3.0 版的研发提供参考依据。

目前全球有 2 500 万人将汉语作为第二语言进行学习,全球学习和使用中文(作为第二语言)的人数已经接近 2 亿(马箭飞,2021)。如此庞大的数据,使我们无法对全球汉语学习者进行穷尽性研究,2.0 版 HSK 每年在全球一百多个国家和地区举行,收集了大量的相关数据,为我们以 HSK 考生为代表,对全球汉语学习者进行研究提供了重要的途径。我们拟对 2018 年全球 HSK 考生基本信息及成绩数据进行全面梳理[①],分析全球汉语学习者的汉语能力现状与问题,回答以下几个问题,以期为 3.0 版 HSK 的研发提供参考。

其一,2018 年 HSK 考生结构如何?

其二,2018 年 HSK 考生考试成绩如何?

其三,2018 年考试组织方式对考生成绩的影响如何?

一、全球考生结构分析

1.1 等级分布

2018 年全球总计 406 924 人次[②]参加了 HSK 六个等级的考试。但各等级人次并不均衡。参加四级的考生人次最多(98 324 人次),其次是五级(81 368 人次)。考生人次最少的是六级(47 225 人次)和一级(48 887 人次)。

一般认为,外语学习人数分布呈金字塔形,水平越低,人数越多;水平越高,人数越少。但 HSK 考生人数并未与学习人数的这一分布特征保持同步。一方面,可能是由于中国很多大学对申请来华接受学历教育的留学生都有提供 HSK(四级)或 HSK(五级)成绩证明的要求。另一方面,也可能是受相近类型考试的影响所致。除了 HSK,同样由汉考国际研制实施的中小学生汉语考试(YCT)也是对学习者汉语水平进行检测的考试,考生主要为中小学生。根据汉考国际官网介绍,YCT(二级)至 YCT(四级)对应

---

① 由于数据库的建设具有滞后性,截至本文写作时,已经整理入库的最新数据为 2018 年数据。该数据库中包含 2018 年 1 月 1 日—12 月 31 日间全部 HSK 中所有考生的成绩、注册信息(包括性别、国籍、年龄)、汉考国际的管理信息(包括考场、考试方式)等数据。窥一斑而见全豹,通过对 2018 年一年的大数据分析,我们可以了解以 HSK 考生为代表的全球汉语学习者的基本状况。

② 本研究以人次作为统计单位,如同一位考生多次参加考试,将统计为不同的人次。

的词汇量要求与 HSK(一级)至 HSK(三级)基本一致,均为要求掌握 150、300、600 个最常用的词语①。有可能部分中小学生选择参加了 YCT,因而导致 HSK(一级)到 HSK(三级)考生人数受到影响。据悉,每年参加 YCT 的考生约有 10 万人次左右。

1.2 地域分布

对考生考场信息进行统计,发现在中国境外考区参加考试的考生总人次为 324 776 人,占全球考生总人次的 79.8%。根据罗民等(2011)的统计,2010 年 HSK 首次在海外组织实施时,考试规模为 98 291 人次,8 年间增长幅度为 230.4%。由此不难看出新 HSK 在世界各国的推广已经取得了显著成效。

各个国家考生人次差距悬殊,考生人次最多的国家为韩国(总计 118 106 人次),这与 HSK 在韩国得到广泛应用有关。韩国自中韩建交之前即开始引入汉语水平考试,HSK 是韩国各类测试汉语水平能力的考核方式中知名度最高的一种。目前,HSK 在韩国是现代、三星、LG 等大型企业公认的最具有权威性的汉语水平认证考试,也是很多大学入学考试的重要参考依据。社会对汉语产生的巨大工具性需求,会在韩国营造一种对汉语有利的心理和社会环境,增强汉语在韩国的社会声望。这对汉语在韩国的发展非常有帮助。

按考生人次多少排序,排在第 2—5 位的分别是泰国、日本、越南、印度尼西亚,考生人次依次为 45 246、34 051、16 026、15 421。考生人次前五位的国家总人次占全球考生的 56.2%。

以是否为汉字文化圈国家或地区为视角进行统计,得到汉字文化圈国家的考生为 173 842 人次,占全部考生的 42.7%。由此可以看出,HSK 的主要影响在东亚和东南亚,尤其是汉字文化圈国家,这可能跟这些国家学习汉语的人数较多有关。这些国家和地区在历史上就与我国有密切交流,其政治、文化、军事等都受到中国的深远影响,历来有汉语学习的传统。教育部公布的 2018 年来华留学生人数②显示,它们的来华留学人数也都排在前列。

1.3 考试方式分布

2.0 版 HSK 有两种不同的考试方式,一种是传统的纸笔考,一种是 2009 年新增设

---

① 详见汉语考试服务网,网址为 http://www.chinesetest.cn/index.do。
② 根据教育部"2018 年来华留学统计",来华留学生按国别排序前 15 位分别是:韩国、泰国、巴基斯坦、印度、美国、俄罗斯、印度尼西亚、老挝、日本、哈萨克斯坦、越南、孟加拉、法国、蒙古、马来西亚。详见 http://www.moe.gov.cn/jyb_xwfb/gzdt_gzdt/s5987/201904/t20190412_377692.html。

的网考。网考支持在线发放试卷、在线作答,并可以网络回传作答数据,整个考试过程实现了无纸化操作。2018年全球参加网考的总人次为116 912,占全部考生总人次的28.7%。整体来看,全球考生依然以参加纸笔考为主。

分等级进行统计(见图1),发现等级越低,参加传统纸笔考的考生人次比例越高;等级越高,参加网考的考生人次比例越高。但引人注意的是,中国大陆考区考生选择网考或纸笔考的趋势与全球趋势并不一致,除新HSK(一级)纸笔考人次稍多于网考外,其他各等级均呈现出以网考为主的特点(见图2)。这可能跟中国大陆境内考点大多设备比较齐全有关。

与传统纸笔考试相比,网络考试有很多优点。它可以打破时间和地域的限制,随时随地进行考试,快捷方便,省时省力;它不需要像传统纸笔考那样印发试卷、人工阅卷,因此成本低、效率高;它还可以生成精准的考试报表分析,不需要经过人工统计,可以节省大量时间成本。应该说,网考将是大型考试的发展方向,目前HSK网考在国内考点得到了较好的发展,如何在全球范围内普及网考,是汉语水平考试下一步发展需要考虑的问题。

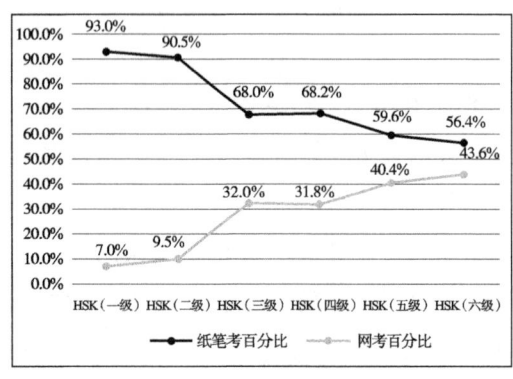

图 1　新 HSK 纸笔考和网考考生比例

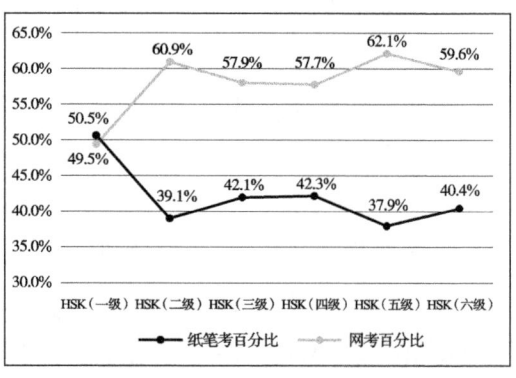

图 2　大陆考区新 HSK 纸笔考和网考考生比例

二、全球 HSK 成绩分析

2.1　考生成绩合格率分析

罗民等(2011)曾对2010年的HSK成绩进行了分析,发现当年一、二级的合格率达到了90%以上,三级达到85%以上,四、五、六级合格率也都达到了60%以上,认为这符合HSK改革的初衷,并希望"将各等级合格率控制在这一范围内,使之稳定下来"。那么2018年的考生成绩合格率是否能够达到这样的标准呢？对六个等级的单项合格率、三个单项全部合格率和总分合格率分别进行统计，结果见表1。与罗民等（2011）数据相比，整体来说，2018年考生总分合格率与2010年基本保持一致，达到了将合格率"控制在这一范围内"的目标，但各等级间稍有不同，其中四、五、六级合格率均与2010年持平；一、二级接近2010年水平；三级低于2010年水平。三级合格率偏低是由于考卷难度较2010年有所增加，还是考生群体异质性大，需要结合具体试题及考生详细信息才能进一步分析，由于这些信息涉密，我们在此不做深入探讨，但在未来组织HSK命题时，相关人员需要关注三级的这一情况，才能使考试更符合改革初衷。

表1 各等级单项技能及总分合格率①

HSK等级	听力合格率	阅读合格率	书写合格率	总分合格率	单项全合格率
一级	89.39%	83.02%	/	87.27%	79.64%
二级	93.49%	74.24%	/	87.33%	73.13%
三级	86.55%	67.38%	69.26%	74.93%	57.21%
四级	78.32%	67.32%	57.99%	68.60%	49.52%
五级	75.62%	53.68%	61.51%	64.03%	42.27%
六级	70.73%	55.42%	69.85%	64.45%	44.42%

对比各单项技能合格率，可以发现各等级单项技能合格率和总分合格率之间有较大差异，考生的听力、阅读、书写技能间并不是均衡发展的，存在"跛脚现象"。五级阅读合格率比听力合格率低达21.94%。这种考试中的"跛脚现象"长期存在（李玉军，2006）。尽管语言能力发展有先后，但考生与教师仍然需要对这种"跛脚现象"高度重视，汉语学习与教学的最终目标是使学习者具备语言综合运用能力，如果某一方面的能力在学习过程中"跛脚"严重，必定会影响综合语言能力的提高。当然，我们也不排除阅读部分试题难度偏大的可能性，这需要对每一套试卷进行难度分析才能确定，本文对此不做分析。

具体来看，各等级阅读合格率均低于同一级别的听力合格率，说明考生阅读水平普遍低于听力水平。三到六级四个级别中，除四级外，其他三个级别的阅读合格率也都低于书写合格率，说明考生阅读技能的水平在三项技能中是最低的，尤其是五级和六级阅读合格率甚至没有达到60%。这与其他学者的结论基本一致，张瑞芳（2013）对206名蒙古国留学生三到六级成绩进行的分析发现，三级和五级阅读"跛脚现象"

---

① 对HSK六个等级的单项及总分合格率，均按照得分率≥60%计算，各等级的单项满分值均为100分，因此合格线为60分。各等级总分并不相同，一级和二级的总分满分为200分，合格线为120分；三级至六级总分满分为300分，合格线为180分。

最严重;尉亮、江敏(2014)对新疆大学中亚五国及俄罗斯698名留学生的三到六级成绩进行的分析也发现,影响考生三、五、六级成绩的首要因素是阅读。这可能源于考生词汇量不够,不会辨析词义;缺乏汉语背景知识;缺乏阅读技巧(格萨茹拉,2013)。尽管考生阅读能力最低,但各项语言技能之间密切关联,对各等级阅读与听力、书写成绩之间的相关检验显示,每个等级的阅读与听力、书写之间都具有非常显著的正相关关系,Pearson相关系数从0.595到0.766不等。因此要提高考生的汉语水平,不能仅仅从阅读入手,还要全面考虑,既要加强对阅读的训练,又要注意提升听力和书写的能力。

2.2 考生成绩基本情况分析

六个等级考生的得分基本情况如表2所示:

表2 各等级单项技能及总分基本情况

HSK等级	项目	平均分	标准差	标准误	中位数
一级	听力	83.15	17.462	0.079	89.00
	阅读	80.90	20.490	0.093	88.00
	总分	164.05	34.800	0.157	175.00
二级	听力	84.33	14.635	0.061	89.00
	阅读	75.52	21.520	0.089	79.00
	总分	159.85	32.851	0.136	167.00
三级	听力	79.52	16.725	0.062	83.00
	阅读	71.59	23.996	0.089	75.00
	书写	70.15	21.175	0.078	72.00
	总分	221.26	54.987	0.203	228.00
四级	听力	72.90	17.559	0.056	76.00
	阅读	68.80	20.392	0.065	70.00
	书写	62.50	17.524	0.056	63.00
	总分	204.20	49.662	0.158	207.00
五级	听力	71.70	17.101	0.060	73.00
	阅读	62.49	18.198	0.064	61.00
	书写	62.91	15.099	0.053	64.00
	总分	197.10	44.481	0.156	196.00
六级	听力	69.68	16.887	0.078	69.00
	阅读	63.62	18.178	0.084	62.00
	书写	64.15	15.666	0.072	67.00
	总分	197.45	44.576	0.205	195.00

从表2可知,三级阅读、书写和总分的标准差最大,说明三级考生阅读、书写和总分成绩离散程度最大,考生间的阅读水平、书写水平以及整体水平差异比其他几个等级大。四级听力的标准差比其他等级听力标准差大,说明四级考生间听力水平差异最大。

出现这种结果究竟是一种普遍性规律还是受样本影响的特殊现象,由于试题涉密无法查看,且我们目前没有纵向数据可以进行比较,还暂时无法判断,有待时机成熟进行更深入的探讨。

六个等级的各个单项中听力的平均分最高,且三级和四级阅读平均分高于书写平均分;五级和六级书写平均分高于阅读平均分。为了进一步验证各单项技能成绩均值间是否存在统计学意义上的显著差异,对六个级别的各个单项进行配对样本 T 检验,结果显示六个等级间所有单项技能成绩间均具有非常显著的差异($P<0.001$)。

由于 P 值会受到样本量大小的影响,大样本会导致几乎所有的差异性都是显著的,我们将计算这些差异的效应量,来检测各单项成绩间的差异是否具有实际意义。所谓效应量(effective size)是一种度量效应大小的指标,它与测量单位无关,不受样本容量大小的影响(温忠麟等,2016)。依据效应量的大小,能够判断具有显著性差异的研究结果是否具有实际意义或者重要性(秦学锋等,2014),美国心理学会从1994年开始正式鼓励作者报告效应量的大小(沈光辉等,2019)。目前多数国际期刊都已经开始要求报告效应量。本研究采用大样本效应量常用的 Cohen's d 计算方式,计算工具为网络在线效应量计算器[①]。各等级单项技能间差异性效应量计算结果如表3所示:

表3 各等级单项技能间差异性效应量

HSK 等级	听力/阅读	听力/书写	阅读/书写
一级	0.117 8	/	/
二级	0.479 2	/	/
三级	0.383 3	0.490 8	0.063 5
四级	0.215 9	0.593 0	0.331 0
五级	0.521 6	0.544 8	−0.025 2
六级	0.345 2	0.339 0	−0.031 5
平均效应量	0.343 8	0.491 9	0.112 8

通常判断效应量大小的参照标准为 0.2(小)、0.5(中)、0.8(大)(Cohen,1988)。从六个等级的平均效应量来看,听力和书写的差异接近中等效应量,其次是听力和阅读的差异,阅读与书写的差异效应量较小。这表明,考生听力与书写成绩间差异较大,阅读与书写成绩间差异较小。具体到每个等级来看,五级听力与阅读成绩、听力与书写成绩间的差异都达到了中等效应量,也就是考生的阅读和书写成绩远远低于听力成绩;四级听力与书写成绩的差异也达到了中等效应量,书写成绩远低于听力成绩;二级听力与阅读、三级听力与书写差异都接近中等效应量。

[①] 详见 https://ncalculators.com/statistics/effect-of-size-calculator.html。

这一结果再次证明了考生听力、阅读、书写能力参差不齐。听力能力优于阅读与书写能力；阅读与书写能力差异不大。这种差异表现最为突出的是四级和五级。正在备考这两个等级的考生与教师对此要予以关注，可以尝试不同的方法提高阅读与书写水平，尽量使学生达到各种语言技能的平衡发展。

三、考试组织方式对全球考生成绩的影响

本研究中考试组织方式主要包含考试类型和考试地域两个变量。考试类型有纸笔考和网考两种类型；考试地域是指考生选择在哪个国家参加 HSK，为了检验来华留学对 HSK 成绩的影响，我们将其分为境内和境外两个水平，其中境内指在中国大陆境内参加考试，境外指在中国大陆境外参加考试。表 4、表 5 分别为考试类型与考试地域选择对新 HSK 各等级成绩影响的效应量计算表。

表 4　考试类型差异对各等级成绩影响的效应量计算表

	HSK 等级	纸笔考		网考		效应量 d
		均值	标准差	均值	标准差	
听力	一级	82.96	17.556	85.63	15.958	-0.159 2
	二级	84.11	14.751	86.46	13.292	-0.167 4
	三级	79.19	16.770	80.91	16.457	-0.103 5
	四级	72.62	17.673	73.52	17.298	-0.051 5
	五级	70.92	17.738	72.86	16.045	-0.114 7
	六级	69.33	17.316	70.13	16.303	-0.047 6
阅读	一级	80.72	20.531	83.36	19.772	-0.131 0
	二级	75.21	21.605	78.47	20.458	-0.154 9
	三级	71.65	23.967	71.33	24.118	0.013 3
	四级	68.91	20.597	68.56	19.941	0.017 3
	五级	63.03	18.639	61.70	17.497	0.073 6
	六级	63.98	18.234	63.15	18.095	0.045 7
书写	三级	69.35	21.599	73.56	18.901	-0.207 4
	四级	62.49	18.040	62.53	16.360	-0.002 3
	五级	62.60	16.098	63.35	13.475	-0.049 2
	六级	62.92	16.111	65.75	14.920	-0.182 3
总分	一级	163.68	34.948	168.99	32.363	-0.157 7
	二级	159.32	33.069	164.93	30.228	-0.177 1
	三级	220.19	55.707	225.80	51.586	-0.104 5
	四级	204.02	50.312	204.60	48.235	-0.011 8
	五级	196.57	46.306	197.91	41.627	-0.030 4
	六级	196.23	45.801	199.03	42.888	-0.063 1

表 5 考试地域差异对各等级成绩影响的效应量计算表

	HSK 等级	境内考点		境外考点		效应量 d
		均值	标准差	均值	标准差	
听力	一级	88.15	14.616	82.91	17.550	0.3245
	二级	88.43	11.644	84.06	14.772	0.3286
	三级	82.05	16.193	79.14	16.770	0.1765
	四级	74.95	18.192	72.06	17.222	0.1632
	五级	74.16	16.416	70.70	17.273	0.2053
	六级	70.50	17.184	69.31	16.738	0.0702
阅读	一级	86.76	18.825	80.63	20.524	0.3113
	二级	82.04	18.500	75.08	21.637	0.3458
	三级	73.51	24.416	71.31	23.920	0.0910
	四级	69.59	20.912	68.47	20.164	0.0545
	五级	63.48	18.769	63.03	17.495	0.0248
	六级	64.38	19.176	63.28	17.702	0.0596
书写	三级	72.63	20.754	69.78	21.211	0.1358
	四级	62.23	18.792	62.62	16.973	-0.0218
	五级	64.99	14.679	62.34	14.549	0.1813
	六级	66.39	14.930	63.15	15.883	0.2102
总分	一级	174.91	30.447	163.54	34.908	0.3471
	二级	170.47	26.790	159.14	33.095	0.3763
	三级	228.19	53.431	220.23	55.140	0.1466
	四级	206.76	51.785	203.15	48.723	0.0718
	五级	202.62	43.489	194.87	44.685	0.1758
	六级	201.27	44.653	195.74	44.436	0.1241

考试类型差异对 HSK 各等级成绩影响的效应量都比较小,也就是说无论考生选择纸笔考还是网考,他们的实际成绩差异都不大。从考生选择考试方式的视角来看,他们可以根据自己的实际情况来选择报考纸笔考或者网考。但是新型冠状病毒肺炎疫情改变了全球的教育模式,使网络教学成为日常教学模式。疫情初期,汉考国际在第一时间利用人工智能和云技术开展居家网考,与托福、雅思的居家考试几乎同时推出,显示了目前 HSK 网考已经在国际上处于领先地位。因此从考试主办方的角度来看,在 HSK3.0 时代,大力推广网络考试形式,既不会因为考试形式的改变而影响考生的成绩,又能减少考试成本,提高考试效率,降低作弊风险,是大规模标准化考试的发展趋势。

考试地域差异对 HSK 各等级成绩的影响也没有达到中等效应量。但一级和二级的效应量均超过了 0.2,在中国大陆境内参加一级和二级的考生与在海外考点参加考试的考生相比略有优势。一级和二级要求的学习课时数并不多,尤其是一级,只要达到 48 小时就基本可以达到考试大纲要求。很多利用寒暑假来华学习两周左右的短期留学生也能达到这一学时要求。跟在海外学习同样课时数的学习者相比,来华留学生有更多的机会接触语言输入与进行语言输出。目的语学习环境对学习者提高语言水平的帮助在HSK(一级)和HSK(二级)成绩中得到了充分体现。在中国大陆境外参加考试的考生不一定没有来华留学经历,学习时间越长,水平越高,曾经有过来华留学经历的可能性就越大。

四、结论与启示

本研究基于2018年HSK考生信息与成绩数据库,对考生结构特征、考试成绩及考试结构对考试成绩的影响进行了分析。结果发现:HSK各等级考生人次中,四级考生人次最多,六级考生人次最少;考生主要在中国大陆境外考点参加考试;考生人次最多的国家是韩国;汉字文化圈国家考生人数较多。考生选择纸笔考人数多于网考,考试类型对HSK各等级成绩影响较小。在一级和二级考试中,中国大陆境内参加考试的考生成绩优于境外考生。

全球汉语学习者整体汉语能力偏低。2018年HSK(六级)考生人次最少,仅占所有考生人数的11.6%。2021年的《标准》将学习者中文水平划分为三等九级,其中初等指一到三级,中等指四到六级。我们根据相应级别所对应的词汇量来看,《标准》中三到六级对应的词汇量分别为2 245、3 245、4 316、5 456个。HSK五级对应词汇量为2 500个,六级对应词汇量为5 000个。HSK五级约相当于《标准》中三级的水平,HSK六级约相当于《标准》中六级水平。由此可以大致推断,HSK五级及以下属于初等水平,只有六级达到了中等水平。整体来看,全球接近80%的汉语学习者处于初等水平。要培养知华友华的国际汉语人才,我们不仅仅需要具有初等水平的汉语人才,更需要对中国语言文化、政治经济有深度理解的高级汉语人才。从这个角度来看,我们的汉语人才培养之路还任重道远。

全球汉语学习者各项技能之间发展不够平衡。不同单项技能间存在"跛脚现象",听力水平高于阅读与书写水平。要提高学习者综合汉语水平,在日常教学中教师需要加强对学习者阅读与书写能力的培养。对学习者阅读能力的培养既应该包含对学习者阅读技巧、句法分析的训练,也应该包含对学习者汉字识别能力的提高。汉字是影响学习者汉语学习水平的重要因素,学习者汉语水平越低,这种影响越明显,因此非汉字文化圈的学习者要了解汉字对汉语学习的重要性,树立正确的汉字学习观,尽快掌握能够满足各个等级阅读需要的基本汉字。教师则应树立正确的汉字教学观(李泉、阮畅,2012),运用科学的方法进行汉字教学,提高汉字教学效率,通过帮助非汉字文化圈学生破解"汉字难学"的难题,达到提高考生阅读能力以及其他各项技能水平的目的。

HSK考生的成绩表现符合考试设计之初的指导思想,能够达到"以考促学"的目的。这既有利于 HSK 的推广,也有利于通过"以考促教、以考促学"推动全球汉语教学与学习的发展。马箭飞(2021)提到,目前"参加汉语水平考试的人数累计超过 560 万,参加各类中文测试的人数累计达 3 800 万",着力于普及化、服务于汉语国际传播的 HSK2.0 版基本实现了自己的历史使命。新标准已正式发布,其中提出的"三等九级"的新框架、新范式,以及"3+5"的规范化新路径(李亚男,2021)如何在 HSK3.0 版中充分体现,HSK3.0 版如何进行"适度调整、提升和完善"(刘英林,2021),如何满足新时期全球化、多元化的需求,还需要专家学者在充分了解全球汉语学习者汉语能力表现的基础上,进行深入探讨。

  本研究首次从汉语水平考试的视角对全球汉语学习者汉语能力进行了分析,希望能够帮助业界对 HSK2.0 版视域下的考生汉语能力有较为全面的了解,并增进对全球汉语学习现状及问题的理解,进而针对相应问题,在 HSK3.0 版中找到有针对性的解决方案。

参考文献

格萨茹拉(2013)基于新 HSK 考试的汉语阅读教学探析——以新 HSK 考试五级为例,《语文学刊》第 19 期。
李　泉、阮　畅(2012)"汉字难学"之教学对策,《汉语学习》第 4 期。
李亚男(2021)《国际中文教育中文水平等级标准》解读,《国际汉语教学研究》第 1 期。
李玉军(2006)留学生 HSK 成绩"跛脚"现象分析,《语言教学与研究》第 2 期。
刘英林(2021)《国际中文教育中文水平等级标准》的研制与应用,《国际汉语教学研究》第 1 期。
罗　民、张晋军、谢欧航、黄贺臣(2011)新汉语水平考试(HSK)海外实施报告,《中国考试》第 4 期。
马箭飞(2021)强化标准建设,提高教育质量——国际中文教育标准与考试研讨会大会致辞,《国际汉语教学研究》第 1 期。
秦学锋、杨东益、杨东英(2014)效应量在外语研究独立样本 T 检验中的应用及意义,《工业技术与职业教育》第 3 期。
沈光辉、范涌峰、陈　婷(2019)教育研究中的 P 值使用:问题及对策——兼谈效应量的使用,《数学教育学报》第 4 期。
尉　亮、江　敏(2014)中亚五国及俄罗斯留学生新 HSK 成绩分析研究及教学启示——以新疆大学国际文化交流学院学生为例,《新疆大学学报》(哲学·人文社会科学版)第 4 期。
温忠麟、范息涛、叶宝娟、陈宇帅(2016)从效应量应有的性质看中介效应量的合理性,《心理学报》第 4 期。
张瑞芳(2013)内蒙古高校蒙古国留学生新 HSK 考试成绩的定量分析报告,《内蒙古师范大学学报》(教育科学版)第 11 期。
Cohen,J. (1988) *Statistical Power and Analysis for the Behavioral Sciences*. New York:Routledge.

(1.200062　上海,华东师范大学;
2.100088　北京,汉考国际教育科技(北京)有限公司)

动宾组合带时量成分的三种句式及其相关教学建议*

辛永芬[1]　马惠玲[2]

摘　要：动宾组合带时量成分的相关句式是汉语学习的重点和难点。本文探讨"V了+T+O""V了+T+的+O"和"V+O+V了+T"三种句式之间的使用差异。研究发现，三种句式对入句的动词、宾语、时量成分有不同的语义选择。三者的话语功能也不同，"V了+T+O"为事件句，是一种客观陈述；"V了+T+的+O"为事态句，表达主观肯定或强调；"V+O+V了+T"为话题句，是对事件的客观说明，并蕴含"超常性"的语用意义。

关键词：动宾组合；时量成分；入句条件；语义焦点；话语功能

〇、引言

动宾组合带时量成分的句式及相关变式是汉语学习的重点和难点，如"听了一个小时音乐""听了一个小时的音乐""听音乐听了一个小时""等了他十分钟""等他等了十分钟""来北京两年了"等。其中动词、宾语、时量成分的语义不同或三者的语义关系不同，句子的使用规则也有差异。这种复杂的使用规则给汉语教学带来了一定挑战。已有的教材或教科书对这一结构的描述比较简单，很少告知学生各种句式的差异和具体的使用条件，清晰易懂的规则解释则更为少见，使得学生在学习中频频出现偏误[①]。如：

---

* 本研究为教育部"2020年度国际中文教育研究课题一般项目资助""国际中文词语教学与中华文化传播的融合发展研究"的阶段性成果，项目编号：20YH17C。论文初稿曾在第四届对外汉语教学语法国际学术研讨会上交流。本刊匿名评审专家给出了非常中肯的修改意见，在此深表感谢！

① 本文的偏误例句有三个来源：一是 HSK 动态作文语料库；二是研究文献；三是作者教学中搜集而来。其他语料来源有北京语言大学 BCC 汉语语料库、北京大学 CCL 语料库、作家作品以及作者自拟，文中例句后分别以"HSK""引用的文献出处""BCC""CCL""作家作品""自拟"等字样标出。

(1)*他练了太极拳一年。(陆庆和,2006)

(2)*我和姐姐手拉手,先坐火车十四个小时,然后坐船四个小时,好不容易到了目的地。(HSK)

(3)*丢了两天钢笔。(周小兵,1997)

(4)*我等了十分钟他们。(周小兵,1997)

(5)*来华来了一年多。(HSK)

(6)*他们结了十年婚了,有一个可爱的女儿。(杨峥琳、刘倩,2006)

(7)*我睡一会儿的觉,再去打球。(赵明慧、李平华,2011)

(8)*他想和我跳舞跳半个小时。(谢静,2010)

关于动宾组合带时量成分的句法问题学界有过很多研究,如吕叔湘(1944、1980)、赵元任(1979)、朱德熙(1982)、刘月华等(1983)、马庆株(1981、1984)、蒋同林(1989)、陆俭明(1991)、方梅(1993)、张伯江和方梅(1996)、周小兵(1997)、项开喜(1997)、张敏(1998)、戴耀晶(1998)、李宇明(2000)、储泽祥(2001)、徐杰(2001)、王静(2001)、姚双云和储泽祥(2003)、徐阳春和钱书新(2005)、于景超(2006)、税昌锡(2006、2010)、吴怀成(2011)、尚新和刘春梅(2018)、尚新(2020)等,他们分别从时量成分的句法性质、宾语的类型、时量成分与宾语的语序、动词的语义特征、动词和宾语的语义关系、宾语的指称性、时量成分的类型、结构的歧义等方面对这类结构进行过不同角度的分析和探讨。尽管已有研究解决了这类结构的很多问题,为汉语教学提出了很好的解决办法,但该类结构仍有继续讨论的空间,比如相关变式可以入句的条件限制有何不同,各种变式句之间的语义、语用有何差异,教学中如何落实与应用,等等。

动宾组合带时量成分的句式,其基本要素有三个,分别是动词V、宾语O、时量成分T,因宾语的不同可以分三种类型、六种变式句:

其一,宾语为一般名词,有三种变式句,分别为:"V了+T+O",如"听了一个小时音乐";"V了+T+的+O",如"听了一个小时的音乐";"V+O+V了+T",如"听音乐听了一个小时"。

其二,宾语为代词或有生名词,有两种变式句,分别为:"V了+O+T",如"等了他/小明一个小时";"V+O+V了+T",如"等他/小明等了一个小时"。

其三,宾语为处所名词:"V+O+T+了",如"来北京两年了""放桌上两天了"。

本文主要关注第一种类型的三种句式"V了+T+O""V了+T+的+O"和"V+O+V了+T",其中时量成分仅限于动作延续或反复的量,不包括"花了三年的工夫"和

"准备了一个月的粮食"这种时量成分语义多指的句式①。文章讨论三个方面的问题：第一，三种句式的入句条件；第二，三种句式的语义和语用差异；第三，汉语教学中的编排建议。

一、三种句式的入句条件

1.1 句式一："V了+T+O"（听了一个小时音乐）

句式一为一般陈述句，如：

(9) 听了一个小时音乐。（自拟）

(10) 你也是吃了一辈子苦。（李佩甫《金屋》）

(11) 看了两小时电视上播放的京戏。（王朔《枉然不供》）

(12) 看了一会儿书，有点累了。（BCC：微博）

(13) 杨杏园正要答话，只听见外面如潮涌一般，下了一阵大雨。（张恨水《春明外史》）

并不是所有的情况都可以说，以下两类句子一般不能说。如：

(14) *丢了两天钢笔。（周小兵，1997）

(15) *找了几天这本书。（王静，2001）

句式一中动宾组合表示的动作行为一般都具有可持续性，可以是具体的动作行为，如"听音乐""看书"，也可以是抽象的动作行为，如"吃苦""经历磨难"等。非持续性的动作行为不能进入句式一，如例(14)"丢钢笔"。句式一的宾语成分O一般为表示无指或者通指的无定名词。特殊语境中，一些复杂的名词短语也可以入句，如例(11)"电视上播放的京戏"。有定名词不能入句，如例(15)不能说。T是动作行为持续的时量，可以是确定的量，如"一个小时""一辈子"，也可以是不确定的量，如"一会儿""一阵"等。时量成分T与宾语O之间无直接的修饰或限制关系，如"一个小时的音乐""一辈子的苦"单独说不成立。

也就是说，句式一主要对入句的动词和宾语有一定的语义限制。

---

① "花了三年的工夫"和"准备了一个月的粮食"中时量成分的语义既可以指向动词，也可以指向宾语。"花了三年的工夫"中的"三年"既可以指向动词"花"，对"花"的时量做补充说明，又可以与"工夫"形成定中修饰关系；"准备了一个月的粮食"中"一个月"既可以指向动词"准备"，补充说明动作的时量，也可以跟"粮食"形成定中修饰关系。这两种句式跟本文讨论的"听了一个小时的音乐"不同，其中"一个小时"只与"听"有补充说明关系，而与"音乐"没有语义上的修饰关系，换句话说，"一个小时的音乐"单独说不能成立。这方面的研究参看黄国营(1981)、李宇明(2000)、于景超(2006)等。

1.2 句式二:"V 了+T+的+O"(听了一个小时的音乐)

关于句式二,学界有不同的说法。朱德熙(1982:145—146)称之为"准定语"句;黄国营(1981)、刘振前和庄会彬(2011)等称之为"伪定语"句或"伪定语"结构;邢福义(1996)认为该结构中包含了"表象领属定语/假领属定语";李宇明(2000)认为该结构中包含了"假定语";沈家煊(2007)、黄正德(2008)、邓思颖(2008、2009)等称之为"形义错配"结构等。学界关注的焦点是句式中"T+的+O"部分,即"一个小时的音乐""一辈子的苦头"这类结构的句法关系和语义关系问题。关于这类结构的性质以及句式中"的"的功能与性质问题我们拟另文讨论。本小节主要讨论句式二中三个基本要素的入句条件。

句式二的动宾组合所表示的动作行为也是可持续性的,具体的和抽象的动作行为都可以入句,如例(16)、例(17)。非持续性的动作行为不能入句,如例(20)。句式二的宾语一般都是表示无指或者通指的光杆无定名词,当宾语比较复杂时,其接受度大打折扣,如例(18)。能进入句式二的时量成分一般是确定量,不确定的时量成分不能入句,如例(19)、例(21)。

(16)听了一个小时的音乐。(自拟)

(17)吃了一辈子的苦头。(CCL)

(18)?看了两小时的电视上播放的京戏。

(19)*看了一会儿的书。

(20)*丢了两天的钢笔。

(21)*找了几天的这本书。

也就是说,句式二对入句的动词、宾语和时量成分都有一定的语义限制。

1.3 句式三:"V+O+V 了+T"(听音乐听了一个小时)

关于句式三,学界也有不同的说法。王力(1944)称之为"叙述词复说",戴浩一、叶蜚声(1990、1991)称之为"动词照抄现象",刘维群(1986)称之为"重动句",范晓(1993)称之为"复动句",吴竞存、梁伯枢(1992)称之为"动词复出",高更生、王红旗等(1996)称之为"复制动词句",李讷、石毓智(1997)称之为"动词拷贝结构",等等,目前以"重动句""动词拷贝句"的叫法为最多。重动句是一种较晚出现的句式,学界已有成熟的研究成果,这里不再赘述。本小节主要讨论句式三中三个基本要素的入句条件。先看例句:

(22)听音乐听了一个小时。(自拟)

(23)革命革了一辈子。(CCL)

(24)妈妈盼孩子们有出息盼了一辈子。(陈怀国《黄军装黄土地》)

(25)? 看电视上播放的京戏看了两个小时。
(26)? 找这本书找了几天。
(27)* 看书看了一会儿。
(28)* 丢钢笔丢了两天。
(29)? 吃苦吃了一辈子。
(30)? 受累受了一天。
(31)* 经历磨难经历了二十年。

句式三中的动宾组合所表示的动作行为也必须是可持续性的,但表示遭受义的动作行为一般较难入句,如例(29)、例(30)、例(31),这其中的动因值得进一步研究。句式三的宾语接受度更为开放一些,无定的一般名词、名词性短语、谓词性短语都可以入句,如例(22)、例(23)、例(24)。当宾语比较复杂时,句子的接受度受影响,如例(25)。有定名词在一定语境下也可以说,如例(26),但有定名词单独说的可接受度不太高。能进入句式三的时量成分必须为确定量。如时量成分表示不确定量,则句子不成立,如例(27)。

与句式一、句式二相比,句式三对动词和时量成分的语义有较多限制。

三种句式的入句条件可以列表如下:

表1　三种句式的入句条件

三种句式	动词	宾语	时量成分
V了+T+O	持续性动词	无定名词 (无指或通指)	确定量、不确定量
V了+T+的+O	持续性动词	光杆无定名词 (无指或通指)	确定量
V+O+V了+T	持续性动词 (遭受义除外)	无定名词、名词性短语、谓词性短语	确定量

从入句条件来看,三种句式并不完全对等,不能自由替换。

二、三种句式的语义和语用差异

2.1　三种句式的结构层次

三种句式各成分之间的语义关系是相同的,但其表层结构不同:

表2　三种句式与其表层结构

三种句式	表层结构		
句式一:"V了+T+O"	听了	一个小时	音乐
	述语	补语	宾语

续表

三种句式	表层结构		
句式二:"V 了 + T + 的 + O"	听了	一个小时的	音乐
	述语	伪定语	宾语
句式三:"V + O + V 了 + T"	听音乐	听了一个小时	
	主语	述语	

句式一是常规的述补宾结构,时量成分是句子的补语,表示动作行为或状态持续的时间量。句式二是伪定语句,在表层结构中,时量成分是宾语的修饰成分,但深层结构中,时量成分是对整个动作行为的修饰①(赵元任,1979:163—164)。句式三是话题句,"听音乐"作为一个话题被放在主语的位置上,后面是述语,是对这一话题的说明②。

2.2 三种句式的语义焦点和语用差异

结构层次不同,三种句式的语义焦点也不同。句式一是一般陈述句,侧重于客观陈述一个事件,其语义焦点属于常规焦点,位于句尾的宾语上。句式二是"伪定语"句,其语义焦点在时量成分上,"的"的主要功能是焦点标记(徐阳春、钱书新,2005),同时也起肯定或强调的作用(尚新,2020)③。句式三是"重动句"或"动词拷贝句",前面的"V + O"是话题事件,也是句子的主语,其语义焦点是整个述语部分,重点是对话题事件进行说明。

从话语功能的角度来说,句式一属于事件句或说是一般陈述句,其话语功能是对事件的一种客观陈述,不带有任何说话者的主观色彩。句式二属于事态句或说是强调句,其话语功能是对情况的一种主观肯定,同时凸显或强调时量成分。根据袁毓林(2003)、完权(2013)的研究④,"事件句"与"事态句"的表达功能不同。事件句表达客观陈述,事态句包含说话者的主观态度或主观意向,后者在形式上有"的"作为标记成分。句式三是话题句,在语用层面上是对话题所述事件的一种客观说明。一般情况下,需要说明的

---

① 赵元任(1979:163—164)认为:"骂了几个钟头的人""说了半天的话""戒了五年的酒"等这类结构里,"所有这些表数量的宾语修饰语实际上都是修饰整个动宾结构"。我们同意这种分析。

② 赵元任(1979:45)认为"在汉语里,把主语、谓语当作话题和说明来看待,较比合适"。句式三符合赵元任先生说的话题说明句式。

③ Chao(赵元任)(1968:286)提出"的"字形式具有断定性(predicative nature of the de-forms),往往用以强调其前面的论元成分,在英译中要使用强调句结构"It is... that/who..."。徐阳春、钱书新(2005)认为"的"字具有逆向凸显的功能,能强调前面的成分。尚新(2020)将"的"的这一功能概括为"焦点强化标识"(focus intensifier)。

④ 袁毓林(2003)称"由动词性成分充当谓语核心的句子为事件句(event sentences),带有句尾'的'的句子为事态句(state-of-affairs sentences)","当在这种事件句的后面加上虚词'的'以后就可以造成一种说明事态(state of affairs)的判断句,简称事态句"。完权(2013)认为"事件句就是以对事件的陈述为手段进行交际的句子","事态句是表达事件状态的名词性谓语句,是以对事态(包括属性)的指称为手段进行交际的句子。言者在事态句中加上'的',是为了调动听者的注意力使其指向'的'前的事态,表达希望听者注意并重视这个事态的主观意向性"。我们认为句式二中"的"的语用功能与袁毓林和完权说的"的"字事态句具有一致性。关于这个问题,我们拟另文讨论。

情况应该不同于常规表现,因此句式三语用方面蕴含了说话人认为这一动作行为在时量方面超出了常规表现,或说超出了常规预期,项开喜(1997)称之为"超常性"①。句式三形式上以动词重复为标记。

下面举例说明三种句式的不同:

(32) A:你昨天晚上做什么了?

　　B:我昨天晚上听了一个小时音乐。(自拟)

(33) A:你昨天晚上听了多长时间的音乐?

　　B:我昨天晚上听了一个小时的音乐。(自拟)

(34) A:你昨天晚上听音乐听了多长时间?

　　B:我昨天晚上听音乐听了一个小时。(自拟)

例(32)的 B 句是客观陈述昨天晚上我做了什么事;例(33)的 B 句讲述昨天晚上听音乐的时间安排,凸显或强调的是动作行为的时量。例(34)的 B 句讲述昨天晚上做"听音乐"这件事所花费的时间,含有与通常"听音乐"所花费的时间不同,表达了超乎寻常的语用意义,即超常性。以上三个句子的语义重心可以通过不同的特指问句进行提问,分别为例(32)A 句、例(33)A 句和例(34)A 句。

虽然例(33)A 句跟例(34)A 句都使用了"多长时间"来提问,但二者的疑问焦点不同。例(33)A 句的疑问焦点是问"听了多长时间"。例(34)A 句中的"听音乐"是问话人谈论的话题,问话人是想知道"听音乐"这件事听话人花了多长时间。

三种句式语用方面的不同还可以通过上下文加以区分。如:

(35) 过了约莫半袋烟工夫,胡源又说起话来了:"阿炳,你今天干什么活来了?"周炳小心翼翼地回答道:"没做什么,舂了一天米。"(欧阳山《三家巷》)

(36) 那号兵,走了一整天的路,到地后,大家皆坐下休息了,这年青人还爬上石狮子去吹了好几次号。(沈从文《三个男人和一个女人》)

(37) 就说农业投入吧,老是投不下去,种地种了几十年,用的农具还是老一套。(《人民日报》1997 年 3 月 10 日)

例(35)为句式一,主要是用于对事件进行客观陈述,如果换成句式二或句式三,要么语义焦点发生了改变,要么句子上下文不搭。如:

(35′) 过了约莫半袋烟工夫,胡源又说起话来了:"阿炳,你今天干什么活来了?"周炳小心翼翼地回答道:"没做什么,舂了一天的米。"

---

① 项开喜认为"汉语的重动句式的语义焦点不是前面的'述宾'结构,而是后面的'述补'结构,而重动句式中的'述补'结构一般是表示动作行为的某种超常性"。我们认同这种观点。

(35")* 过了约莫半袋烟工夫，胡源又说起话来了："阿炳，你今天干什么活来了?"周炳小心翼翼地回答道："没做什么，舂米舂了一天。"

例(35')虽然也可以说，但语义焦点成了强调动作的时量了，与前后文搭配起来不那么协调。例(35")则好像是所答非所问。例(36)中"走了一整天的路"强调走得时间比较长，"大家皆坐下休息了"他还"去吹了好几次号"。如果换成句式一或句式三，上下文的搭配不协调。

(36')? 那号兵，走了一整天路，到地后，大家皆坐下休息了，这年青人还爬上石狮子去吹了好几次号。

(36")* 那号兵，走路走了一整天，到地后，大家皆坐下休息了，这年青人还爬上石狮子去吹了好几次号。

例(37)中"种地种了几十年"是对"种地"这一话题事件的说明，下文的"用的农具"跟"种地"是同一个话题辖域，如果换成句式一或句式二，似说不通。如：

(37')* 就说农业投入吧，老是投不下去，种了几十年地，用的农具还是老一套。

(37")* 就说农业投入吧，老是投不下去，种了几十年的地，用的农具还是老一套。

再如：

(38) 除了学了两年汉语，我还学了一年日语。（自拟）

(39) 除了学了两年的汉语，我还学了一年的日语。（自拟）

(40)* 除了学汉语学了两年，我还学日语学了一年。

例(38)主要陈述发生了"学汉语"和"学日语"两件事情，其中的时量信息不是说话人强调的部分。例(39)主要强调"学汉语"和"学日语"的时间量。例(40)是不合法的句子。"除了……还……"前后分句是针对同一个话题进行的表述，而"学汉语"和"学日语"是两个不同的话题，因此不能共存于"除了……还……"句式之中。

综上，三种句式的语义和语用差异可以列表如下：

表3 三种句式的语义和语用差异

三种句式	句式类型	语义焦点	话语功能
V了+T+O	事件句	O	客观陈述
V了+T+的+O	事态句	T	主观肯定（强调）
V+O+V了+T	话题句	V了+T	客观说明 蕴含"超常性"

可见，三种句式在语义焦点和话语功能方面也存在不同，不能自由替换。

三、汉语教学中的编排建议

3.1 汉语教材对三种句式的编排与解释现状

我们以较常用的《基础汉语课本》(1995)、《汉语教程》(2006)、《发展汉语》(2011)和《新实用汉语课本》(2012)为例,了解一下目前汉语教材对动宾组合带时量成分相关句式的编排与解释现状。

3.1.1 《基础汉语课本》

《基础汉语课本》的解释:时量补语用来说明一个动作或一种状态持续了多长时间。谓语动词后如果有宾语一般要重复动词,时量补语则放在重复的动词后。这种句式不包括宾语是人称代词或人名的情况,像"我替他几天""你等老王一会儿吧"等可以不用重复动词。

3.1.2 《汉语教程》

《汉语教程》把动宾组合带时量补语的结构分为三种。第一种是重复动词,宾语在第一个动词后,即"S + V + O + V + T",如"我看书看了一个小时"。第二种是不重复动词,宾语在时量补语后,"的"可用可不用,即"S + V + T +(的)O",如"我看了一个小时(的)书"。第三种用法,如果宾语是人称代词时,不重复动词,宾语在动词后,即"S + V + O + T",如"我等了你半个小时"。

3.1.3 《发展汉语》

《发展汉语》将动词后带时量成分的情况分为两种用法、三种格式。第一种用法是动词后面带名词宾语时,常用两种格式,其一是时量补语放在动词和宾语之间,即"S + V + T +(的)+ O",时量补语和宾语之间的"的"可用可不用,如"我每天上四个小时(的)网""我学了一年(的)汉语";其二是重复动词,即"S + V + O + V + T",如"我每天上网上四个小时""我学汉语学了一年"。第二种用法是动词"来""去""回"等后面带宾语时,时量补语放在宾语后,即"S + 来/去/回 + O + T",如"我已经来北京三个月了""他去上海一个星期了"。

3.1.4 《新实用汉语课本》

《新实用汉语课本》把动词带宾语分成两种用法:一是要在宾语后重复一下动词,时量补语放在动词后,第一个动词在这个结构中可以省略,即"S+(V)+O+V了+T",如"我(考)外语考了两个小时"。二是不重复动词,时量补语放在动词和宾语之间,即"S+V(了)+T+(的)O"。这个格式中的宾语不包括人称代词,"的"可用可不用,如"要听半小时(的)音乐""我学了两年(的)汉语"。

就以上的解释和示例来看,教材中基本区分了动宾组合中的一般名词与人称代词或指人名词的不同格式。但对宾语为一般名词时的三种句式没有加以区分,特别是句式一与句式二基本上都视为可以自由替换。这样的解释和编排给学生的学习造成了一定困扰,也难以避免与此相关的偏误产生。

3.2 汉语教学中的编排建议

有关动宾组合带时量成分的结构,学界的研究成果很多,汉语教材应该及时予以参考,并合理吸收新的研究成果。在相关语法解释和练习编排方面,既要做到简洁明了,又能清晰阐明每种句式的使用条件和语境,以提高学生的学习效率。

根据已有的研究成果和本文的研究结论,我们建议汉语教材在动宾组合带时量成分句式的处理、编排与练习方面按以下三步进行:

第一,要区分三种类型的宾语,即一般名词宾语、代词/有生名词宾语和处所名词宾语的不同用法。教材中分别列举出前文引言部分所区分的三种类型六种句式,并讲明每种句式的使用条件,主要关注点放在宾语和时量成分的语序方面,避免相关语序偏误的产生。

第二,重点讲解带一般名词宾语的三种句式,即"V了+T+O""V了+T+的+O""V+O+V了+T"。讲解要简明扼要、深入浅出。首先要结合例句讲明三种句式的使用条件,强调三种句式的不同之处,避免入句条件方面的使用偏误,如"结了两年婚""睡了一会儿的觉""看那本小说看了一会儿"等;其次要结合例句深入浅出地说明三种句式的类型特点(事件、事态、话题)、语义焦点和话语功能方面的差异,要特别关注学生自由替换方面的偏误出现。

第三,根据以上两步,循序渐进地设计有针对性的相关练习,使学生在多种练习中进一步掌握使用规则。练习形式从机械型→扩展型→交际型依次展开,以达到自由运用的目的。比如给关键词让学生根据句型做替换练习、连词成句、选择正误、根据要求进行情景对话、修改病句等。

参考文献

储泽祥(2001)"名+数量"语序与注意焦点,《中国语文》第5期。
戴浩一、叶蜚声(1990)以认知为基础的汉语功能语法刍议(上),《国外语言学》第4期。

戴浩一、叶蜚声(1991)以认知为基础的汉语功能语法刍议(下),《国外语言学》第1期。
戴耀晶(1998)试说汉语重动句的语法价值,《汉语学习》第2期。
邓思颖(2008)"形义错配"与名物化的参数分析,《汉语学报》第4期。
邓思颖(2009)"他的老师当得好"及汉语方言的名物化,《语言科学》第3期。
范　晓(1993)复动"V得"句,《语言教学与研究》第4期。
方　梅(1993)宾语与动量词语的次序问题,《中国语文》第1期。
高更生、王红旗等(1996)《汉语教学语法研究》,语文出版社。
黄国营(1981)伪定语和准定语,《语言教学与研究》第4期。
黄正德(2008)从"他的老师当得好"谈起,《语言科学》第3期。
蒋同林(1989)"V动+T时段+的+N名"的同符异构问题,《中国语文》第1期。
李　讷、石毓智(1997)汉语动词拷贝结构的演化过程,《国外语言学》第3期。
李宇明(2000)《汉语量范畴研究》,华中师范大学出版社。
刘维群(1986)论重动句的特点,《南开学报》(哲学社会科学版)第3期。
刘月华、潘文娱、故　铧(1983)《实用现代汉语语法》,外语教学与研究出版社。
刘振前、庄会彬(2011)"他的老师当得好"及相关句式——汉语伪定语的产生机制问题辨正,《当代外语研究》第7期。
陆俭明(1991)现代汉语时间词说略,《语言教学与研究》第1期。
陆庆和(2006)《实用对外汉语教学语法》,北京大学出版社。
吕叔湘(1944)《中国文法要略》,商务印书馆。
吕叔湘主编(1980)《现代汉语八百词》,商务印书馆。
马庆株(1981)时量宾语和动词的类,《中国语文》第2期。
马庆株(1984)动词后面时量成分与名词的先后次序,载《语言学论丛》第十三辑,商务印书馆。
尚　新(2020)时量动宾句构"V+T(de)+N"的信息结构透视及实验证据,《外国语》(上海外国语大学学报)第5期。
尚　新、刘春梅(2018)事态句的时间量化及其语言类型学意义——以汉语"V+T(的)+N"及其对应英语结构的对比分析为例,《外国语》(上海外国语大学学报)第5期。
沈家煊(2007)也谈"他的老师当得好"及相关句式,《现代中国语研究》第9期。
税昌锡(2006)VP界性特征对时量短语的语义约束限制——兼论"V+了+时量短语+了"歧义格式,《语言科学》第6期。
税昌锡(2010)时量补语语义多指现象的认知解释,《华文教学与研究》第2期。
完　权(2013)事态句中的"的",《中国语文》第1期。
王　静(2001)"个别性"与动词后量成分和名词的语序,《语言教学与研究》第1期。
王　力(1944)《中国语法理论(上)》,商务印书馆。
吴怀成(2011)动量词与宾语的语序选择问题,《汉语学报》第1期。
吴竞存、梁伯枢(1992)《现代汉语句法结构与分析》,语文出版社。
项开喜(1997)汉语重动句式的功能研究,《中国语文》第4期。
谢　静(2010)《英语国家留学生时量补语偏误分析》,云南大学硕士学位论文。
邢福义(1996)《汉语语法学》,东北师范大学出版社。
徐　杰(2001)《普遍语法原则与汉语语法现象》,北京大学出版社。
徐阳春、钱书新(2005)试论"的"字语用功能的同一性——"的"字逆向凸显的作用,《世界汉语教学》第3期。

杨峥琳、刘　倩(2006)离合词中时量补语位置探析——从"结了十年婚"说起,《鞍山师范学院学报》第3期。
姚双云、储泽祥(2003)汉语动词后时量、动量、名量成分不同现情况考察,《语言科学》第5期。
于景超(2006)"V+了+T+的+N"结构歧义试析,《语言科学》第4期。
袁毓林(2003)从焦点理论看句尾"的"的句法语义功能,《中国语文》第1期。
张伯江、方　梅(1996)《汉语功能语法研究》,江西教育出版社。
张　敏(1998)《认知语言学与汉语名词短语》,中国社会科学出版社。
赵明慧、李平华(2011)"V+T+(的)+N"句式中"的"字隐现规律考察,《作家》第6期。
赵元任(1979)《汉语口语语法》,吕叔湘译,商务印书馆。
周小兵(1997)动宾组合带时量词语的句式,《语言教学与研究》第4期。
朱德熙(1982)《语法讲义》,商务印书馆。
Chao, Y. R. (1968) *A Grammar of Spoken Chinese*. Berkeley and Los Angeles: University of California Press.

(1.475001　河南开封,河南大学文学院/河南大学语言科学与语言规划研究所;
2.475001　河南开封,河南大学国际汉学院/河南大学语言科学与语言规划研究所)

关于对外汉语语篇语法教学内容的一些思考*

胡建锋

摘　要：在对外汉语语法教学内容中，语篇是非常重要的一个方面，但是语篇语法的内容是什么，一直没有取得共识。论文从语篇的功能、层次和关系等特点出发，探讨语篇包括哪些语法项目，就汉语二语教学而言，应该提取哪些具体的语法项目。

关键词：对外汉语；语篇语法；语法项目

〇、引言

齐沪扬和张旺熹（2018）在思考如何建构新的对外汉语教学语法体系时提出："主张以句子为核心，贯通句子与篇章、句子与短语，建立以句子为核心的语法关系体系。"这一想法与语言的功能是一致的，因为语言是传递信息的工具，人们在交流的过程中运用语言实现这一功能（包括口语和书面语）。而小句[①]及以下的语言单位是静态的，只有基本语义，不能实现传递信息的目的，只有语篇[②]才能实现交际任务。因此，能否准确地输出语篇是体现学习者实际水平的重要衡量标准。但在现实中，尽管很多二语学习者的词汇、语法都已达到一定的水平，但是在具体的交际语境中，说出来的句子所传递的信息常常准确性不够，或者适切性不够。这与教学的重点主要在小句及以下的层面、对于"如何用"着力不够有关。

---

* 本研究受上海社科基金项目"基于语体的语篇衔接方式的选择性研究"（项目编号：2019BYY015）和国家社科基金重大项目"对外汉语教学语法大纲研制和教学参考语法书系（多卷本）"（项目编号：17ZDA307）资助。

① 关于句子与小句，不同的系统中有不同的内涵。在本文中，为方便起见，我们把一个有句号、问号、感叹号等作为结句标记的单位看作一个句子（如"他来了，小王走了。"），把具有主谓结构（主要是有一个谓词性中心成分，包括省略主宾语）的语言单位看作一个小句（如"他来了""小王走了"），以区别于几个小句构成的一个语篇——句子。一个小句可以是一个句子，也可以是句子的一个组成成分。所以这里小句的内涵，基本等同于齐、张所说的句子。

② 与语篇相关的名称很多，除语篇外，还有篇章、话语、连贯性话语、超句统一体等，本文不做区分，统一称作语篇。

实际上学界已经关注到这一事实，李先银（2020）在梳理相关研究和教学时指出：对外汉语语法已经从"基于规定"的语法教学发展到"基于规则"的语法教学，并向"基于用法"的语法教学前进。Langacker（1988）提出"基于用法的语言模型"（Usage-based Model），认为语言的根本目的是交际，交际会受到语境因素的影响。而"用"的语法在语篇中尤为突出，因为语篇具有语境依赖性，是"用"的语言。不过虽然在对外汉语教学中要重视语篇教学是大家的共识，但如何进行语篇教学，尤其是语篇教学到底教什么，一直没有取得共识。本文将讨论语篇教学内容的相关问题，以期抛砖引玉，为进一步的讨论提供一个基础。

一、目前语篇教学的现状及存在的问题

1.1 目前汉语语篇教学相关情况

自20世纪80年代以来，关于汉语语篇教学的研究和实践开始受到重视，在理论和实践方面，学者们都进行了积极的探索和实践。

1.1.1 语篇教学观

关于语篇教学观的讨论，主要是针对语篇教学到底是自上而下还是自下而上的问题。第一种观点主要是自上而下，如杨翼（2000）主张在中高级阶段突破长期以词、句为中心的观念，按照"语篇、语段、复句、单句、词组、词"的顺序，让学习者从语篇的角度来认识语段、句子、词组和词。第二种是自上而下和自下而上相结合的语篇教学观，如李春芳（2001）提出语篇教学的程序就是由整体到局部、再由局部到整体的教学全过程。

1.1.2 语篇教学内容

关于语篇教学内容方面的研究，主要有以下三个方面：

第一，关于语篇语法项目的研究和教学。目前关于语篇语法项目的研究和教学主要集中于衔接方式，如杨春（2006）提出初级汉语阶段可增加叙述体形式，有意识地将省略、照应、逻辑关联词等语篇知识引进来；覃俏丽（2008）指出初级阶段重点在词汇、语法的衔接，中高级阶段重点在修辞、语境、语用等方面的连贯；田然（2014）提出，"对外汉语语篇语法"包括语篇中的词语组织法、语法项目应用问题、句式使用问题等；彭小川（2004）指出，语篇语法教学的主要内容为语篇的衔接与连贯，具体包括照应、省略、关联词语、时间词语、词汇衔接、句式的选择等衔接方式，以及句式与语义连贯手段等；吕文华(2012)认为句法上的衔接方式和语义上的连贯顺序是教学中需要重点关注的内容,包括衔接方式和语义连贯等。

第二,关于语体的语篇教学研究。不少学者都提出要关注语篇的语体教学,如李泉(2003)提出建构基于语体的对外汉语教学语法体系;邢志群(2007)具体提出:语篇阶段,教学重点在于"篇章模式",应针对语篇的开头、叙述语篇、描述语篇、说明语篇、辩论语篇和语篇结尾这六种篇章模式进行教学。

第三,运用相关理论进行语篇教学研究。在探索过程中,多位学者将语篇本体研究的成果应用到教学中,运用衔接连贯理论、照应理论、信息结构理论等进行教学的探索,如刘月华(1998)用语篇衔接方式来进行语篇教学;张迎宝(2012)提出分语体教学,重视微观信息结构系统的外在影响等。

1.2 目前语篇教学存在的不足

总的来看,尽管学者们对语篇语法教学进行了比较深入和广泛的研究,但仍然存在着不少问题。从教学内容角度看,主要有以下几个方面:

第一,体系缺乏系统性。吕必松(1994)就提出,在留学生学习汉语初级阶段教授的语法应当以词法和句法为主,但是,中高级阶段的语法教学体系是缺乏系统性和计划性的,尤其在语段教学上几乎是一片空白。到目前为止,这一问题仍然没有大的改观,语篇语法应该包括哪些内容,还没有取得共识,教学体系自然缺乏系统性。

第二,语篇教学缺乏创造性。如吕文华(2002)指出:目前的教学模式是通过不断让学生模仿、引导学生用指定词语连词成段进行训练的,这样学生获得的语言能力仍然停留在句型和词语阶段,从而导致了学生在机械模仿后仍然在句际衔接、语段衔接连贯等方面重复同样的错误。背后的主要原因是,语篇教学内容中关于如何组构语篇的具体语法项目的提取不足,在讲授的过程中针对具体知识点的操练不充分,语篇教学常常类似于作文教学,宏观上关注较多,微观上没有落实到语法项目。因此,语篇教学语法的内容不仅要讲授有哪些方式具有衔接功能,更要讲授应在什么情况下选择什么样的衔接方式。正如在词性教学过程中,如果只说汉语有名词、动词、形容词,并不能让学习者学会使用它们产出合法的句子,还需要在具体句子中说明它们的功能和用法,这样学生才会有创造性。

第三,教学内容缺乏应用性。语篇教学常常只涉及语篇的某些方面,比如有的是从如何完成一个语篇的角度来进行的教学和训练,这类似于中国学生的作文教学;还有的是针对语序、关联词语进行操练等,大多是静态的练习。总体来说,在语篇内部进行的教学和训练较多,从语篇满足交际功能的角度出发来进行的训练较少,缺乏针对学习者信息传递目的而选择表达视角的操练。所以当学习者输出的时候,不知道选择哪一种方式才能准确表达自己想要表达的意思。

从上可知,语篇教学还存在着很多需要进一步研究的问题,推进语篇语法的体系建构具有必要性和紧迫性。

二、确定语篇教学语法内容的基本思路

吕文华(2002)指出,目前语篇教学收效甚微的主要原因是对外汉语教学界没有将现有的语篇语法研究成果应用于教学,导致了在开展语段或语篇教学方面还是个空白。要想改变这种现状,只有重视并开展语段与语篇语法教学研究,将语篇理论研究和语篇偏误分析的成果转化、应用到二语教学中,才能彻底解决这一难题。所以,语篇语法教学内容的确定,还需要从关于语篇的本体研究中来,从语篇的特点出发确定研究的思路和语篇语法的主要内容。

2.1 语篇的范围

关于语篇的范围,Halliday & Hasan(1976)认为语篇指任何长度的、在语义上完整的口语和书面语的段落。按照这个定义,一个小句也可能是一个语篇。胡壮麟(1994)指出语篇是指任何不完全受句子语法约束的在一定语境下表示完整语义的自然语言。所以语篇的范围包括两个方面:其一是在书面语中,主要关注两个及以上小句组成的语言单位;其二是在口语中,除两个及以上的小句组成的语言单位外,交际语境中一个小句的话轮也是语篇关注的内容,因为它与上下文组合在一起,能够传递完整的信息,是达成交际目的的语言单位。

2.2 语篇语法项目提取的主要原则

在确定语篇语法内容之前,首先需要确定语法项目提取的几个原则。

第一,提取有限的教学项目。语篇语法教学不是作文教学,不应包括写作的所有知识。由于语篇是具体语境中运用的语言单位,而语境是千变万化的,所以很难甚至不可能全面地提取所有与语篇相关的语法项目。这就决定了在选择教学目标时,不是全面覆盖所有与语篇相关的知识,而是选择核心的、常用的语法项目作为教学内容。

第二,提取倾向性的规则。黄南松(2001)在讨论汉语指称问题时指出,该文研究得出的是一种基本规律性,而非语法研究的规则,这是由语篇研究的性质决定的。这一取向也符合语篇语法项目的提取原则,即语篇教学主要提取倾向性的规则。这是语篇教

学与句法、词法教学的不同之处。

第三，提取具体的语法项目。目前的语篇教学中，常常讲授一些概括性的知识，而缺乏像句法规则一样具体的语篇语法知识点，这实际上就是选择性的问题。比如实现与一个名词性成分的衔接，可以是一个代词，也可以是一个零形式，那么什么时候用代词？什么时候用零形式？什么时候两种都可以？这就是基于具体的"名词性成分的衔接"整个语法项目需要提取的下位内容。这类语法项目讲解以后，可以让学习者创设语境运用这些知识，使语篇教学具有创造性。

2.3 语篇的特点与语篇语法项目的主要内容

语篇教学内容的设计应该与语篇的特点相关，我们将根据语篇的特点来系统性思考汉语语篇语法项目的主要内容。

2.3.1 语篇的特点

关于语篇的特点，学者们从不同视角进行了比较全面而深入的研究，本文采用徐赳赳(2010:5)所概括的典型语篇的三个主要特点[①]，依据这三个特点讨论语篇语法项目的主要内容。

第一是功能。语篇的功能在于其能独立传递信息，完成交际任务。所传递的这个信息，在不同的语境中或者不同的交际者中也不会产生歧义。

第二是层次。层次是指语篇中各个小句之间的组合是有层次的，一般其中两个小句之间的关系是最低层次的关系，几个小句与几个小句之间就能组成高一个层次的语篇。缺乏层次的小句与小句之间的组合是杂乱无章的，不能构成语篇。

第三是关系。关系是指一个语篇中各个小句之间的内容应该有一定的联系。有些表达中，虽然几个句子单独看都是合乎语法的，但是它们在一起不能表示完整的语义，常常是因为关系不明确，也不是语篇。

2.3.2 语篇语法项目的主要内容

根据语篇的特点，可以沿以下思路提取相关的语法项目。

其一，提取与功能相关的语法项目。语法项目可根据交际的目的性来提取。聂仁发(2005)认为目的性是语篇的功能特点。目的性表现为语篇有主题，并围绕主题展开，

[①] 徐赳赳(2010)采用的名称为"篇章"。

因而具有统一性。理论上一个语篇是可以出现在一定的语境中,完成某种交际任务的。所以语篇教学时,需要从功能的角度划分语体(比如叙事、说明、描写、推理等),并提取不同语篇的特点。

与完成交际功能相关的,就是语篇需要传递信息,包括客观信息和主观信息。张宝林(2001)认为在一个语段中,各个小句都是为表现整体的语义中心服务的,但其功用又不尽相同,段落中存在着一个中心句,其他小句都是围绕这一中心句展开来表现语义的,所以可以在语体的基础上概括出各类的中心句以及"周边句"。换一个角度看,则是信息流的问题,即一个语篇,如何围绕这个话题(或中心)组织相关信息,且符合一般的认知规律。从言者传递信息的重要性角度看,重要的信息一般是前景信息,为前景信息服务的是背景信息,语篇组织常常是这两类信息的配置过程。从交际场景看,口语和书面语传递信息的方式存在着差异。

其二,提取与层次相关的语法项目。不同语体的语篇,其结构层次有差异。如廖秋忠(1988)讨论了论证体的论证结构,冯·戴伊克(1993)总结了新闻体的结构。由于它们的功能不同,结构层次也存在着差异。所以不同语体的结构及其层次应纳入语篇教学的内容。

不同层次的语篇衔接方式存在差异。比如小句与小句的衔接、句子与句子的衔接、段落与段落的衔接可能有不同的特点。比如叙事语体中,时间或空间成分是衔接句子与句子时的常用方式,但在衔接小句与小句时却是非常用的。

其三,提取与关系相关的语法项目。从语篇组构的情况看,两个小句之间最常见的是它们的某一个成分之间有依赖关系,即语篇中的一个成分和对解释它起重要作用的其他成分之间的语义关系(Halliday & Hasan,1976:13)。在汉语中,人或事物的指称语(名词、代词、零形式)、事件指称语(事件名词、代词、零形式)等都具有这种依赖关系。另外,共同的谓词性成分或者修饰语也是一种依赖关系。

衔接关系有显性与隐性之分。小句或句子之间的关系,有的关系比较符合认知的一般规律,这类关系常常是直接衔接(即隐性衔接),有些不符合一般的认知规律,或者衔接的距离比较远,常常选择显性的衔接成分进行衔接。

三、汉语语篇语法具体语法项目的提取思路

吕文华(1992)提出并讨论了修改语法体系时应该考虑的几个问题:第一,适应语言交际的需要;第二,寻求结构—功能相结合的更好途径。上文中,我们讨论了与语篇特点相关的语法项目,在具体提取语法项目时,有些可能既涉及功能,又涉及层次或者关

系,所以首先根据语篇特点确定主要项目,但具体语法项目则以语言形式为出发点,以这个点为基础,概括它的语法功能。当然,同样一个语法项目,可能与两个或两个以上的语篇功能相关,所以可以以具体的语法项目作为提取的对象,概括其语篇功能。具体的语法项目主要包括以下几个方面。

3.1 语体及其结构——[功能][层次]

不同语体的组构特点不同,如方梅(2017)指出,说明语体以论点与论据的逻辑关联为主线,语篇内部结构是以"核心句—卫星句"为主要支撑;而叙事语体是以事件过程为主线,事件发生的时间顺序和事件参与者的行为是这类语篇的推进方式,在叙事主线上的信息内容是前景信息,主线之外的铺陈是背景信息。因此,叙事语体中,句首的时间状语和处所状语往往成为情节的分节点(Chafe,1980),"事件主要参与者—语篇主角"的转换在事件过程描述中也同样扮演重要的角色。

廖秋忠(1992:242)将篇章分为独白篇章和对话,前者包括叙述文、论证、过程、说明、劝告,后者包括日常会话和特别场合的篇章。可以根据这些语体的类别概括出其语篇的特点。

不同的语体选择的组构方式可能不同,如李秉震(2014)曾讨论过下面的句子:

(1)因为我昨天吃了很多串儿,喝了很多啤酒,所以今天早上拉肚子了。

文章认为,这个句子应该表达为:

(1')我昨天吃了很多串儿,喝了很多啤酒,今天早上拉肚子了。

在分析为什么要这样修改时,文中提到:郭继懋(2003)曾经指出,"因为……所以……"常用来论证,而不用来叙事。所以这一修改是在一定的语体之中进行的,也就是说,在叙事语体中应该用例(1'),但如果这是在一个对话语中,回答"你怎么拉肚子了?"时,则应该选择例(1)作为回答。所以应该总结不同语体的常用结构,以及相应的表达方式。由此可见,不同的语体结构是什么,以及一般选择什么样的方式组构,是语篇语法的教学内容之一。

在宏观上,不同语体的语篇结构存在差异,可以依据它们的组构方式,概括出不同语体的典型结构,作为语篇教学的重要内容。

3.2 影响语篇连贯的相关因素——[功能][关系]

语篇连贯是衡量语篇的完整性、一致性,甚至整体完好性和质量的标准(张德禄、刘汝山,2003:前言)。实际上,连贯就是信息流的流利性。Halliday & Hasan(1976:23)认为:"语篇是一个在两个方面都连贯的话语片段。在情景语境方面是连贯的,所以具有语域一致性；它自身是连贯的，所以是衔接的。两个条件中的任何一种自身都是不充足的，一种也没有必要蕴含另一种。"①由此可见，连贯是一个相对概念，与语体、语域（很多时候表现在使用特定词语和句式等方面）密切相关。依据语体提取判断连贯的具体标准，以及不同语域的表达方式，是语篇教学的重要内容。

有的时候，如果不同语体或语域的表达方式共现，虽然有一定的衔接方式进行衔接，但语篇仍然表现为不连贯。如：

(2)最让我生气的一次就是在个大超市跟我约好了时间，可他来晚了三个小时，而且无论在跟我做什么活动，他的动作也最慢，看上去就让人不爽。（自建语料库）

例(2)中，"可"后面"他来晚了三个小时"说的是具体的某一次的情况，"而且"后的几个句子的内容说的不是这一次，是惯常性的情况，与前文不是一个语域的，所以不能有递进关系，但"而且"一般衔接同一个语域的小句，这个句子中的几个小句属于不同语域，是不连贯的。不同语域的表达方式可以在语体基础上提取。

3.3 语篇的具体衔接方式——[功能][关系]

第一，具体衔接方式。Halliday & Hasan(1976)将衔接方式归纳为五种类型，即指称(reference)、替代(substitution)、省略(ellipsis)、连接(conjunction)和词汇衔接(lexical cohesion)。其中前三类属于语法衔接方式，词汇衔接(复现、词汇搭配)属于词汇衔接方式，连接(增补关系、转折关系、因果关系和时间关系)则介于两者之间，主要属于语法衔接，但也包含词汇的成分。可以依据语体等，具体提取每一大类的下位具体衔接方式有哪些，包括共性方式和特定方式。

在讨论衔接时，话题是依赖关系中的一种常见现象，常常涉及指称、替代和省略等，主要有几种形式：第一种是几个小句的话题（有的句子中表现为主语）相同，可以称作推进式，这是最常见的；第二种是几个小句的话题不同，后一个小句的话题与前一个小句的宾语或宾语的定语等指同，可以称作展开式；第三种是第一个小句中的一个成分是后面几个小句相关成分的上位成分。不同的情况下语篇展开的模式不同，与之相关的，衔接的方式也有差异。如：

(3)我记得在小的时候，我很挑食，不论是吃早饭、中饭或晚饭，妈妈都要追着我满屋子跑，一口饭含在口里就是不肯吞下去。（HSK 动态作文语料库）

例(3)中每一个小句都可以说，但读起来感觉不太自然，主要原因是：这是一段介绍性的文字，前面陈述的是"我"，中间转换到"妈妈"，后面又转到"我"，不太符合汉语话题

---

① 译文参考张德禄、刘汝山(2003:26)。

的展开方式。如果作为一般的叙事语篇,需要改变语序:

(3')我记得在小的时候,我很挑食,不论是吃早饭、中饭或晚饭,都一口饭含在口里就是不肯吞下去,妈妈要追着我满屋子跑。

这一修改方式,主要是按照一般的顺序,先因后果。但如果换一个话题表达,突显"妈妈追着我满屋子跑",后面补充原因,可以改为:

(3")我记得在小的时候,我很挑食,不论是吃早饭、中饭或晚饭,妈妈都要追着我满屋子跑,因为我总是一口饭含在口里就是不肯吞下去。

这个句子的修改,根据言者所要表达的主要意思,重新安排话题的语序,具体衔接方式可以是指示语,也可以是使用关联词语,当然也可能有其他的修改方式。

衔接还有隐性衔接和显性衔接的差别,隐性衔接指的是"用情景语境特征作为衔接机制把语篇意义不完整的部分补充完整"(张德禄、刘汝山,2003:151),显性衔接指专职或兼职衔接成分实现的衔接。如:

(4)①上个学期,我的好朋友在中国过了第一个生日。②她不但是我的好朋友而且是我的室友(同屋)。③她的生日是十二月二十六号,④她的生日跟圣诞节很接近,⑤所以圣诞节之后我们还可以庆祝我的朋友的生日。(自建语料库)

例(4)中,二、三小句用"她"衔接,三、四用"她的生日"衔接,三个小句不太连贯,最后一个小句中用"我的朋友"衔接,不符合经济性原则。这个句子中,第四个小句中"她的生日"应该省略,最后一个小句中"我的朋友"应该用"她"。以上讨论的是隐性衔接。这个例子最后一个小句用了"所以",是显性衔接。隐性衔接与显性衔接常常共同作用,实现语篇的衔接。

第二,衔接方式的选择性。在教学过程中,只讲授衔接方式有哪些,并不能很好地帮助学习者使用这些方式实现连贯。如:

(5)我父亲是个读书人,他不但会中文,他的印尼文也不错。(HSK 动态作文语料库)

从形式上看,例(5)由同一个指称形式"他"来衔接,但它们之间的连贯性不够,可见有衔接方式,不一定连贯性就强。衔接方式的选择与语体相关,比如叙事语体,小句之间常常是事件主体衔接,句子之间常常是时间、空间或事件主体衔接;论证性语体,常常使用表达逻辑推理或语用推理的形式实现衔接。前文提到,衔接的本质是依赖,是相关性。这三个主谓结构齐全的小句,它们之间的依赖度不够,衔接程度就不够,所以影响了连贯度。

由于言者传递信息的目的有差异,选择的衔接方式也有差异。如果有两种以上的衔接方式可供选择,就要辨析它们之间表达功能的差异。

3.4 指称性与衔接性的关系问题——[关系][层次]

从解读的角度来看,指称性弱的成分依赖于指称性强的。廖秋忠(1986)讨论了汉语中的"指同"表达问题,也就是不同的指称性成分可以指示同一个对象,如果前后小句都使用同样的指称性成分会影响语篇的连贯度。如:

(6)口香糖①本来是一种用来使口腔清洁的胶质糖果,它也有使人的心里平静下来的作用。现在,口香糖②的种类非常多,嚼口香糖③的人数也不断增加,这有利于口香糖④的经营者,但对于环境的清洁来说,它是有害的。因为口香糖⑤只嚼而不能吞下去的,所以吃口香糖⑥的人多了,乱吐口香糖⑦的人也多了。(HSK 动态作文语料库)

例(6)的连贯度不够,主要是因为短短一个语篇中,出现了7个"口香糖"进行衔接,其中有一部分应该选择指称性弱的成分,比如③可以选择零形式,④可以选择"它",⑥⑦都可以选择零形式。汉语中,谓词也可以具有指称性,体词可以有陈述性,人或事物的衔接,一般是指称性弱的依附于指称性强的,比如专有名词和代词,代词依赖于专有名词。事件表达成分可以是一个谓词性短语,也可以是"NP 的 VP"、代词和零形式,一般是后面的成分依赖前面的成分。提取具有指称性的各种表达方式,将它们的指称性大小做一个排序,可以概括出指称性与衔接的相关性。

3.5 前景/背景信息的配置方式——[层次][关系]

根据 Hopper(1979),在一个叙事性的语篇中,一般有前景句和背景句。那些有时间连贯性且推动情节进展的小句是前景句,而那些只为事件提供发生、发展背景的都是背景句。刘云、李晋霞(2017)研究了论证语篇中前景/背景的信息配置方式。实际上前景/背景的配置在各种语体中都有其具体方式和规律,与体标记、语气成分、标记词等有关。

如何配置前景/背景是语篇教学的重要内容,如果前景/背景配置失当,其作为语篇的可接受度也会降低。如:

(7)下午我和金惠美一起去西单买衣服,买完衣服我们又去了五道口吃饭,吃完了饭我们一起去语言大学找韩国朋友,然后我们一起去唱歌,唱完了歌我们就一起打车回学校了,今天我过得很高兴。(引自李秉震,2014)

李秉震(2014)认为这个句子给人的感觉就是流水句,没有要传递的核心信息,不是一个好的语篇,这主要是因为缺乏前景句和背景句的配置。另外,李先银(2020)讨论过下面问句的答句:

(8) a. 明天咱们去颐和园怎么样？

　　　b_1. 哦，我去过颐和园了。

　　　b_2. 哦，颐和园我去过了。

　　　b_3. 哦，我去过了。

作为回答句，有以上几种可能的情况。那么选择哪一个作为答句，才是一个好的语篇呢？一般选择的顺序为：$b_2 > b_3 > b_1$。这主要是因为前文出现了"颐和园"，所以在答句中将这个信息配置为背景信息，选择句首的位置。当然，如果说听者关系比较密切，可以选择 b_3 的回答。

3.6　多功能词的用法问题——［功能］［关系］

汉语中的很多词，一方面具有修饰功能，另一方面具有语篇衔接功能。比如副词"又""并""也"等，既可以用在后句表示衔接，也可以用在前句表示引发，后一种用法中，这些词语的功能是"衔接＋主观性"。如：

(9) 允许已经没有爱情基础的夫妻离婚，<u>也</u>并非一定是坏事。（HSK 动态作文语料库）

(10) 婚姻是两个人的事，要永远生活在一起，就要勇敢面对问题，去克服，而不是其中一个不能忍受就离婚，这实在是不尊重婚姻，<u>也</u>把婚姻当儿戏。（HSK 动态作文语料库）

例(9)的前后小句可以分析为主谓关系，不需要"也"进行衔接，有的时候虽然用"也"，但是其后一般有后续句补充说明（如可以补充"因为可以让双方都摆脱痛苦"等）；例(10)中"也"衔接前后两句，但前句是"实在是……"，后句是"把婚姻当儿戏"，前后不一致，后句需要加上"是"，说成"也是把婚姻当儿戏"。这类词的衔接功能可以依据学习者的水平安排在不同的层次进行教学。

3.7　主观性与交互主观性——［功能］［衔接］

"主观性"是语言的一种特性，指的是在话语中多多少少总是含有说话人"自我"的表现成分。也就是说，说话人在说出一段话的同时表明自己对这段话的<u>立场</u>、态度和感情，从而在话语中留下自我的印记（沈家煊，1999）。交互主观性表达的是说话人所关注到的听话人的态度或视角（丁健，2019）。它们与语序、虚词、话语标记等有密切的关系，交互主观性是口语语篇语法关注的重点之一。

(11) 你曾在公园里的一个石椅上，在不好意思的情况下坐上了个口香糖渣吗？<u>难道</u>你未曾见过在一个运动场里，一位个头很大的足球教练员随意的把嘴里的口

香糖吐出来？这一些小小的行为看起来一无所害,但是后果却非常大的。(HSK 动态作文语料库)

(12)对我来说,学习汉语根本不存在着什么的苦恼,反过来说,我在学习的过程中,还为自己培养出欣赏中国艺术的情结来呢!(HSK 动态作文语料库)

例(11)中,是两个问句并列,表示例举,但是第二个句子中用了"难道",是表达强主观性的用法,在这里不合适,因为两个并列关系的句子语气强度不同;例(12)中有"反过来说",其中有"说"是表示主观性的,但是后句陈述的是一个事实,所以作为衔接成分不合适,可以去掉"说"用"反过来"。

四、结 语

以上是关于语篇语法内容的一些思考,总的来看,还是框架性的,很多问题还没有细化,主要是这些问题还需要进一步研究。实际上吕文华(2002)就指出,长期以来,对外汉语语篇教学存在着很多问题,究其原因,就是教学方法上没有重视语段与语篇语法的本体研究,并将相应的本体研究成果应用在语段和语篇的教学中。所以,对外汉语语篇教学语法体系的最终建立,有赖于面向应用的更多研究成果的问世。

在语篇教学内容的安排上,学者们也早有思考。如赵金铭(1996)指出,习得者在学习汉语的过程中,首先得解决正误问题,就是得把词语的位置摆对;其次要解决语言现象的异同问题,这就涉及具有隐性的语义理解;最后要解决高下问题,就是语言的应用问题。高级阶段侧重语用功能语法的教学,使习得者具备区别语言形式高下的能力。邵敬敏(1994)指出,高级阶段以结合语境作语用功能说明为主。以上语篇教学内容所涉及的各个语法项目,也需要根据语篇组构的需要分成不同的等级,有些是和句法知识混合教学,有些需要单独教学。

参考文献

丁 健(2019)语言的"交互主观性"——内涵、类型与假说,《当代语言学》第3期。
方 梅(2017)饰句副词及相关篇章问题,《汉语学习》第6期。
冯·戴伊克(1993)《话语·心理·社会》,施旭、冯冰编译,中华书局。
郭继懋(2003)表因果意义时"得"字句与"因为所以"句的差异与分工,《中国语言学报》第11期。
胡壮麟(1994)《语篇的衔接与连贯》,上海外语教育出版社。
黄南松(2001)现代汉语的指称形式及其在篇章中的运用,《世界汉语教学》第2期。
李秉震(2014)基于本体研究的对外汉语语篇教学,《首都师范大学学报》(社会科学版)增刊第1期。
李春芳(2001)语篇教学初探,《江汉大学学报》第5期。
李 泉(2003)基于语体的对外汉语教学语法体系构建,《汉语学习》第3期。

李先银(2020)互动语言学理论映照下对外汉语教学语法系统新构想,《语言教学与研究》第2期。
廖秋忠(1986)现代汉语篇章中指同的表达,《中国语文》第2期。
廖秋忠(1988)篇章中的论证结构,《语言教学与研究》第1期。
廖秋忠(1992)《廖秋忠文集》,北京语言学院出版社。
刘月华(1998)关于叙述体的篇章教学——怎样教学生把句子连成段落,《世界汉语教学》第1期。
刘　云、李晋霞(2017)论证语篇的"前景—背景"与汉语复句的使用,《华中师范大学学报》(人文社会科学版)第4期。
吕必松(1994)《吕必松自选集》,河南教育出版社。
吕文华(1992)对《语法等级大纲》(试行)的几点意见,《语言教学与研究》第3期。
吕文华(2002)关于对外汉语教学语法体系的若干问题,《海外华文教育》第3期。
吕文华(2012)语段教学内容的选择和分布,《语言教学与研究》第1期。
聂仁发(2005)汉语语篇研究的几个问题,《宁波大学学报》(人文科学版)第5期。
彭小川(2004)关于对外汉语语篇教学的新思考,《汉语学习》第2期。
齐沪扬、张旺喜(2018)革新对外汉语教学语法体系　满足时代需求,《中国社会科学报》11月27日第3版。
覃俏丽(2008)对外汉语语篇结构与连贯教学,《黑龙江教育学院学报》第6期。
邵敬敏(1994)对外汉语教学语法体系改革的新蓝图——评吕文华《对外汉语教学语法探索》,《汉语学习》第5期。
沈家煊(1999)《不对称和标记论》,江西教育出版社。
田　然(2014)"对外汉语语篇语法"研究框架的探索,《宁夏大学学报》(人文社会科学版)第1期。
邢志群(2007)对外汉语教师培训——篇章教学,载崔希亮主编《汉语教学:海内外的互动与互补》,商务印书馆。
徐赳赳(2010)《现代汉语篇章语言学》,商务印书馆。
杨　春(2006)初级汉语教学中的"语篇意识"与"语篇教学意识",《玉溪师范学院学报》第10期。
杨　翼(2000)培养成段表达能力的对外汉语教材的结构设计,《汉语学习》第4期。
张宝林(2001)语段的语义中心的获取及表现形式,《语言教学与研究》第3期。
张德禄、刘汝山(2003)《语篇连贯与衔接理论的发展及应用》,上海外语教育出版社。
张迎宝(2012)《汉语中介语篇章宏观信息结构对比研究——以韩日留学生论证性语篇为中心的考察》,浙江大学博士学位论文。
赵金铭(1996)对外汉语语法教学的三个阶段及其教学主旨,《世界汉语教学》第3期。
Chafe, W. L. (1980) *The Pear Stories: Cognitive, Cultural, and Linguistic Aspects of Narrative Production*. Norwood, New Jersey: Ablex Publishing Corporation.
Halliday, M. A. K. & Hasan, R. (1976) *Cohesion in English*. London: Longman.
Hopper, P. J. (1979) Aspects and Foregrounding in Discourse. In Talmy Givón(ed.). *Syntax and Semantics: Discourse and Syntax Vol 12*. New York: Academic Press.
Langacker, R. W. (1988) A Usage-based Model. In Brygida Rudzka-Ostyn(ed.). *Topics in Cognitive Linguistics*. Amsterdam/Philadelphia: John Benjamins Publishing Company.

(200234　上海,上海师范大学对外汉语学院)

国际中文教育学科知识
生产制约因素初探*

裴雨来　邱金萍

摘　要：知识生产是学科发展的关键内容，分析学科知识生产情况，有利于深入发现学科发展问题。国际中文教育学科知识生产现状较为严峻，制约该学科知识生产的主要原因包括"教学工作对学科知识生产支撑不足""学科知识融合没有在教学科研实践中落地""学科对教师群体实践能力提升支持不足"三个方面。解决国际中文教育学科知识生产问题的原则性方案是"建设教学与科研共生的教学平台""助力学科人员尽快跨越实践能力门槛"等。

关键词：国际中文教育学科；知识生产；学科发展

〇、引言

国际中文教育，既是学科，也是事业。作为事业，近年来国际中文教育无论在规模还是质量上都取得了长足的进步；但作为学科，国际中文教育发展并不理想，积累并不充分。从根本上讲，"学科是因知识分类而形成的相对独立的知识体系"（瞿振元，2019），"是知识的存在形态"（张德祥、王晓玲，2019），知识的生产是学科发展的关键内容，从知识生产的角度观察学科发展状况相对聚焦（别敦荣，2019；张德祥、王晓玲，2019；瞿振元，2019，2020）。为了更进一步了解目前国际中文教育学科知识生产的基本情况，我们参考地域分布、高校类型、学科影响力等因素，选择了国内 10 所高校中承担国际中文教育学科建设任务的二级学院作为调查对象①，对这些二级学院的教师 2010

---

* 本论文研究得到中国高等教育学会外国留学生教育管理分会课题（项目编号：CAFSA2020 - Y016）的资助。非常感谢论文匿名审稿人提出的宝贵意见！

① 选择调查高校的依据，地域上涵盖东部、中部、西部，同时包括南方和北方；高校类型包括双一流高校、双一流学科高校、非双一流高校、综合性高校、非综合性高校等；学科影响力，即包括在国际中文教育领域有引领性学科地位的高校、学科活动较活跃的高校、学科仍在发展中的高校。出于代表性的考虑，没有选择北京大学、北京语言大学等学校。

年至 2020 年 4 月间在 CSSCI 期刊（含扩展版）发表论文的情况进行了粗略统计①。调查结果如下②：

表 1　国内 10 所高校国际中文教育学科相关二级学院论文发表情况统计

调查对象	论文发表总数/篇	教师规模/人	年人均发文量	调查对象	论文发表总数/篇	教师规模/人	年人均发文量
北京师范大学汉语文化学院	68	47	0.14	复旦大学国际文化交流学院	52	51	0.10
华东师范大学国际汉语文化学院	222	62	0.36	四川大学海外教育学院	27	34	0.08
暨南大学华文学院	182	96	0.19	陕西师范大学国际汉学院	37	24	0.15
兰州大学国际文化交流学院	39	16	0.24	青岛大学国际教育学院	33	44	0.08
武汉大学国际教育学院	66	49	0.13	西安外国语大学汉学院	24	33	0.07
10 校年人均发文量平均约值	0.16						

所调查的 10 所二级学院年人均发文量平均值仅为 0.16，这意味着一名教师发表一篇 CSSCI 期刊（含扩展版）论文平均需 6 年时间。从知识生产的角度来看，尤其对于国际中文教育这样一门应用性较强、时效性要求也相对较高的学科而言，如此长的周期，可以说生产效率很低；而且，所考察的 10 所学院，其学科知识生产能力相对高于全国高校该学科的平均水平，可以推测，全国高校该学科的知识生产情况更不乐观。

进一步的调查显示出的问题更为严峻。我们从以上 10 所学院中选取了北京师范大学汉语文化学院、华东师范大学国际汉语文化学院、暨南大学华文学院、兰州大学国际文化交流学院、武汉大学国际教育学院这 5 所学院进行了更细致的观察③。5 所学院共考察教师 270 人，其中 141 人发表了 CSSCI 期刊（含扩展版）论文 577 篇。所发表的论文中，属于国际中文教育学科研究的共 176 篇，占全部论文数的 31%。176 篇国际中文教育学科相关 CSSCI 期刊（含扩展版）论文由 66 人完成，占 5 所学院全部教师的

---

① 论文统计未涉及其他期刊论文、博士学位论文及硕士学位论文，主要原因是目前本学科的学位论文数量与学科知识生产的贡献之间有一定程度的不对应。此外，学位论文中的有价值部分，较多已以论文形式在刊物上发表，如果同时统计学位论文与刊物已发表论文，可能出现较严重的重复统计问题，会大大降低数据的可靠性。在全部刊物中，CSSCI（含扩展版）刊物发表的论文在影响力、引用率、权威性等方面经过验证，相对来说较能代表学科知识生产的情况，所以从数据有效性的角度出发，我们只选择了 CSSCI（含扩展版）刊物作为数据来源进行分析。

② 教师数据来自二级学院网页并进行了核实，但因对教师离职、退休、单位变更等情况掌握不完整，数据仍可能略有偏差，但总体来看，误差不影响最终结论。论文数据来自 CNKI 网站。

③ 在所选的 10 所高校中，这 5 所高校在学科建设水平、学科影响力、地域分布上都有一定的代表性，能够基本反映过去若干年国际中文教育学科最有代表性的、最活跃的主要群体在知识生产方面的情况。对本文研究而言，这一群体的知识生产情况已可以较充分地支持论文的论证。

24%。另外,国际中文教育学科论文的教师年人均发表数量为 0.07①,即平均 14 年 1 篇。以上这些数据意味着国际中文教育领域相关教师不但发文的数量(即知识生产总量)较少,而且论文的学科相关度较低。

我们对国内高校国际中文教育学科发展中存在的问题做了一个粗略的调研,调研所发现的学科发展问题有如下六点:

第一,该学科教师高级职称比例,尤其是正高级职称比例相对偏低;

第二,该学科教师职称晋升所需时间相对其他人文社会科学学科,明显偏长;

第三,该学科教师所承担的教学任务与自身科研方向一致的比例较低,教学与科研割裂,对科学研究、学科知识生产的支持明显不足;

第四,虽然从事国际中文教育的一线教师来自不同学科,但学科融合对学科知识生产的促进情况并不理想;

第五,高校中国际中文教育学科地位相对下降,学科培养主体为独立二级学院的比例在降低;

第六,国际中文教育学科高水平人才培养较为缓慢,人才梯队出现断层趋势明显。

很显然,这些学科发展问题的根源与学科知识生产密切相关。不解决学科知识生产问题,作为学科的国际中文教育发展面临的困境和挑战很难破解。本文主要聚焦对制约学科知识生产因素的分析,希望通过分析能明确学科知识生产局限的原因并提出一些解决方案。

一、对学科知识生产制约因素的讨论

目前关于学科发展的研究中,从学科知识生产制约因素角度进行的分析较少,从学科发展制约因素角度进行的分析较多(吴应辉,2014、2016;张建民等,2018;刘珣,2019;施家炜,2014、2016;李贵苍,2016;曹贤文,2017;汲传波,2018;宁继鸣,2018)。概括来说,文献中提出的学科发展制约因素主要有以下几个方面:

第一,国际中文教育学科在建制上没有独立,硕博阶段的教育至今未独立成建制纳入国务院学位委员会、教育部《学位授予和人才培养学科目录(2018 年)》,学科发展依托不足;

第二,教师教学工作量普遍较大,教师投入科研、投入学科建设的时间和精力有限;

---

① 5 所学院共考察教师 270 人,共发表国际中文教育学科相关论文 176 篇,国际中文教育学科 CSSCI 期刊(含扩展版)论文的教师年人均发表量计算方式如下:176÷10÷270≈0.07。

第三，多学科融合进展较慢，源于学科交叉的推动力有限；

第四，国际中文教育学科实践性强，实践性知识是学科知识的重要内容，这类知识在学科建设方面存在天然弱势；

第五，没有完全理顺学科与事业的关系，以往发展中，注意力天平更多倾向于事业需要，对国际中文教育的学科属性重视不足。

以上五点在很大程度上揭示了国际中文教育学科发展出现困境的原因，在一定程度上也代表了学界对学科知识生产制约因素的认识。不过，我们认为这五点对学科知识生产问题的内在、本质、机制性原因，存在一些言不尽意之处，有必要更深入、更细致、更具体地展开研究。

1.1 教学工作对学科知识生产支撑不足

国际中文教育学科"教师教学工作量普遍较大""多学科融合进展较慢"等客观现实确实影响了该学科的知识生产，于是很多教学单位针对这些问题，采取了积极的应对方案，比如为解决"教师工作量大"的问题，招聘了更多临时教师、更多院聘合同教师来减轻本单位教师的教学工作量；为解决"多学科融合进展较慢"的问题，组织了多学科培训、交流、进修等拓宽教师知识面等活动。我们在调研中发现，这些解决方案确实起到了一定的作用，但深入观察表明，这些方案所起的作用并没有达到预期的效果。简单以论文发表为观察角度，我们发现，这些方案并没有带来论文发表数量的显著提升，或即使论文发表数量提升，但新发表论文中，属于国际中文教育学科领域的新增论文比较有限，这些新发表的论文事实上对国际中文教育学科知识增量所起的作用有限。有些高校采取的强行提高科研任务考核标准等办法，虽然对提高个体科研产出有一定的作用，但却会使非国际中文教育背景出身的教师更倾向于在其原学科领域内进行研究与知识创造，使这些教师融入国际中文教育学科的意愿和动力进一步降低，进而导致多学科融合更难实现。那么，这些针对"教师教学工作量大""多学科融合进展缓慢"等问题采取的方案，为什么效果并不理想呢？

按通常的规律，教学并不与科研对立，尤其所调查各学院的教师学历层次、学术训练等都属国内高校中前沿水平，教师有充分的学科基础及研究能力实现教学与科研的良性互动。即使有偶然因素影响，部分教师可能存在教学影响科研的情况，但也一定是少数，不会出现教师平均需14年才能发表一篇国际中文教育学科CSSCI期刊（含扩展版）论文的情况。出现这种情况，只有一种可能，就是国际中文教育学科的教学工作对科研的培育存在结构性不足，即教学工作与其科研创新、知识生产割裂，教师较难从教学中发展出科研成果。

我们对本学科论文发文量的调查数据支持以上关于教师教学实践与其科研内容割裂的分析。前文提到,在所调查的 5 所学院教师发表的论文中,仅 31% 为国际中文教育学科相关论文,其余 69% 皆不属于国际中文教育学科。要特别注意,这不属于国际中文教育学科的 69% 的论文是由在国际中文教育学院工作的一线教师创造的,这意味着从事国际中文教育实践工作的教师所创造的科研成果,有超过三分之二与国际中文教育学科无关。

是什么导致教师教学实践与其科研内容的割裂呢?我们认为最主要的原因是,科研的系统性、科学性要求与中文教学中有研究价值数据获取的不连续性之间存在矛盾。中文教学实践中,教师在面对某类教学对象进行某个教学内容的教学过程中,可能获得某条有研究价值的数据,但实际形成有价值的研究,必须有多条数据支撑。中文教学的客观实际是,在同一个研究问题上有价值的多条数据,可能分散出现在跨度较大的两个时间段内①。随着国际中文教育学科基本问题被不断解决,反映这些基本问题的数据失去科研价值,所以教学中获得有研究价值数据的时间跨度越来越大。如今这一时间跨度已经大到超过很多教师的研究关注周期。所以,一个常见的现象是,教师在教学中经常有所收获,但因为这些收获分别与不同的问题相关,但具体到某一个问题上却无法形成有效的科研数据,最终,这些收获难以真正形成成熟的研究结论。

此外,还要特别关注目前国际中文教师的教学工作安排会进一步加剧有研究价值数据获取不连续带来的负面影响。当前,由于中文教学类课程的特殊性,国内高校大多采取教师与国际学生班级对应的做法,所以中文教师即使每周只有 10 节课的教学任务,考虑到学生的学习需求,也极大可能安排为每天 2 节课,于是,5 个工作日每天都有课,这在一定程度上造成这些一线教师在备课、教学之外的科研时间碎片化比较严重。碎片化的科研时间使中文教师缺少大量时间对教学中所收获到的有科研价值的数据进行系统搜集和整理,课堂教学几乎成为了其最主要的有科研价值数据的来源,于是陷入"依赖课堂教学获得有科研价值数据→来自教学的有科研价值数据不连续→缺少时间精力获取足够数据"的无奈局面。

1.2 学科知识融合没有在教学科研实践中落地

我们深入观察了所调查的论文数据,很显然学科融合没有成为国际中文教育学科

---

① 知识性课程可以围绕一个问题或专题进行深入的教学,甚至一个专题可以持续几个教学轮次不断进行深化,最终教师在教学过程中形成对这一问题或专题的新的认识。但中文教学属于技能性课程,面对特定水平的学生,某一内容教学进行到什么深度是既定的,教学内容过深或过浅,不符合教学规律,教学效果也会受较大影响。不同轮次课程的教学内容,原则上学生的语言水平都是相同的,比如同一门课程,第一教学轮次的学生是零起点,第二教学轮次的学生还是零起点,第一教学轮次讲"一杯咖啡多少钱",第二轮次也还是这一内容,无法随意调整。

知识生产的新增长点,这一方面体现为跨学科论文数量极少,具体情况见表2:

表2 教师发表本学科论文与非本学科论文比例情况

所发表论文中国际中文教育学科论文占比≥50%的教师	49人
所发表论文中国际中文教育学科论文占比在0%到50%间的教师	17人
所发表论文皆为非国际中文教育学科的教师	75人
有论文发表教师总数	141人
无论文发表教师总数	129人

由表2可知,发表了CSSCI期刊(含扩展版)论文的141名教师中,有超过一半,即75人的研究完全没有涉及国际中文教育领域。这75位教师皆在国际中文教育二级院系工作,与国际中文教育实践有充分的接触,他们未涉及国际中文教育学科的研究,很显然并非是外部条件不足所限。另外,根据我们的统计,这75人中,有24人论文发表数据均超过5篇,这说明他们研究能力很强,实际发表论文未涉及国际中文教育领域,并非研究能力所限。研究者有条件与国际中文教育实践充分接触且研究能力足够,但仍有如此大比例的教师,其研究没有涉及国际中文教育学科,没有与国际中文教育学科进行融合,一定有更深刻的内在原因。

我们认为,学科知识融合进展缓慢,一方面与国际中文教育学科的教学、科研割裂有关,另一方面与国际中文教育本身发展阶段、发展深度的关系更为密切。国际中文教育学科的科学研究、知识生产需要大量成体系、有一定广度和深度的基础数据积累来支撑,但当前的国际中文教学机械性、低水平重复占比较大,教师教学整体上仍处于较基础的阶段;教师教学仍以个体为主,较零散,个人学科知识较难深度融入教学、运用于教学,即使融入教学,也因为教学的零散、碎片化、周期较长、数据缺乏整理等原因较难达到科学研究、学科知识生产对支撑性数据的规模和质量要求,个人学科知识在教学实践中难以真正落地。缺少这一实践融合的基础,再多的方向性引导、政策性支持,甚至行政性强制要求,事实上都收效甚微。这些年跨学科知识培训、跨学科交流、国际中文教育单位引进多学科人才等活动收效不明显,对学科知识整合的促进作用有限,也恰恰是因为这些培训、交流、人才引进并没有解决制约学科知识融合的根本,没有真正解决多学科知识融合的实践落地问题。

1.3 学科对教师群体实践能力提升支持不足

国际中文教育,既是学科,也是事业,学科支撑事业的发展,事业推动学科的进步。学科与事业之间的关系不清晰,在一定程度上会制约学科的发展(汲传波,2018;宁继鸣,2018)。学科与事业的关系,在一定程度上是学科知识生产与知识应用之间的关系。实践性是国际中文教育学科的重要特点,大量的学科知识都属于实践性知识或者技能训练,因为事业的需要,能否培养大量的熟练掌握实践技能的人才,关系到学科的长远发展。这一点与文学、语言学等与国际中文教育有一定联系的学科非常不同——能否培养出大量优秀的作家,对文学学科的发展影响有限;能否培养出大量精通外语的人才,对语言学学科的影响也有限。

实践性知识和技能是国际中文教育学科人才能力构成的重要内容之一,这类知识或技能,依赖学习者的反复操练,反复熟悉。从完全"外行"到成为熟练从业者,周期比较长。而且,在这一周期中,学习者个体的收获、创造,甚至发展,大多只是其个人逐渐进步,进而追平学科认识水平的过程,从整个学科来看,往往并没有新知识的生产或增长,通常并不推进学科的进步。以教学法为例,学习者个体从不会教学,到基本胜任教学工作,再到能胜任较复杂、较有难度的教学工作,再到教学模式成型、教学理念成熟的过程,对其个人来说,是明显的进步。虽然这一过程消耗了教师大量的时间和精力,但这仅仅是了解了本学科教学法研究和实践的基本情况,具备相关问题研究基础,到达研究起点而已,还并没有真正进入学科研究阶段。

目前,国际中文教育学科的技能性训练存在较明显的训练体系碎片化问题,不同高校、不同教学单位严重不平衡、差异较大,甚至在一定范围内存在落后、片面、忽视、轻视的情况。这使得学习者个体完成从"新手"到实践能力"达到本学科科学研究起点"的过程充满了不确定性,甚至很多人一直无法突破这一过程。这一问题在一定程度上成为很多教师进入学科研究的障碍。这种情况,在学科人员中有较大比例来自其他相关学科的情况下,负面影响被进一步放大。如果教学单位没有成熟的新教师国际中文教学技能培训和支持体系,非本学科教师进入国际中文教学工作后,很难跨越中文教学技能这一障碍,而如果不能跨越这一障碍,就大概率较难进行国际中文教育学科与教学相关的包括教法、教材、习得等方面的高水平研究,较难为该学科这些方面知识生产及创新做出贡献。即使通过不断的个人努力,跨越了中文教学技能的障碍,相对来说其时间成本和机会成本也极高,最终限制和影响了教师个人的长远发展[①]。当然,并非国际中文教育学科的所有研究领域都要求研究者具备高水平的中文教学能力,但毫无疑问,解决中文教学能力障碍是相当比例的教师面临的客观实际问题。

---

① 在国内高校承担国际学生中文教学任务的年轻教师中,中文教学类课程的教学效果与个人科研发展呈现一定的负相关现象,我们认为,国际中文教育学科实践性技能训练体系存在不足导致年轻教师适应中文教学的时间成本、机会成本过高是其重要原因。

二、对学科知识生产问题解决方案的建议

前文我们分析了导致国际中文教育学科知识生产困境的诸多原因,这一节尝试提出问题的解决方案。

2.1 建设教学与科研共生的教学平台

从对科研、对学科知识生产的角度来看教学,有两点比较明显:其一,教学中出现的问题大部分都已有共识性解决方案,不具备进一步研究的空间;其二,需要通过研究解决的问题,又较难获得完整、系统的教学数据的支撑。这两点是国际中文教育学科教学与科研割裂的主要原因。

解决教学与科研的割裂问题,必须建设本学科教学与科研共生的教学平台,使教学活动不断迭代更新,不断进步。通过建立类似互联网公司大数据系统的平台和机制——每一名用户都在为系统提供数据,每一名用户的数据都是分散的,系统将用户提供的分散数据进行处理,处理结果更好地服务用户,建立教师共同体,这样教师个体有价值的发现会被系统记录下来,进而形成专题研究或问题研究的有效数据;每一名教师也可以在系统中快捷使用其他教师的知识积累,弥补个人在研究数据获取上的不足。这样,基于实践的、碎片化的经验和创新得以系统整理并升华为学科知识的生产和创新。

实现这一教学与科研共生平台,最重要的工作是实现教学在多样化基础上的标准化、规范化和增益累进。没有教学的标准化与规范化,教师个人在教学中的创新创造就无法成为整个汉语教学生态的一环,个人积累就无法汇入行业或学科的知识库,同时,教师个体也很难从行业知识积累中获益,较难享受到其他教师的教学积累和教学创新成果。没有标准化和规范化,教学知识及数据在全行业的流动和分享便较难实现,进而导致基础工作的大量重复,有效资源被大量埋没或浪费。

下面特别谈一谈增益累进。标准化、规范化有利于实现增益累进,但并不等同于增益累进。比如,近年来一些出版社提供了本社出版教材的教案及课件,教师可依据出版社提供的教材配套资源进行教学,在一定程度上实现了教学的标准化和规范化。但是,出版社的教材配套教学资源多是单向提供,较少有成熟机制实现双向互动,即教师在教学中做出的对出版社配套教学资源的增益和改良较难回馈给出版社或者回馈到行业知识库中,这些增益和改良往往局限在教师个体的范围内,没有形成全行业累积的一部分,无法形成对全行业的贡献,这事实上并没有形成增益累进。

增益不只局限于教学资源,也包括教学数据的不断累积。每一个个体的增益也许

是微小的,但将这些增益累进起来,对形成完整的学科教学资源库和数据库至关重要。要打通教师个体所创造的知识流向学科知识库的通道,否则教师个体的贡献就只在教师个体内循环和积累,而无法使全学科、全行业受益。此外,也要建设知识从学科知识库到达个体的更多样化、更便捷、更迅速的渠道①,实现个体为整体提供增益,同时也从整体中获益,最终实现良性互动。个体与知识库间的良性关系,可以用互联网公司的大数据系统来做类比:每一名用户都在为系统提供数据,系统根据用户提供的数据不断优化服务,从而使用户获得更好的使用体验。国际中文教育学科知识库实现了增益累进,就实现了碎片化创新的系统累积,就为进一步的教学实践和科研创新提供了坚实的材料和数据基础②。

除了有效的机制,落实标准化、规范化与增益累进,需要有可依托的、保障其执行的平台。平台将分散的教师教学系统化地组织起来,教师不再是一个人、一本书、一堂课,教师是国际中文教学整体的一个组成部分。教师所承担的教学工作中的具体学生、具体课程、教学时间、教学内容等构成教师在教学总系统中的具体坐标。我们认为,虽然目前教学状态与这一目标仍有一段距离,但在当今网络如此发达,中文教育电子化、信息化以及在线教学已较成熟的情况下,构建实现标准化、规范化、增益累进的有效机制和平台的条件是完全具备的。

2.2 助力学科人员尽快跨越实践能力门槛

国际中文教育实践,在一定程度上,既是本学科研究的起点,也是检验研究成果的标准。充分掌握国际中文教育实践性知识及技能,对真正了解并理解这一学科,实现高水平学科知识的生产和创新有重要意义。助力学科人员尽快跨越学科实践性知识及技能障碍,降低其时间成本和机会成本,促进学科人员更快、更有效地达到较高教学水平进而开启学科相关研究,需要革新国际中文教育学科实践技能及基础知识的培训理念,建设较系统的培训体系。目前的学科训练和培养体系主要依托大学相关专业人才培养和部分社会力量培训进行,具体包括课程体系、实习实践体系、证书考试及培训体系等。从过去十余年的实践来看,目前这一学科训练和教育体系不能完全满足学科知识生产对教学实践能力培养的需要,较明显的不足包括人才缺乏、效率不高、成效不明显、优质资源覆盖范围比较有限等。此外,学科训练和培养的一些基本内容,比如教学模式、教

---

① 目前,知识从学科知识库、行业知识库到达教师个体的渠道除了文献检索、语料库使用、资源库使用外,并没有更多、更好的选择,知识流通渠道比较单一,没有完全实现智能化,已有知识平台的用户友好程度尚有不足,用户的时间成本等获取成本也较高。

② 事实上,也降低了学科研究的入门难度。

学方法、教学语法等,也需要进一步讨论和明确。

另外,要创新学科交流、培训平台的建设,使具体工作的推进有所依托,保证技能培训及知识更新更快、更有效地在学科内、行业内流动,最终逐步完善整个学科的实践能力训练体系,使更多有志于国际中文教育学科研究的本学科人员及其他学科人员更快跨过学科研究障碍,共同推进学科发展。要特别说明一点,国际中文教育学科,为国家战略服务,提供语言教学产品和服务,规模较大,参与人数众多,学科从业人员直接进入一线教学实践,所以产学研结合尤其重要。打通学科研究成果与实践应用之间的通道,保证学科知识和技能在学科内快速流动和传播,实现快速普及,保证一线教学实践对学科研究成果的快速吸收、运用和反馈,是学科实践能力的培养体系、训练体系应达到的基本要求,只有这样才能保证学科研究成果与一线实践间的良性互动,互相促进,使整个行业、整个学科的整体水平不断进步,满足发展需要。

三、结语

国际中文教育既是学科也是事业,作为学科的国际中文教育,是作为事业的国际中文教育的基础,决定着事业推进的进程和质量。国际中文教育学科的现状可以说是喜忧参半,一方面,这些年国际中文教育学科取得巨大进步,构建了一套相对完整的理论框架和话语体系,成果、人才都有较大提升;但另一方面,因为过去很长一段时间过分强调国际中文教育的事业属性,对其学科属性重视不足,学科建设积累有限,尤其在"双一流"建设的政策指引和资源配置影响下,学科知识生产不足对国际中文教育学科发展的影响非常明显。本文分析了国际中文教育学科知识生产的制约因素,并提出了一些解决问题的建议。

我们认为,推动国际中文教育学科发展,要充分认识到学科发展的核心是知识的创造,对国际中文教育学科的分析应牢牢把握这一点,在关于学科发展的讨论纷繁芜杂、提出的办法方案令人眼花缭乱的当下,这一点尤其重要。在解决本学科知识生产问题的过程中,要认识到国际中文教育学科知识生产的独特性条件和要求,适用于中文、教育学等学科知识生产的推动经验并不一定适用于本学科,解决该学科问题,绝不能照搬中文或教育学等相关经验,必须在尊重本学科内在特点的前提下进行。此外,要特别强调,促进国际中文教育学科知识生产,要特别警惕饮鸩止渴式的推进方案,比如简单依据论文数量制定评价机制,不看论文研究内容是否属于本学科知识等做法。这些做法会导致本学科人才流失,在取得短期科研成果数量增长的同时,有可能严重伤害本学科发展的根本。

参考文献

别敦荣(2019)论大学学科概念,《中国高教研究》第9期。
曹贤文(2017)"双一流"背景下综合性大学汉语国际教育本科专业建设的思考——以南京大学为例,《国际汉语教学研究》第3期。
汲传波(2018)"双一流"视阈下的汉语国际教育学科建设,《国际汉语教学研究》第4期。
李贵苍(2016)雾里看花:关于汉语国际教育专业和学科的一点思考,《汉语国际教育研究》第1辑。
刘　珣(2019)紧随共和国前进的步伐成长的学科,《国际汉语教学研究》第4期。
宁继鸣(2018)汉语国际教育:"事业"与"学科"双重属性的反思,《语言战略研究》第6期。
瞿振元(2019)知识生产视角下的学科建设,《中国高教研究》第9期。
瞿振元(2020)刍议学科建设历史、现状与发展思路,《中国高教研究》第11期。
施家炜(2014)汉语国际教育学科的人才培养问题,《国际汉语教学研究》第2期。
施家炜(2016)汉语国际教育专业人才培养的现状、问题和发展方向,《国际汉语教育》(中英文)第1期。
吴应辉(2014)汉语国际教育学科建设亟待解决的主要问题,《国际汉语教学研究》第1期。
吴应辉(2016)汉语国际教育面临的若干理论与实践问题,《云南师范大学学报》(哲学社会科学版)第1期。
张德祥、王晓玲(2019)学科知识生产模式变革与"双一流"建设,《江苏高教》第4期。
张建民、信世昌、吴勇毅、李　泉、储诚志、吴应辉、卢德平(2018)"汉语国际教育"多人谈,《语言战略研究》第6期。

(200444　上海,上海大学国际教育学院)

《助词"了"》的编写背景与内容框架*
——兼及面向汉语国际教育的多功能虚词研究专书的编写理念

邵洪亮　杜家俊

摘　要："了"的功能和用法十分复杂,是汉语二语学习者最易出现偏误的语言项目之一。学界对"了"语法功能的概括仍然存在较大的分歧,在教学应用研究上也不尽如人意。《助词"了"》以教学应用为导向,共设计了85个问题,涉及"性质与功能""联系与区别""连用与共现""偏误与原因""教学与实践"五个部分,每个部分的问题大致由大入微、由简入繁、由易入难,旨在为师生答疑解惑。这些问题合而为一个有机的整体,是对"了"的功能、用法与教学系统的全面梳理。

关键词:助词"了";虚词教学;虚词研究专书;汉语国际教育

一、编写《助词"了"》的必要性

在齐沪扬教授主持的国家社科基金重大招标项目"对外汉语教学语法大纲研制和教学参考语法书系(多卷本)"中,书系的编写以"一点一书"的形式呈现,将汉语语法系统中占有重要地位的、相对复杂的、具有一定学习难度的且在教学中存在较多问题的一个或一类语法项目编写成一本语法教学参考书,力求对该语法项目进行充分描写、充分解释,尽可能穷尽该语法项目在教学中所遇到的种种问题并予以详细的解答、说明和指导。《助词"了"》就是该书系的第一批入选的教学参考书之一。

我们将《助词"了"》作为第一批入选教学参考书之一,主要基于以下几点考虑:

第一,"了"的出现频率极高,是仅次于"的"的高频虚词,因而它在汉语语法系统中占有重要地位。

第二,"了"本身的功能和用法十分复杂。"了"可用于各种句式、句类,并且"了"的

---

* 本文研究得到国家社科基金重大招标项目"对外汉语教学语法大纲研制和教学参考语法书系(多卷本)"(项目编号:17ZDA307)以及国家社科基金项目"互动语言学视野下的汉语语气成分的功能与兼容模式"(项目编号:16BYY133)的资助。感谢《对外汉语研究》匿名审稿专家对本文初稿提出的宝贵意见。

隐现规律和语用条件难以把握，其隐现会受到语境、语体、句内共现成分、韵律和言者主观性等因素的影响。

第三，"了"的某些用法与汉语其他虚词比较接近（有时可以互替而不影响基本语义，如"院子里种了一棵葡萄树""我吃了早饭了"可分别变换成"院子里种着一棵葡萄树""我吃过早饭了"），也与学习者母语中某些词的功能有相近的地方，学习者很容易受到干扰而误用。

第四，学界对"了"语法功能的提取和概括存在较大的分歧，进而反映在"了"的教学应用研究上仍然不够深入，对"了"的用法解析尚不尽如人意，也存在一些盲点。一些片面甚至错误的解析，不仅涵盖不了所有的语料，而且对学习者有所误导。

第五，"了"也是二语学习者学习汉语的难点，是最易出现偏误的语法项目之一，需要教师在教学中积极处理。尽管学习者在初级阶段就开始学习"了"，但学习者对"了"的习得往往不够全面、系统，即使其汉语水平达到了中高级阶段，在"了"的使用上还会经常出现各种各样的偏误。陆俭明（1980）曾统计发现，外国学生虚词使用不当占语法偏误总数的 65%，而其中"了"字使用不当的就占语法偏误总数的 12%。因此，有学者把"了"视为汉语二语学习者学习汉语过程中"最难缠的拦路虎"（王伟，2021），这是不无道理的。

二、关于"了"的研究现状

关于"了"的讨论由来已久，各家更多的还是在本体层面对"了"的功能进行探究，教学应用相关的探讨尚未深入。

学界主要是将"了"分为词尾"了"（一般所说的"了$_1$"）和句末"了"（一般所说的"了$_2$"），并对二者的功能分别进行研究。到目前为止，不同学者对词尾"了"、句末"了"语法意义的理解仍各有所倾，因而在具体的论述上也不尽相同。这与语言表象的复杂性，以及学者思考的角度不同有关。许多相关的论述虽然在观点上有所不同，但论证的过程给了我们很多启发和引导，成为我们进一步分析的基础。在众多的观点当中，"实现"说（"体标记"说的一种）和"界限"说是相对而言最有影响力的。

刘勋宁（1988）提出词尾"了"是"实现体"的标记，表示谓词所指的动作行为或性状成为事实。这是最早对词尾"了"的"完成"说提出的质疑。刘勋宁（1985、1990）又认为句末"了"（原文称为"句尾'了'"）与词尾"了""之间有一部分是同源的"，即当词尾"了"位于句末，与近代白话的表申述语气的句末语气词"也"融合之后，形成了专门用以"申明"（申述事实）的语气词——句末"了"，即"了也"合音是今天句末语气词"了"的来源。

孟子敏(2005)的研究,也支持这个结论。按刘勋宁的观点推导,句末"了"的语法功能便是"词尾'了'+也"的功能,句末不存在所谓的"词尾'了'+句末'了'"(即一般所说的"了$_1$+了$_2$")的现象,因为词尾"了"和句末"了"本来就不能干脆地分开,句末"了"的功能蕴涵了词尾"了"的"实现体"标记功能。当词尾"了"和句末"了"同现时,词尾"了"在句中的功能是羡余的。

近二十年来,也有学者提出,"了"的本质功能是表"界限"(黄美金,1997;陈忠,2006)。这就跳出了"体"标记的框架。其中,陈忠(2006:496—558)的论述比较充分。持"界限"说的理由主要是:第一,"了"的隐现问题,有时难以用"完整体"(即我们所说的"实现体")加以解释,并非对应于"完整体"与"非完整体"的对立,即在时体意义相同的句子当中,存在"了"的隐现形式不一致、不对称的现象;第二,"了"的隐现形式对立,平行对应于"有界—无界"的对立,即"了"倾向于与"有界"成分、结构在直接成分中同现,不与"无界"成分同现,或有条件地同现。第一条理由说明在时体意义背后,还有其他因素制约着"了"的隐现。第二条理由说明这个制约因素就是"有界—无界"的对立。据此,"界限"说认为,汉语的"了",其语法功能是凸显"界限",通过有界和无界的形式对立来间接体现和折射完整体和非完整体的意义对立。

我们认为,"实现体"与"界限"概念虽然不同,但两者具有本质上的一致性。"界限"与"实现体"的关系是一种上下位的关系。"有界—无界"由时间或空间来体现,既包括时间特征,也包括空间特征。相对抽象的"有界—无界"的对立必然要通过动词的时体范畴、名词的数量范畴、时态助词和副词的时间特征,以及形容词的程度等级来体现。"了"不可能绕开它的"体"标记功能,直接体现它的"界限"特征。按照我们的理解,"了"首先具有"实现体"标记功能(满足表达中的时体要求),"实际上就起着动作界化的作用"(张济卿,1996),因此,凡是用"了",都"能使无界概念变为有界概念"(沈家煊,1995),或者与其他具有"界限"特征的成分组配同现强化"界限"。这样看来,"了"的使用与"有界"特征的严格对应也就不足为奇了。

至于为什么在时体意义相同的句子当中,存在"了"的隐现形式不一致、不对称的现象,其实可以从别的角度作出解释。"了"具有"实现体"标记功能,不同于屈折语的形态变化,它与"着""过"一样都是一种添加手段,是"表示所属语法范畴的充分条件形式而非充要条件形式"(戴耀晶,1997:39—40),具有相对的灵活性。这种灵活性体现在:

第一,"了"标记体,可以通过作用于谓词本身来完成对事件状态的标记(即词尾"了"),也可以通过作用于整个句子来完成对事件状态的标记(即句末"了")。例如:

(1) a. 他坐了下来。

　　b. 他坐下来了。

(2)a.我吃了两碗米饭。

　　b.我吃两碗米饭了。

例(1)b、例(2)b中的谓词"坐""吃"后的"了"之所以可以隐去,是因为体意义都由句末"了"来承担了。

第二,"了"并非"实现体"的唯一标记,"实现体"未必用"了"来标记,还可以通过其他形式来标记。例如:

(3)a.任务完成了。

　　b.任务已经完成。

(4)a.前期工作落实了。

　　b.前期工作业已落实。

例(3)b、例(4)b中句末"了"之所以可以隐去,是因为体意义分别由"已经""业已"来承担了。

第三,一个多动词语结构的句子当中,并非一定要在每个动词后添加"了"方能体现"实现体"。例如:

(5)a.他搬了个凳子坐了下来。

　　b.他搬个凳子坐了下来。

(6)a.他抓了一条鱼放进了桶里。

　　b.他抓了一条鱼放进桶里。

例(5)b、例(6)b中的谓词"搬""放进"后的"了"之所以可以隐去,是因为体意义分别由第二个谓词"坐"和第一个谓词"抓"后的"了"来承担了。

第四,句末"了"所附带的"申明"语气以及由此带来的言外之意,导致它对与其组配的成分具有一定的语用限制。例如:

(7)a.他才睡了两个钟头。

　　b.*他才睡了两个钟头了。

(8)a.此时,饭店还坐了五六位客人。

　　b.*此时,饭店还坐了五六位客人了。

例(7)b、例(8)b之所以是病句,是因为句末"了"所体现的语用义与"才""还"相冲突。句末"了"具有"申明"的语气功能,表明言者认为,对听者来说,这是一个新信息、新情况,对事实加以肯定的同时,包含有"达到或超出心理预期"的意思,而"才""还"则包含有"尚未达到或落后于某种预期"的意思。因此,当句内有副词"才""还"时,句末不使用"了"。

第五,句子中的"有界"和"无界"形式的对立对"了"具有一定的制约作用。例如:

(9) a. 我吃了点东西。
　　b. *我吃了东西。
(10) a. 我在校园里转了一下。
　　 b. *我在校园里转了。

例(9)b、例(10)b之所以是病句,是因为"了"作为"实现体"标记成分,是体现"界限"特征的因素之一,倾向与"有界"的成分、结构在直接成分中同现和匹配。

这样看来,"了"的隐现形式不一致、不对称的现象都是有条件的,是各种因素综合作用的结果。因此,并不能否认"了"在本质上所具备的"实现体"标记功能。假设"了"的本质功能就是凸显"界限",不属于"体"标记,那么如何来解释"我吃了点东西"与"我吃点东西"之间在体意义上的区别呢?

我们认为,纯粹的"界限"标记是不存在的,这些具有"界限"标记功能的成分,本身都有自己独立的词汇语义(就实词而言)或句法语义功能(就虚词而言),"界限"特征是对它们在更高层次上的抽象概括。"了"的隐现与"有界—无界"对立的平行对应,只能说明"了"作为"实现体"的标记成分,只与"有界"的成分、结构在同一层次(直接成分)中同现,不与"无界"的成分、结构在同一层次中同现,而不能说明"了"的本质就是凸显"界限"。

三、我们对"了"功能的看法

语法本体研究所得出的不同结论哪个更接近客观的语言事实,判断的依据当然是看这个结论是否能够管得住现阶段的所有语料。倘若不同的解析和说明具有同样的统摄力,那么还要看哪种解析和说明是相对简单的表达形式。同理,我们对虚词的研究,尤其对其语法功能的说明一贯坚持"能简不繁""能合不分"的原则。

根据前面的讨论,对于"了"的功能,我们最终仍倾向延用"实现"说,同时在体的标记功能上不刻意区分词尾"了"和句末"了",把词尾"了"和句末"了"作为同一个体标记在不同位置上的分布,尤其突显了词尾"了"和句末"了"的密切关系。句末"了"尽管属于语气词,作用于整个句子,旨在申明一种新情况、新信息,但同时,句末"了"还兼有词尾"了"一样的功能,表示"实现"。因此,句末"了"可以看作是兼有"实现体"标记功能的句末语气词。就是说,当句中没有其他"实现体"标记成分的时候,它的有无会影响到句子的体意义(体意义属真值语义),因而句末"了"并非纯粹的语气词。

吕叔湘(1999:353)也认为句末"了"与词尾"了"二者本来密切相关。我们认为这是有道理的。理由如下:

第一,在一些日常的会话当中,不难发现词尾"了"和句末"了"有着紧密的联系,不能截然将二者区分开来。例如:

(11)——你买了菜没有?
　　——买了。

(12)——我吃了。
　　——吃了什么?

(13)——我饭吃完了。
　　——吃完了饭再吃点儿水果吧。

例(11)、例(12)、例(13)三组对话中,词尾"了"和句末"了"在话轮对里的相承关系都非常明显,可见词尾"了"和句末"了"在"实现体"标记功能上应该是一致的。再如:

(14)——昨天晚上我做了一个梦。
　　——你梦见了什么?/你梦见什么了?

例(14)答句中的"了"尽管位置可以不同,但未影响句子的基本语义。

第二,很多时候句子中的词尾"了"可以因为句末"了"的存在而省略,又不影响基本语义的表达。能够省略,说明句末"了"的功能蕴含了词尾"了"的"实现体"标记功能,从而使词尾"了"成为了羡余成分(邵洪亮,2015)。例如:

(15) a. 小李报了名了。= b. 小李报名了。
(16) a. 老何有了对象了。= b. 老何有对象了。
(17) a. 我朗读了三遍了。= b. 我朗读三遍了。
(18) a. 我在北京住了半个月了。= b. 我在北京住半个月了。

综上,句末"了"和词尾"了"在体意义上密切相关,都具有"实现体"标记功能,表明谓词所指的动作行为或性状成为事实,因此,对二者的体意义不必刻意求异,过分地纠缠于词尾"了"和句末"了"的绝对分别。

值得注意的是,"体"和"时"是一对既有联系又有区别的语法范畴,词尾"了"、句末"了"所标记的"实现体"可以是过去的"实现",也可以是现在的"实现",还可以是将来的"实现"。比如"去年他俩才结了婚,现在妻子有了身孕,等再过几个月生下了孩子,一家子可就要忙喽"这个句子中的三个"了"分别用于过去时、现在时、将来时①。在真实语料中,用于现在(说话时)的实现用例最多,因为当句中无其他参照时间的时候,即默认以现在时作为时间参照。过去的实现用例次之。如果"了"字句中有其他参照时间的

---

① 类似"我们快考试了"这样的句子并不表示将来的实现。它在时制上仍属现在时,即以说话时间为参照,"我们快考试"已经成为事实了。

话,这个参照时间确实是以过去的某个时间点居多,因此,有学者认为"了"本身兼有过去时制的标记功能。事实上,这不是因为"了"兼有过去时制功能,而是人认知客观世界的方式使然。对于过去,我们更多地关注发生了什么,而对于将来,我们更关注会发生什么,故相对而言,表达将来的实现会受到一定的限制。关于这点,戴耀晶(1997:47—57)也有同样的论述。作者认为,"了"在未来事件的使用中受到很多限制:第一,未来事件要在未来参照时间之前或同时发生,才可以用形态"了"表示一种"虚拟的现实",如"明天八点,我肯定已经离开了上海";第二,"了"用在未来假设关系的条件分句里,表示一种"虚拟的现实",如"你看了这本书,就会明白其中的道理"。除此之外,凡是在未来时间发生的事件都不可以用"了",这一点在单一事件中尤为严格,如"*我明天离开了上海"显然是一个病句。

当然,词尾"了"和句末"了"之间同中也有异。尽管词尾"了"和句末"了"都具有相同的"实现体"标记功能,但是词尾"了"是通过作用于谓词本身来完成对事件状态的标记,句末"了"是兼有体标记功能的语气词,是通过作用于整个句子来完成对事件状态的标记。因此,词尾"了"和句末"了"在语法功能上既有联系又有明显的区别,这种区别甚至会影响到句子的基本语义,我们在《助词"了"》的正文对词尾"了"和句末"了"的共性和个性以及由此带来的各种具体问题展开了解析和说明。

尽管我们倾向"实现"说,但"界限"说的确给了我们许多启发,并为我们对"了"的一些隐现问题,尤其在多动词语结构当中"了"的分布位置的研究,提供了一种新的思考角度。

四、《助词"了"》的内容框架

《助词"了"》的编写以问题为导向,以具体的例子为切入点,目的是服务于教学应用。每个问题、每个例子都具有一定的代表性和针对性,尽可能穷尽教师在教学过程中以及学习者在学习和使用"了"的过程中遇到的所有问题和困惑,并以比较浅显的语言加以精细的解析和说明。

全书共设计了85个问题,我们有意识地将85个问题分别归入"性质与功能""联系与区别""连用与共现""偏误与原因""教学与实践"五个部分,以方便汉语教师或学习者检索、阅读和理解。其中,"性质与功能""联系与区别"侧重于对"了"本体知识的说明与阐释;"连用与共现""偏误与原因"侧重于对"了"用法的描写与解析;"教学与实践"侧重于对"了"教学应用的探讨。同时,每个部分的问题大致上由大入微、由简入繁、由易入难,依次排序,旨在为汉语教师或各个阶段的汉语二语学习者答疑解惑。这85个问题虽然各自独立以方便学习者利用碎片化时间有针对性地学习,但是积累、整合起来便是对"了"功能、用法与教学的系统全面的梳理。

"性质与功能"部分包括第1—20个问题。主要涉及"了"的位置和功能、"了"与"时"的关系、词尾"了"与句末"了"的共性和个性、"了"所表示的"实现体"的内部小类、"了"使用的灵活性、"了"的实时交互性及其跟语体的关系等,并在此基础上重点分析"了"在一些句子中的性质与功能,而学界对这些句式中的"了"的性质与功能的判断颇有争议。

例如其中一个问题:

如何理解"别吃了"中的"了"?

我们解答如下:

句子"别吃了"在不同的语境中可以有两种分析:

第一种是"别/吃了",即阻止别人把某个东西吃了。

第二种是"别吃/了",即要求别人不要再做出"吃"这个动作行为。

第一种情况下,其中的"了"当属词尾"了",句子可以变换成"别吃掉"或者"别吃完"。与此类似的还如:

(19)别忘了!

(20)别让敌人跑了!

当其中的动词后添加宾语时,"了"只能位于动词词尾,而不能位于句末。例如:

(21)别吃了这个苹果。

(22)别忘了这件事。

第二种情况下,其中的"了"当属句末"了",句子无法变换成"别吃掉"或者"别吃完",但是可以理解成"到了这个时间,你就别吃了""目前这种情况下,你就别吃了"等,主要还是向听者申明一种新情况。与此类似的还如:

(23)你歇歇吧,别跑了。

(24)人家都休息了,你就别跳了!

当其中的动词后添加宾语时,"了"只能位于句末,而不能位于动词词尾。例如:

(25)别吃这个苹果了。

(26)你歇歇吧,别跑那么多圈了。

(27)人家都休息了,你就别跳那么劲爆的舞了!

"联系与区别"部分包括第21—40个问题。主要涉及"了"与"过"、"了"与"着"、"了"与"的"、"了"与"啦"的联系与区别,词尾"了"与句末"了"的联系与区别,词尾"了"和句末"了"共现与其中一项缺省在语义和语用上的区别,连动式中"了"处于不同位置的区别,以及"不 VP 了"与"没 VP"的区别等。

例如其中一个问题:

"我家院子里种了一棵葡萄树"和"我家院子里种着一棵葡萄树"有什么区别?

我们解答如下:

这两个句子都是由处所词语"我家院子里"做主语,均表示某处存在某物,属于存现句,基本语义一致。

相比较而言,"我家院子里种了一棵葡萄树"强调某种状态成为一个事实,即重在描述已经存在着的事实,而"我家院子里种着一棵葡萄树"则强调了某种状态的呈现并持续。类似的情况,还如:

(28) a. 门口站了一个人。

b. 门口站着一个人。

(29) a. 池子里养了许多鱼。

b. 池子里养着许多鱼。

此外,刘勋宁(1988)列举了"红了脸说""低了头走"等例子,说明其中的"了"和"着"的可替换性;赵淑华(1990)也认为,在连动句中,当"$V_1 + O$"表示方式,出现在 V_1 后的"了"相当于"着",比如"曹操只得带了他们从华容道逃跑"。

可见,"了"和"着"二者的互替是有条件的,除了主要发生在存现句式中之外,有时还发生在连动式中的前项,多表示动作行为的方式。

"连用与共现"部分包括第 41—55 个问题。主要涉及句末"了"与其他语气词的连用,句末"了"与语气副词、时间副词、重复副词、否定副词的共现,词尾"了"与时间副词的共现,词尾"了"与句尾"了"的共现,"了"与数量短语的共现,"了"与"经历体""将行体""进行体"等标记构成的复合态。

例如其中一个问题:

为什么"他去过美国了"中"过"可以和句末"了"共现?

我们解答如下:

语言事实表明,汉语态制的表达形式尽管以简单态为主,但也存在大量的由这些简单态组合而成的复合态。例如:

(30) 他曾经上了三年小学。

(31) 我已经研究过这个问题了。

构成复合态的简单态之间有一定的层级关系,其中最外层的体标记决定了整个句子的"态"。如前例(30)"曾经<上了三年小学>"是"经历体"包含了"实现体",即"经历<实现>";例(31)"已经<研究过这个问题>了"是"实现体"包含了

"经历体",即"实现＜经历＞"。

同样,"他去过美国了"句中"过"和"了"二者可以共现,表达的是"他去过美国"是一个事实,同时强调发生过的事件对现在的影响(即言者认为听者可能不知道,向听者传递了这么一种新情况、新信息)。

但是"了"和"过"二者共现时,只能是"V 过(NP)了"(他去过美国了),即"实现＜经历＞",而没有"V 了(NP)过"(*他去了美国过)这种表达。如果要表达"经历＜实现＞",使用"曾经"而不能使用"过",如例(30)。又如:

(32)他曾经在美国待了三年。

"偏误与原因"部分包括第 56—80 个问题。主要涉及汉语二语学习者在学习"了"的过程中所出现的各类典型的偏误问题,这些问题都是我们在长期从事一线教学过程中发现并加以收集的。

例如其中一个问题:

为什么不能说"我在这里住了不到五年了"?

我们解答如下:

句末"了"兼有"申明"语气,表明言者认为,对听者来说,这是一个新信息、新情况。言者对事实加以肯定的同时,包含有"达到或超出心理预期"的意思,因而凡与此相冲突的表达都不能在句内共现。例如:

(33)*我在这里住了不到五年了。

(34)我在这里住了不到五年。

(35)我在这里住了差不多五年了。

例(33)"不到五年"是以"五年"作为基准,未及"五年"意味着尚未实现(达到)心理预期,因而此句"不到五年"与句末"了"在语用上是互相冲突的。例(34)没有句末"了"句子就合格了。例(35)"差不多五年",则没有尚未实现的意思,与"了"的使用不冲突,句子也是合格的。

也许有人会认为例(33)不合格是因为"了"的使用跟否定词"不"相冲突。其实不然,"了"可以跟"不"共现。例如:

(36)我们这套房子的租约不到一个月了。

例(36)的"不到一个月"不是表达未及,而是表达超出,因为租约是越来越短的,而例(33)的居住时长是越来越长的。因此,例(36)的"不到一个月"与句末"了"在语用上并不相互冲突,句子是合格的。

"教学与实践"部分包括第 81—85 个问题,主要涉及词尾"了"和句末"了"教学的排序,如何选择范式语料讲解"了"的功能,如何结合典型的偏误语料以预防"了"的使用偏误。因为"教无定法",所以"教学与实践"所占篇幅相对会小一些。

例如其中一个问题:

如何选择范式语料讲解词尾"了"的功能?

我们解答如下:

词尾"了"作为"实现体"标记,表示动作行为或性状的实现(成为事实),存在以下几种情况:

第一,动作行为的结束,即整个动作行为过程的实现。例如:

(37)我已经询问了营业员。

(38)我刚看了场电影。

例(37)、例(38)中"询问""看"等动作行为实现后,这些动作行为本身也结束了。

第二,动作行为或性状的起始,即动作行为过程或性状从无到有的实现。例如:

(39)会场上响起了热烈的掌声。(未响→响)

(40)马走着走着就跑了起来。(未跑→跑)

例(39)、例(40)中"响""跑"均是动作行为过程或性状从无到有的实现,绝非动作行为性状的终结。

第三,动作行为或性状的持续,即动作行为过程阶段性的实现或处于某种性状中。例如:

(41)他已经睡了两个钟头还在睡。

(42)这活儿我干了半天还没干完。

(43)他知道了很多事情。

(44)池子里养了许多鱼。

例(41)、例(42)是动作行为的持续,例(43)、例(44)是性状的持续。

选择范式语料讲解词尾"了"的功能时,就得把上述的三种情况都要考虑进来,利用这些范式语料,让学生理解"了"的"实现体"标记功能。如果像一些教材那样只选取第一种语料,那么学生很容易把词尾"了"的语法意义仅仅理解成表示动作行为的完成。事实上,"了"所表示的"实现"与"完成"所指范围是交叉的。"实现"是就动作行为是否成为事实而言的,"完成"是就动作行为的过程是否结束而言的。过程的结束可以是一件事实,但是,事实却不一定是过程的结束。当"了"所标记的动作行为正好处于完成状态时,二者重合,只要超出了这个范围,二者就大相径庭了。当然,即便二者重合,"实现"和"完成"所标记的"体"意义还是不同的,前者重于动作行为全程是否成为事实,后者重于动作行为过程是否结束。

全书共85个问题,每个问题的提出尽可能做到简洁、明确,说明和解析用语尽可能浅显,尽量避免使用生僻的语言学术语。此外,基于碎片化学习,为了保证文本的可读性,允许有些内容在不同问题下有所交叉和重复。

五、面向汉语国际教育的多功能
虚词研究专书编写理念

通过《助词"了"》的编写,我们提出以下关于面向汉语国际教育的多功能虚词研究专书编写的理念:

第一,明确教学应用导向。

教学应用导向实际上也是一种问题导向,要有问题意识。在虚词的教学过程中,我们会遇到各种各样的问题或困惑,这些问题有的相对宏观,有的则比较琐细,尤其像"了"这样用频高、用法复杂又具有一定灵活性的虚词,教学过程中遇到的问题会非常多。我们不能奢望通过对"了"的语法功能作简要说明,学生就能够自主生成合格的句子来。事实上,对于复杂的使用规则和各种限制条件,应该从学习者视角入手,以问题为导向,以先备知识为基础,分阶段地、零星地、由大入微、由简入繁、由易而难、由具体而抽象、由高频至低频、有层次地立体呈现,这也将是教学参考语法走向纵深的必然结果。

基于这样的考虑,我们拟采取碎片化的处理方式。碎片化处理,实际上就是强调语法教学的适时性、适度性和针对性,以符合学习者的学习需求。"适时性"是指与语言教学的阶段性相适应;"适度性"是指与学习者的理解和接受能力相适应;"针对性"是指与学习者的真正需要相适应。全书设计了85个问题进行一问一答。对这85个问题的回答,合之是一个有机的整体,全书所有的术语和对"了"的功能表述都做统一处理,一以贯之;分之又自成体系,直击各个问题的关键点,做出简洁扼要的回答,尽量使读者一读便懂。

也正是基于教学应用导向,我们对虚词功能的概括和说明,不追求理论上的标新立异,而是在现有本体语法研究成果的基础上,择取能管得住现阶段所有合格语料又能解释得了所有偏误语料之所以为错且为汉语学界普遍接受和认可的成果。

第二,囊括所有偏误问题。

在语法学习中,一条概括恰当、浅显易懂的规则对学生来说固然重要,但是任何规则都不能单纯输入,要列举大量的语言事实帮助学生理解规则。"仅有例子,让学生自己发现规则是困难的,而仅有规则本身,这对学生也没有任何帮助"(Lewis & Hill, 1985/2009:73)。例子有两种:合格的例子和错误的例子。教师挑选出一些常用的合格例子作为典型的句模,可以起正面示范作用,而有时教师也需要筛选出学生易犯的偏误例子进行偏误分析,恰当示谬可以起到防范作用。

学习者产生的偏误句是在其尚未完全习得某个语言项目使用规则的情况下创造性地自主输出的必然结果,具有一定的规律性,也往往具有明显的群体特征。面向汉语国际教育的多功能虚词研究专书,应尽可能囊括学习者的偏误情况并对之加以解析,可以帮助学习者更加透彻地理解该项目的功能和使用规则。

教学实践也表明,当我们尝试在正面说明后,在正确的例子中间穿插一些平时收集的常见的偏误例子,让学生指出并改正那些偏误句,学生便会对此类偏误变得相对敏感,也会对相关的语言规则理解得更加透彻,在运用此类语言项目时,也会格外谨慎,偏误率大大降低。

可见,有时候正面说明语法点的时候,学生的印象不一定会很深刻,因为他们不知道自己容易犯错的地方在哪儿。而面向汉语国际教育的多功能虚词研究专书通过穷尽学习者学习某个语言项目过程中出现的各种偏误类型并加以说明,反而会引起学生注意,提高学习的效率。

第三,解释说明能简不繁。

"能简不繁"主要是从功能说明、规则表达形式的角度而言的。说明性语言、解析用语和表达形式越简单越好,形式越简单,越方便学生记忆。面向汉语国际教育的多功能虚词研究专书要尽量少用语言学术语,尤其是那些深奥晦涩的术语。

"能简不繁"还指"属于共知范畴的不教"(孙德金,2006)。所谓共知范畴,即承认人类有共同的认知基础,人类的思维和语言具有普遍性或共性。在语法教学中应该充分利用二语学习者的认知能力,把它作为一种教学资源。共知范畴的不教可以优化有限的教学资源,既可以避免面面俱到的繁琐,又可以避免学生因被"幼稚化"看待而产生的反感心理。例如在说明"了"的"实现体"标记功能时,完全没有必要特别指出"是""姓"等表示关系的动词不能和表"实现体"的词尾"了"组合,学生一般不会造出以下的句子:

(45)* 他是了老师。

(46)* 他姓了王。

类似例(45)、例(46)这样的病句我们从未发现过,这可能与学习者对"是""姓"类词的语义范畴和"了"所表达的语法意义的认识有关,自然认为二者不能组合。

第四,义项概括能合不分。

考察每个虚词都须着眼于它的分布和功能(语法意义)。对于多功能虚词的教学一般有两个途径:一是从虚词的各种功能入手,然后描写其在句中相应的分布情况;二是从虚词的分布入手,然后说明该虚词在不同分布中所对应的功能。

其中第一个途径更为常见。这是因为一个虚词的功能相对有限,而各种功能下的分布情况却更为复杂(即一种功能下往往有多种分布)。但问题是,学界对虚词功能的分析往往会出现分歧。从学习的效率来看,应该特别注重功能归纳的概括性,尽量做到"能合不分",起到"以简驭繁"之效。比如有学者将词尾"了"再区分出助词"了"和结果补语"了",但我们认为"实现"说仍然可以统摄住这一部分所谓"结果补语'了'"的语料,那么我们在教学上就不再将之分化。除此之外,还要特别注意的是,在把握虚词的功能时,防止把本来不属于该虚词的功能(比如整个句式义或者语境义)强加到这个虚词身上去,否则会导致随句赋义、随文赋义,使得某个虚词的功能被不断地增加。

教学应用中也可以采取第二种途径。这是因为二语学习者首先接触到的是语言形式,所以从一个多功能虚词常见的分布情况或所处的常用句式出发,继而说明其相对应的功能,这也不失为一种教学策略。不过,前提是既要对该虚词的实际分布情况及其功能有一个总体的把握,不能挂一漏万也不能过度分化,又要考察各种分布的频率,并以此作为主要依据来进行教学排序。例如《助词"了"》一书也有很大的一部分内容是从"了"的常用句式入手考察其中"了"的功能以及学习者的习得偏误。这是可取的,因为即使是相同功能的"了"也会因为处于不同的句式而使得其习得难度有所不同,所以分句式考察"了"的偏误情况更能把握学习者真正的学习难点。

第五,描写解释充分细致。

"充分细致"主要是从给出规则适用条件的角度而言的,给出的条件越明确、具体越好,要具有可操作性,少用"大多情况下""习惯上""往往"等模糊字眼。教学语法需要的"不仅是描写的语法,更是讲条件的语法"(赵金铭,1994)。

因为面向汉语国际教育的多功能虚词研究专书是以学习者所面临的具体问题为导向,这就更加需要细致地给条件、讲规律、匡谬误、别同异。

上述第一条"明确教学应用导向"和第二条"囊括所有偏误问题"是为了让师生"用得上、管得住";第三条"解释说明能简不繁"和第四条"义项概括能合不分"是为了方便师生"看得懂、记得住";第五条"描写解释充分细致"则是为了使师生"信得过、吃得透"。

参考文献

陈　忠(2006)《认知语言学研究》,山东教育出版社。
戴耀晶(1997)《现代汉语时体系统研究》,浙江教育出版社。
黄美金(1997)"了":汉语中一个标示"界限"的符号,载曹逢甫、西槙光正编《台湾学者汉语研究文集——语法篇》,天津人民出版社。
刘勋宁(1985)现代汉语句尾"了"的来源,《方言》第2期。
刘勋宁(1988)现代汉语词尾"了"的语法意义,《中国语文》第5期。

刘勋宁(1990)现代汉语句尾"了"的语法意义及其与词尾"了"的联系,《世界汉语教学》第2期。
陆俭明(1980)关于汉语虚词教学,《语言教学与研究》第4期。
吕叔湘主编(1999)《现代汉语八百词》(增订本),商务印书馆。
孟子敏(2005)句末语气助词"也"的意义及其流变,《语言教学与研究》第3期。
邵洪亮(2015)《汉语句法语义标记词羡余研究》,中国社会科学出版社。
沈家煊(1995)"有界"与"无界",《中国语文》第5期。
孙德金(2006)语法不教什么——对外汉语语法教学的两个原则问题,《语言教学与研究》第1期。
王　伟(2021)《说"了"》,学林出版社。
张济卿(1996)汉语并非没有时制语法范畴——谈时、体研究中的几个问题,《语文研究》第4期。
赵金铭(1994)教外国人汉语语法的一些原则问题,《语言教学与研究》第2期。
赵淑华(1990)连动式中动态助词"了"的位置,《语言教学与研究》第1期。
Lewis, M., Hill, J. (1985/2009) *Practical Techniques For Language Teaching*. Beijing: Foreign Language Teaching and Research Press.

(200083　上海,上海外国语大学国际文化交流学院)

施春宏等著《汉语教学理论探索》出版

　　北京语言大学施春宏教授新著《汉语教学理论探索》近日由商务印书馆出版。
　　本书为"国际中文教育理论与实践"丛书的第一本。全书共九章,从理论探索的角度系统论述了汉语国际教育的基本问题,如教学本位观问题、教师知识结构问题、教材建设问题、教学知识体系问题、教学资源问题、汉语国际教育当地化问题,等等。其中既有语言观、本位观等二语教学的根本问题,也有语言教师的论感、语法体系创新和汉语教学当地化等前沿课题,讨论以"教师专业发展"这一论题为核心,是汉语教学基础理论的积极探索,对影响汉语作为第二语言教学全局的一些重大问题进行了"别开生面的理论探索和高屋建瓴般的学理阐释"(李泉序),对国际中文教育领域的从业者和研究者都有重要的参考价值。

基于对外汉语写作教材语料库的话题项目表研制*

俞理明　谷肖玲

摘　要：对外汉语教学领域已有的写作话题项目表在系统性、科学性、实用性方面存在不足，本文在借鉴已有话题项目表的基础上，通过选取78册对外汉语写作教材中3 394篇文本自建语料库，并依据"由个人到社会，由物质到精神"的人本原则进行话题分类与排序，重新构建了含有12个一级话题，43个二级话题，318个末级话题及若干末级话题内容建议的话题项目表，同时补充完善了教学辅助信息，旨在为对外汉语教材建设与教学实践提供强有力的参考与支撑。

关键词：话题项目；语料库；话题标注；对外汉语教学

〇、引言

话题是会话或语篇的中心，主题式教学主张把语言放到有意义的主题中学习，以交际话题为载体，为体现教学目的与要求而营造出一个个语言环境，并安排、组织、融入为教学目的服务的知识和技能，实现语言能力与社会认知的协同发展，有效地提高教学效果（苏新春等，2011）。可见，话题在对外汉语教学和教材编写中至关重要。

从20世纪90年代起，一些学者对话题的分类进行了探讨，如王若江（1999）、汲传波（2005）、苏新春等（2011）、余千华等（2012）、姜蕾（2013）、刘华和方沁（2014）、刘华和郑婷（2017）、胡韧奋等（2015）、张璐和槐珊（2017）。从教学与研究角度出发，话题内容被归纳为一个个话题项目，范畴较大的话题位于范畴较小话题的上一层级。以此分类，有的分出两个层级，有的分出三个层级。第一层级通常有6—11个一级话题，在一级话题下再分出子话题。之后依据话题项目实现对教学内容与教材内容的量化考察。

话题作为会话或语篇的中心，之前多与"口语课""综合课"相结合。"写"与"说"同

---

* 《对外汉语研究》匿名审稿专家与编辑部为本文提出了宝贵意见，谨致谢忱。

为信息输出,"写"更能准确地传达信息,也更易实现对文本的分析。因此,本文基于对已有话题大纲与78本对外汉语写作教材的分析,尝试建立更为完善适用的话题项目表,为对外汉语教材编写与教学提供参考。

一、已有话题大纲分析

2008年《国际汉语教学通用课程大纲》(以下简称《国纲》)"汉语教学话题及内容建议表"(以下简称"话题及内容建议表")最早提出话题项目大纲,并在2009年、2014年作出修改。2015年出版的《HSK大纲(1—6级)》(以下简称《HSK大纲》)依托对HSK真题的文本分析,按话题项目难度分6个等级,并据话题范畴分3个层级,是较为完善的话题大纲,但此大纲的研制针对HSK,通用性受限。

1.1 《国纲》中"话题及内容建议表"的概况及不足

《国纲》中的"话题及内容建议表"分为两个层级,其中2008年版共列举22个一级话题,2014年版列出18个一级话题,本文考察2014年版,认为其中存在几个问题:

其一,话题间交叉重复。如"个人信息"中的"宗教信仰"与"价值观念"中的"宗教信仰"重复,"个人信息"下的"学校生活"与一级话题中的"学校生活"又出现重复。由于语义的相关性,话题分类中不可避免地出现交叉重复,但应避免母话题与子话题间跨级交叉重复,同时也要保证子话题间界限清晰,使话题间有较好的区别度与距离感。

其二,话题与功能混淆。"话题"是内容相对完整的话语片段的中心,"功能"是利用特定的语言形式或手段来完成特定的交际目的或表述需要(李泉,2006:170)。"话题"根据语义判定,是文本内容围绕的中心;而"功能"是从语用角度,体现交际作用或交际目的。如"消费购物"这一话题可能呈现"请求、询问、建议、感谢"等功能。但有的"功能"项目同时也是"话题",如"打招呼""问候"。为避免两个概念的混淆,我们按照"是否能够概括一件事或确指一个事物"来区分"话题"与"功能",因为"一件事"或"一个事物"可以成为"谈论的中心"。按照这一标准,应将"话题及内容建议表"中纯粹的"功能项目"删除。

其三,归类不当。有些话题内容划分不当,如"家庭生活"中的"打工",日常生活中的"工作","社会交往"中的"求职",应分别划分出来合成单独的一类,尤其是"打工"不应归入"家庭生活"。

其四,常见话题缺失。因为"话题及内容建议表"只提供部分话题内容供教师和教材编写者参考选用,子话题未穷尽列举,一些常见话题没有列出,如"旅游与交通"中没有"旅游景点、著名城市、订票、买票"等高频话题,形成缺憾。

其五,缺乏层次感。"话题及内容建议表"只是简单的话题分类和内容列举,若能按照由浅入深、由易到难、由具体到抽象的规则排列,话题分类的逻辑性与层级性将更加清晰。同时,若对每个级别中的话题内容做更详细的描述,该表会发挥更大的作用。

1.2 《HSK 大纲》中"话题大纲"的概况与不足

《HSK 大纲》中的"话题大纲"(以下简称"HSK 话题大纲")对话题项目的处理较为详细。但该大纲的着眼点是 HSK 考试,话题项目选择考试中常出现的话题,覆盖范围较窄,对某些话题"选择性回避",如"战争"相关话题。其次,简单按语言教学内容的难度对话题进行等级分类不尽妥当。现实交际与教学实践中出现的话题并不与语言项目的难易完全同步,即使是初级汉语水平的学习者,也会涉及"文化""历史"等话题项目,而非局限于简单的"问候""个人信息"等。根据对教材的考察,初级阶段涉及的"文化""历史"类话题项目主要与"节庆习俗""文化人物"及"中国历史"有关。话题的等级反映语言项目的难易,但并不完全受语言项目的制约。最后,"HSK 话题大纲"研制依据对 HSK 真题的文本分析并结合对 HSK 词汇的话题分类,"话题及内容建议表"没有说明参考资源。两个话题大纲都缺少大规模通用教学资源库的支撑,其所列话题的科学性、全面性及系统性有待验证。

理想的话题项目表应具有以下特性:通用性,用于指导各阶段的对外汉语写作教材编写与教学实践;有序性,话题的排列不应是杂乱无序的,应结合人们的认知实践,能体现语言教学内容的难易;可操作性,可操作性建立在系统性与科学性的基础上,话题项目的分类依据与排序原则应当清晰合理。

二、研究思路与研制过程

本项研究按以下步骤展开:第一,建立对外汉语写作教材语料库。第二,基于已有话题大纲,确立基础话题项目来源。第三,确立话题分类方式与排序原则。第四,利用话题项目表初稿对语料库的文本作话题标注,调整补充项目表。第五,确立话题项目表。第六,对话题项目表进行应用尝试。

2.1 建立对外汉语写作教材语料库

截止到 2019 年 12 月,国内出版发行的对外汉语写作教材有 142 本,按使用目的可分为"综合型"与"分科型"。综合型写作教材,如《汉语综合写作教程》(李汛,2009)、《尔雅中文·初级汉语写作教程》(宋长宏,2017)等,以提高学习者的整体写作水平为目的,使用范围广,使用对象限制少;分科型写作教材,如《新丝路商务汉语写作教程》(李晓琪主编,2009)、《科技汉语读写教程》(白晓红主编,2012)等,使用对象和目的明确,话题设置偏重于某一特定领域,不利于对话题的综合考察。因此,依据语料库建设的多样性、平衡性、层次性、代表性原则,选取新中国成立以来的 78 本综合型对外汉语写作教材作为语料来源,再依据教材中写作范文文本的大小与规范化程度,选出 3 394 篇作为语料文本,对所有文本进行预处理后存储进 MySQL 数据库,建立对外汉语写作教材语料库,该语料库规模为 2 001 429 字。这个文本语料库既是话题标注的对象,也是检验话题项目表覆盖率与科学性的依据。

2.2 对已有话题大纲的处理

尽管已有话题大纲存在不足,其中对话题分类和排序的依据也未见阐释,但前人的研究基于教学实践,能为我们建立话题项目表初稿提供重要借鉴。根据话题范畴的大小和话题间的关联,我们参考"HSK 话题大纲",将话题分出三个层级,在末级话题中给出内容建议,然后,参考两部大纲确立初步的话题项目。为了避免话题项目间的重复,并保证话题项目表的完整性,对两部大纲的话题项目做如下处理:

一是修改,即对表述不当的话题项目进行修改。如"HSK 四级话题大纲"对"自然灾害"的举例是"森林防火"。而"灾害"的其他示例为"地震、台风、洪水、冰雹"。参照其他示例,"森林防火"并不属于"灾害"的内容,而是"防御灾害",因此将"森林防火"改为"森林火灾"。

二是删减,即对两部大纲中不表示话题的"功能项目"进行删除。按照1.1中的论述与说明,将"话题及内容建议表"中"情感与态度"话题下的"喜欢、不喜欢、高兴、不高兴、同意、不同意"等以及"HSK 话题大纲"中"日常生活—交往—情感/态度"下的"讨厌、高兴、快乐、伤心、得意"等删除。

三是合并,即对 HSK 六个话题大纲的合并。将 HSK 一至六级话题大纲进行合并整理,具体包括:其一,合并同义、近义、相似的概念。对同义、等义或近义概念,根据"就高不就低"原则,保留 HSK 词汇大纲中较高一级的词汇,如"介绍饭馆"与"介绍餐馆","饭馆"为一级词汇,"餐馆"为四级词汇,保留"介绍餐馆";当出现相似概念时,保留"上位概念",如"修理家电"与"修理",保留"修理"。其二,将密切相关话题进行合并。如"职场生活"与"日常办公"。将"日常生活—职场生活—出勤/工作体会/单位活动"与"职业工作—日常办公—安排工作/通知/开会"进行合并,虽然"日常生活"也包括"职场生活",但在一级话题的分类中已有"职业工作",那么"职场生活"归入"职业工作"更为清晰合理,且"职场生活"的内容与"日常办公"紧密相关,同属"职场"。其三,若末级话题列举内容能够合并成一个上位概念,新建立一个上位概念来代替现有内容为项目表减负。如"运动项目(打篮球、跑步、踢足球、网球、羽毛球、乒乓球、田径、踢毽子等)"中的"打篮球、踢足球、网球、羽毛球、乒乓球"同属"球类运动",立为一类。

四是整合,即将"话题及内容建议表"与"HSK话题大纲"进行整合。经过以上三个步骤的操作后,HSK六个话题大纲合并为一个含有10个一级话题,53个二级话题以及若干末级话题的整体,再将其与修改后的"话题及内容建议表"进行整合。如把"话题及内容建议表"的"全球与环境"与"HSK话题大纲"中的"社会"整合为"全球、环境与社会"。合并后的内容与"HSK话题大纲"中的"环境气候"有重复,再将有关"环境气候"的内容删掉,最后将此话题命名为"全球与社会"。

经过以上处理,共得到11个一级话题、53个二级话题及若干末级话题。将两个大纲进行修改整合后可以解决以下问题:其一,《国纲》中所有话题项目被划分到三个层级的话题系统中,解决了话题的分层问题。其二,互相补充了缺失的话题项目,如《国纲》中有而"HSK话题大纲"没有的"能源的使用""战争与和平""难民""宗教信仰""国家外交""国家政治"等。

但是,问题并没有完全消除。在尝试用两部大纲整合后的话题项目表对文本语料进行标注时,发现部分文本在这个整合系统的话题范畴归属中模棱两可,如"日常生活—购物—购物心理/购物方式/商品描述"与"经济—商业贸易—商贸活动(打折、促销、团购、优惠券)"紧密相关,"日常生活—环保—污染或浪费现象(塑料袋、浪费食物、噪声污染、空气污染等)"与"自然—人与自然—人口与生态环境"密切相关,话题间界限不清、交叉重复,直接妨碍使用者利用这些项目作话题标注或量化统计,缺乏可操作性。因此,我们将这一步得到的话题项目作为话题项目表的内容来源,从明确话题的分类依据与排列顺序两个方面再做调整,以增强话题项目的有序性与系统性。

2.3 确立话题分类依据与排列顺序

不同学者从不同角度对话题有不同的分类,如杨寄洲主编(1999)按照"话题"的功能分类,张姚尧(2012)依据"话题"的语言交往形式分类。本文认为,"话题"与信息的传达有关,因此,与话题关联度最高的是谈话的内容,"话题"的分类是人们对客观世界认识的分类,应当重在意义。

在生活实践中,人们逐渐认识到事物现象的各种性质,认识到它们的个性和共性,因而能将事物或现象加以分类。从认知范畴来看,对世界的经验使人们从两个基本层面认识世界:一是基本范畴,也就是说,人是从具有完形特性的中间层面开始,向更高或更低层面认识世界的;另一个是从具体事物的原型向外扩展到范畴边缘成员一直到更抽象的事物和概念。如此,人们对具体的、可以直接理解的事物的经验,为认识更复杂的概念和抽象的事物提供了基础(赵艳芳,2001:9)。也就是说,人类的概念体系是以人的生理活动以及与外部世界相互作用的基本范畴和意象图示为基础,通过人的隐喻认知能力而获得的。语言能力不是独立于其他认知能力和知识的自主的形式系统,而是认知机制的一部分。按照"人类中心说",人的一切的认知都是从认识人自身开始,又引申到外界空间、事物及时间、内含属性以及微观层面等。

对于话题的分类,应是一种基于人类概念体系的意义分类,人们对意义的认知,是从自身出发,通过自己的观察来了解和认识世界的。那么,第二语言教学中的话题分类也同样要符合学习者认识事物的一般习惯。因此,本文对话题的分类立足于人本的原则展开,即从个人自身开始,向外界逐步推开。具体来讲,即从个人到社会,从物质到精神,并以中心语作为主题词。明确话题的分类方式使得整个话题项目表呈现自上而下的有序性,这样可依据文本语料的内容并结合分类原则为语料划定话题范畴。如"开车"这一话题,在"HSK 话题大纲"中既属于"日常生活—家庭生活—外出办事(开车)",又属于"日常生活—交通出行—出行方式(开车)",这样的划分结果是由于人们从不同角度去谈论同一话题。在本文构建的话题项目表中,按照"从个人到社会"的原则,"开车"跟"外出办事""出行"密切相关,已不属于"个人生活"这一范畴,而属于开始与外界产生联系的"交通出行—出行—出行方式(开车)"话题范畴。林杏光(1999)从分类学的角度提出,分类的基本要求是不重(互相排除)、不漏(共同尽举)、不杂(标准统一)。本文话题分类和排序的原则呈现单向性,在有效减少话题交叉重复的前提下,按照人本原则,对 2.2 中得到的话题项目进行重新归纳与排序,建立话题项目表初稿。

2.4 对话题项目表初稿的补充修改

利用话题项目表初稿,选取 500 篇文本语料,对其进行话题标注,边标注边对话题项目表进行增补与修改。依据修改后的话题项目表再选 500 篇进行标注,直到话题项目表能够全部覆盖 3 394 篇文本语料。在话题标注过程中对一些特殊情况的处理如下:

第一,对于涉及多个话题的文本语料的标注处理。比如,《现代汉语教程·读写课本》第 2 册(李德津、李更新,1989)第 66 课范文《结婚的礼物》,前半部分主要讲"结婚送礼",属于"节庆习俗"类,但是语篇后半段的话题转向"经济生活—消费购物—购物方式(线下购物)"。一个语篇常常围绕一个主要话题展开,但人类交际是一个复杂的过程,不可避免地会涉及两个或多个话题间的转换。当一个语篇中涉及多个话题时,本文的原则是标注最凸显的两个话题。

第二，不做话题标注的情况，包括：其一，过于简单的范文，不构成篇甚至不构成段，没有前后语境，无法反映一个明确话题的；其二，用于讲解标点符号用法的范文。如《汉语综合写作教程》(李汛，2009)第一课范文《少年的百万富翁》，该课的写作训练重点为"写作格式与标点符号"，由于此类范文重在"写作规范"而非"文本内容与语义"，且完全可以被其他不同话题类别的语篇所替代，因此不进行话题标注。

依据语料标注补充后的项目表，能够覆盖78册教材中的3 394篇文本语料。但是，教材与已有话题大纲都存在一定的滞后性，根据旧语料获得的话题项目表可能无法反映时下的常见话题，如2020年"新冠肺炎""抗疫""防疫"等高频话题。为了补充当下常见话题，我们尝试利用教材以外的语料适度扩充话题项目表，这样既可检验基于教材语料库所建话题项目表的合理性与覆盖率，又可补充当下热门话题。这里需要考虑的两个问题：一是所利用的语料必须在特定时间内具有时效性；二是必须保证所选语料与对外汉语教材语料的相似性，即适用于外国人阅读。通过对教材中的3 394篇范文进行来源统计，除去编者自撰内容，可分为五类：书刊报章杂志(《北京晚报》《孔子学院》《中外期刊文萃》等)、留学生习作、名家名篇、网络(人民网、携程旅行网、搜狐网等)、中小学生作文。当下，网络对热门话题的更新速度很快，根据网络改编的范文最具时效性。选择的网站需同时满足以下条件：话题覆盖广且均衡、用词用语规范、可供中国人和外国人浏览、可以查询特定时间段的文本内容。筛选后我们以中国日报网作为语料来源。由于语料库收录的最新写作教材是2019年10月出版的《博雅汉语读写》(北京大学出版社)系列，因此，需要补充2019年11月至2020年12月的热门话题。中国日报网每日更文量庞大，我们以月为节点，以汇集热门新闻与关键词的"每月新闻热词汇总"作为话题提取的文本语料，获得了14期共258条，除去不适用于对外汉语教学的话题，如"十九届五中全会召开""深圳建设中国特色社会主义先行示范区"等，将话题项目表中缺少的当下常见话题补充进去，共补充了9个三级话题"贸易纠纷""疾病防御""网上就业""数字货币""远程办公""电商直播""乡村旅游""在线教育""数字鸿沟"及三级话题内容建议，如"携号转网""马首铜像""新能源汽车""气溶胶传播""中医药防治""健康码""盲盒制造""高考延期"等。

2.5 话题项目表的确立

经过以上工作确立的话题项目表，共有12个一级话题、43个二级话题、318个末级话题及若干项末级话题内容建议。话题项目表一级话题与二级话题内容及排序如表1。以"交通出行"为例，话题项目表示意如表2：

表 1　对外汉语写作话题项目表一级话题与二级话题内容及排序

序号	一级话题	二级话题	序号	一级话题	二级话题
1	个人生活	个人生活	7	职业发展	就业离职
2	医疗保健	医疗保健			职场日常
3	交通出行	交通	8	自然和特产	食品药品物品
		出行			动植物
		路途餐饮住宿			自然现象
		地理知识			环境气候
4	社会交往	个人介绍			人与自然
		介绍他人			环境保护
		沟通表达	9	科学技术	网络与信息技术
		交际交往			科学常识
5	经济生活	消费购物			科技发明及人物
		商业贸易			科技问题
		日常收支	10	政治	军事法律
		投资理财			政策规定
		经济管理	11	文化娱乐	文化艺术
		其他经济相关			文艺评价
6	教育	教学活动			休闲娱乐
		学习情况			节庆习俗
		校园生活			文化人物
		教育问题	12	感悟和评论	计划与未来
					社会现象评论
					价值观念
					生活感悟

表 2　话题项目表示例

一级话题	二级话题	三级话题及内容
交通出行	交通	交通问题(堵车、让座、晚点、没有停车位、酒驾、遗失物品、晕车、车祸、空难、航班熔断等)
		交通知识(交通规则、交通标志、出行管控规定等)
	出行	出行方式(公共汽车、私家车、城际铁路、静音车厢、海底高铁、新能源汽车、顺风车、步行等)
		出行准备(学车、考驾照、办护照、收拾行李、叫出租车、购票、收听/查看路况、订票或退票、换登机牌、公交卡充值、乘车二维码等)
		出发到达(候机、登机、等人、等车、接送人、行李超重等)
		天气情况(凉快、干燥、湿润、暖和、冷热、天气现象的描述、天气情况的报道等)
	路途餐饮住宿	行驶过程(判断方向、谈距离、问路指路、查看地图、加油、确定方向、迷路、确定路线、找服务区等)
		饭馆用餐(点菜、菜品评价、找饭馆、饭馆领位、添饭菜或餐具、点餐、介绍餐馆、订餐订位等)
		住宿(预订宾馆、住宾馆等)

续表

一级话题	二级话题	三级话题及内容
	地理知识	地点（北京、住所、餐厅、邮局等）
		位置信息描述（在……里、前面、外面、左边、旁边等）
		景物或环境描述（家乡、公园、小河、森林、郊区、景点、民居等）
		地理名胜（大观园、桂林、柴达木盆地、三峡等）
		建筑（四合院、园林建筑、传统建筑等）

依据线性的分类与排序原则，本话题项目表减少了话题间的交叉，增强了话题项目表的实用性。但话题建立在文本的语义基础上，语义间的交叉是无法避免的。这里对一些易混淆的话题项目进行特别说明：其一，根据写作范文的特殊性，"沟通表达"指静态的单向的书面表达或口头表述记录，如通知、书信、开幕词、祝酒词等。"交际交往"指动态的与他人发生关系的交往活动的表述，如请客、聚会、出席活动等。其二，关于一些话题间部分交叉的问题，当以中心话题为主。如"医疗保健"涉及的"药品"穿插在"疾病""治疗"这些话题中，并非语篇的中心话题，而"食品药品物品"中的"药品"指对一种药品的详细介绍与说明。由于某个概念出现在不同话题下而引起的部分语义交叉并不影响话题的分类。

2.6 利用话题项目表构建教学辅助信息

依据教材语料库与话题项目表目前所能实现的功能，我们对同一话题下的文本语料进行了聚类，并从不同角度实现了教材中的话题频次统计，希望提高话题项目表的实用性。

2.6.1 聚类同一话题下的文本以形成小规模同质语料

我们对每一个语料文本的话题标注都采取"标题——级话题—二级话题—三级话题"的方式。其中一个文本对应一个标题，标题是在 MySQL 数据库存储后生成的，具有唯一性。如"\高—体验汉语写作教程高级 1 陈作宏 49\5\5.1.txt—教育—学习情况—留学"表示高级汉语水平教材《体验汉语写作教程》（陈作宏主编）第一册共含有 49 个语料文本，其中第五课第一篇范文，属于一级话题"教育"、二级话题"学习情况"、三级话题"留学"。当在语料库中检索一个话题时，就可以查看该话题下的所有语篇，便于文本间的考察分析。

2.6.2 对话题频次进行统计

通过对文本语料的标注，统计出所有话题的频次。如"社会交往"这一话题在语料库中的频次最高,其涵盖的二级话题频次由高到低见表3。对比表3与表2中二级话题的排序可见,话题频次的高低并不与认知发展顺序相一致。依据人的认知发展顺序,首先获取个人姓名、年龄、家庭成员情况等个人信息,然后向外部世界推展获取他人信息。但是话题频次显示"介绍他人"高于"个人介绍",因为与"介绍他人"这一话题相关的范文如《我的爸爸》《我的老师》《我生命中最重要的人》等,多于"自我介绍"类的范文。认知发展顺序决定了学习的先后顺序,而话题频次则反映交际中话题出现的概率以及重要程度,话题频次的排序是无法预知的,只能通过调查获得。话题频次的高低能够让我们更好地把握教材编写的倾向性,结合学生的学习需求,更好地满足他们的学习兴趣。

表3 话题频次统计示例

一级话题	频次	二级话题	频次
社会交往	890	沟通表达	564
		介绍他人	157
		个人介绍	115
		交际交往	54

将初、中、高级教材进行话题标注处理,实现对同一话题在不同水平写作教材中的出现频次统计,示意如表4。

表4 初、中、高级教材一级话题频次统计示例

一级话题	初级教材频次	中级教材频次	高级教材频次
个人生活	80	64	19
医疗保健	25	11	14
交通出行	80	74	45
社会交往	164	263	93

对每一册教材中的话题频次统计,使教材话题编排情况一目了然,如对《新汉语写作教程》与《外国人汉语过程写作》两本教材中的二级话题频次统计见表5。

表5 教材个案话题频次统计示例

《新汉语写作教程》(罗青松,2012)		《外国人汉语过程写作》(杨俐,2006)	
二级话题	频次	二级话题	频次
沟通表达	21	就业离职	9
生活感悟	6	地理知识	8
介绍他人	5	社会现象评论	7
个人介绍	3	学习情况	7
地理知识	2	医疗保健	7
价值观念	2	教育问题	6
节庆习俗	2	个人介绍	3
科学常识	2	政策规定	3

续表

《新汉语写作教程》(罗青松,2012)		《外国人汉语过程写作》(杨俐,2006)	
社会现象评论	2	沟通表达	2
食品药品物品	2	价值观念	2
文化艺术	2	科技问题	2
文化人物	2	食品、药品、生活物品	2
休闲娱乐	2	网络与信息技术	2
学习情况	2	出行	1
计划与未来	1	交通	1
教学活动	1	教学活动	1
教育问题	1	经济管理	1
就业离职	1	军事法律	1
路途餐饮住宿	1	科技发明及人物	1
人与自然	1	其他经济相关	1
总数	61	总数	67

三、应用与展望

3.1 话题项目表构建的主要作用

依据目前的调查与研究,本文所建话题项目表的主要用途如下:

其一,大规模的同质文本可用于同一话题下话题词语的聚类研究,为基于篇章的词汇考察提供可能。属同一话题的文本可看作同质语料,常出现在某一话题下的特征词称作"话题词"。利用特征词提取技术即可得到围绕某一话题的核心词即"话题词",史艳岚(2006)、喻雪玲(2013)、欧帅(2015)、刘华(2008)、刘华和于艳群(2016)在此方面做过探索。其中,对文本语料进行分类时首先要有合理的话题分类项目表作参考。利用本文所建话题项目表对文本语料进行话题标注,实现了文本分类,再利用特征词提取算法便可获取围绕某一特定话题的"话题词"。如围绕"出行"的话题词"自行车、司机、火车、交通、飞机、地铁"等。话题词语的提取为考察话题与语言项目之间的关系提供更多可能。

其二,为教材研究提供参考,助力教材编写。不少学者基于"话题"对教材进行考察与对比研究,如王若江(1999)、杨艳和柯丽芸(2008)、苏新春等(2011)、李欣蓓(2014)、刘弘和周婧(2017)。通过话题编排可考察教材的性质、教材内容、教材难度、教材中的文化意识等。本文话题项目表的研制以及对教材文本的话题标注,实现了对教材话题选编的考察以及教材之间话题编排的横向比较。教材中的话题分布、话题比重、话题编排顺序与教材的实用性、趣味性、系统性和科学性有着密切的联系,话题项目表及教学辅助信息可为教材中的话题考察提供重要参考。

其三,调查话题兴趣,助力教学实践。留学生的话题兴趣是教材话题编排与教师在教学过程中引入话题的重要参考,其中汲传波(2005)、余千华等(2012)、张璐和槐珊(2017)、李圃(2017)等在这一方面做过研究。在实施留学生话题兴趣调查时,由于无法预知学生感兴趣的话题,所以要尽可能全面而详细地将所有话题项目列出,但考虑到被调查者的精力与时间有限,所列话题项目又不能过多。经实际调查发现,本文所建话题项目表的二级话题系统全面、数量适中,最适于作为调查用的话题项目模板。确定话题项目后,再对留学生的兴趣程度进行赋值,让被调查者在每一个话题下选择相应的兴趣度,之后实现话题兴趣的量化统计。本文研制的话题项目表有助于提高调研的可操作性与可信度。

3.2 未来的发展方向

3.2.1 考察话题与语言项目难度之间的关系

对外汉语教学的核心是汉语语言教学,因此,需要将话题的考察与语言项目进行连接。接下来,需对语料文本中的汉字、词汇、语法等语言项目难度进行考察,明确话题与语言项目难度之间的关系,辅助汉语教学实践。

3.2.2 推进新的教学模式与教材编写模式

结合话题项目表的研制,我们提出新的写作教学思路:"以特定的交际任务为纲,以特定的写作话题为操练平台,以扩充学生在特定语境下需要掌握的交际所需词汇为教学目的,以帮助学生建构联想、对比、类聚的词汇网络为教学手段,培养学生的语篇写作能力",也提出了新的写作教材编写理念:"以语境和话题为纲,以特定类属的词语为目,依据话题、情景、交际任务先确定词语表,再根据词语表筛选或编写课文"。特定的交际任务总是与一个或几个典型的交际话题相结合,同一交际话题下包含着相似或密切相关的交际任务。在这样的研究基础上,可以进一步在今后的教学实践中,利用话题项目表来促进以"话题"为中心的写作教学,推进"主题式教学"与"任务型教学"的开展,从而有效提高学生的交际技能。

3.2.3 实现专业领域话题项目表与语料库的共建共享

基于对外汉语写作教材语料库而研制的话题项目表,主要服务于写作教材编写与教学实践,其中某一文本所属的话题类别、某一话题类别的频次、围绕某一话题的高频话题词以及文本实例都是可检索的。因此,顺着这样的研发思路与应用实践,可尝试其他专用语料库以及专业领域话题项目表的开放共建与共享。

四、结 语

本文借鉴已有话题大纲,通过自建大规模教材语料库,并依据"由个人到社会、由物质到精神"的人本原则,实现了对话题的自上而下的分类与排序。并且,本文依据所建话题项目表完成了对教材语料库中不同层面文本语料的话题频次统计与实例检索,弥补了以往话题项目表在系统性、科学性和实用性上的不足。希望通过对话题项目表的不断深化与优化,为对外汉语教学研究、教材编写、课程设计与教学实践提供更有价值的参考。

参考文献

白晓红主编(2012)《科技汉语读写教程》,北京语言大学出版社。
胡韧奋、朱 琦、杨丽姣(2015)对外汉语教学领域话题语料库的研究与构建,《中文信息学报》第 6 期。
汲传波(2005)对外汉语口语教材的话题选择,《云南师范大学学报》(对外汉语教学与研究版)第 6 期。
姜 蕾(2013)基于教材分析的"中学交际话题表"编写设想,《语言教学与研究》第 2 期。
孔子学院总部、国家汉办(2014)《国际汉语教学通用课程大纲》,北京语言大学出版社。
孔子学院总部、国家汉办(2015)《HSK 考试大纲(1—6 级)》,人民教育出版社。
李德津、李更新(1989)《现代汉语教程·读写课本》,北京语言学院出版社。
李 圃(2017)埃及汉语学习者的话题兴趣及内部差异调查,《海外华文教育》第 7 期。
李 泉主编(2006)《对外汉语课程、大纲与教学模式研究》,商务印书馆。
李晓琪主编(2009)《新丝路商务汉语写作教程》,北京大学出版社。
李欣蓓(2014)从对外汉语教材话题的选择看编写者文化态度——基于三部对外汉语教材话题的分析,《云南师范大学学报》(对外汉语教学与研究版)第 5 期。
李 汛(2009)《汉语综合写作教程》,北京大学出版社。
林杏光(1999)《词汇语义和计算语言学》,语文出版社。
刘 弘、周 婧(2017)对外汉语教材"汉语学习"话题课文内容考察,《国际汉语教学研究》第 4 期。
刘 华(2008)面向对外汉语教学的话题聚类研究,《外语研究》第 5 期。
刘 华、方 沁(2014)汉语教学用话题库及话题分类影视资源库构建,《世界汉语教学》第 3 期。
刘 华、于艳群(2016)华语作为第一语言教学的常用分级词表研制,《海外华文教育》第 5 期。
刘 华、郑 婷(2017)少儿华语教学主题分类词表构建,《华文教学与研究》第 1 期。
罗青松(2012)《新汉语写作教程》,华语教学出版社。
欧 帅(2015)《澳大利亚 Heritage Chinese 中文教材词表研制》,暨南大学硕士学位论文。
史艳岚(2006)《基于中国主流报纸动态流通语料库的对外汉语报刊新闻主题词群及相关研究》,北京语言大学博士学位论文。

宋长宏(2017)《尔雅中文·初级汉语写作教程》,北京语言大学出版社。
苏新春、唐师瑶、周　娟、王玉刚(2011)话题分析模块及七套海外汉语教材的话题分析,《江西科技师范学院学报》第6期。
王若江(1999)对汉语口语课的反思,《汉语学习》第2期。
杨寄洲主编(1999)《对外汉语教学初级阶段教学大纲(1)》,北京语言文化大学出版社。
杨　俐(2006)《外国人汉语过程写作》,北京大学出版社。
杨　艳、柯丽芸(2008)对外汉语初级口语教材话题研究——以《汉语900句》和《汉语会话301句》为例,《齐齐哈尔师范高等专科学校学报》第4期。
余千华、樊葳葳、陈　琴(2012)汉语学习者话题兴趣及其与对外汉语教材话题匹配情况调查研究,《语言教学与研究》第1期。
喻雪玲(2013)《基于语料库的商务汉语话题库及话题词表构建》,暨南大学硕士学位论文。
张　璐、槐　珊(2017)汉语视听说教材教学话题与话题兴趣的调查分析,《语言教学与研究》第2期。
张姚尧(2012)《对外汉语初级口语教材的话题选择研究》,安徽大学硕士学位论文。
赵艳芳(2001)《认知语言学概论》,上海外语教育出版社。

(610064　四川成都,四川大学文学与新闻学院)

崔希亮主编《汉语国际教育研究论集·语法卷》出版

北京语言大学崔希亮教授主编《汉语国际教育研究论集·语法卷》一书近日由商务印书馆出版。

语法在汉语国际教育中一直扮演着重要的角色,也是汉语语言学界最为关注的研究领域之一。近些年来,随着汉语国际教育事业的迅猛发展,大力开展面向汉语国际教育的语法研究已经成为大家的共识,研究成果不断涌现。认知语法、构式语法、韵律语法、语篇语法等语法理论和流派正潜移默化地推动着汉语语法研究向纵深发展,把这些理论自觉运用到汉语国际教育语法研究中的文章越来越多,学者们表现出明显的理论意识。本书上编是汉语语法教学研究,主要涉及理论语法的教学转换、对外汉语教学语法体系及研究框架的建设、对外汉语语法教学的方法及模式等问题;下编是汉语语法本体研究,从词到短语再到句式进行了全面探讨,具体包括实词研究、虚词研究、构式研究、特殊句式研究以及认知语言学的研究等。

非声调母语者对普通话声调的范畴感知研究*

李贤卓[1]　杨伯顺[2]　梁丹丹[3]

摘　要：本文以普通话阴平—阳平连续统为例，以非声调母语的汉语二语者为被试，考察其普通话声调范畴感知的发展情况和阶段特点。研究发现，在普通话学习的初始阶段，不同于以往研究中的连续感知，被试对声调的感知更接近于"无序感知"；非声调母语者声调范畴感知模式的建立始于中级阶段，其母语韵律也可能影响声调感知；在研究方法上，考察二语者范畴感知的发展过程中，提出将个体预测与实测区分峰差值作为测量指标，能够有效避免个体差异对感知结果的影响。

关键词：普通话；声调；范畴感知；识别；区分

〇、引言

声调是汉语的重要特征之一，但声调习得一直是汉语二语习得的难点，汉语二语者声调产出的显著特点之一，就是常常产生"洋腔洋调"的现象。已有研究从声调的产出（沈晓楠，1989；李红印，1995；王燕燕，1997；刘艺，1998；桂明超、杨吉春，2000；蔡整莹、曹文，2002；吴门吉、胡明光，2004）和感知（贾琳、王建勤，2013；张林军，2013；王功平，2015；廖毅、张薇，2019；温宝莹、王云丽，2019）两方面对声调习得问题进行了研究。但是，从二语学习角度看，语音感知对学习者的语言发展有重要影响（Kuhl et al.，2005）。感知是产出的基础，声调习得是语音习得的重要内容，学习者需要先对普通话声调范畴有准确的感知，才能建立像母语者那样的声调范畴表征。

---

* 本研究得到中国博士后科学基金面上项目"汉语二语者声调范畴感知机制及大脑可塑性研究"（项目编号：2019M651881）和江苏高校哲社项目"来华留学生汉语声调感知机制对'洋腔洋调'现象的影响"（项目编号：2018SJA0211）资助。感谢本刊匿名审稿专家的宝贵建议！与本文相关的问题，请与通讯作者梁丹丹（ldd233@sina.com）联系。

已有的声调感知研究发现,范畴感知(categorical perception)是声调母语者感知本族语言的基本模式。范畴化在感知、思维和语言中起着关键作用(Harnad,1987:1),在语音感知上,范畴感知指听音人将等声学间距的音听辨为离散的、数量有限的个体(Liberman et al.,1957)。相反,如果听音人不能将这些等声学间距的音听辨为离散、有限的个体,则是连续感知。语音的范畴感知研究起源于 Liberman et al.(1957)对辅音范畴化的研究,至今已经持续半个多世纪。Liberman et al.(1957)的研究发现,被试听音时,将语音信号连续变化的声学特性感知为离散的变化,即在有很多过渡音节连续统的某一个音节上,被试听感上从一个音节迅速跳跃至另一音节。声调范畴感知最早见于 Wang(1976),该研究发现,汉语母语者对汉语普通话阴平—阳平声调连续统的感知是范畴感知,而美国英语母语者对普通话声调是连续感知。后续大量的研究验证了该结论,并扩展到了其他母语人群(Hallé et al.,2004;Xu et al.,2006;Peng et al.,2010;Shen & Froud,2016)。

一、研究背景

既然汉语母语者与二语者对声调感知的模式存在差异,那么,汉语二语者是如何建立声调范畴的,一直是汉语声调范畴感知研究关注的问题。已有研究对汉语二语者普通话声调范畴感知的发展情况这一问题进行了一些讨论,主要集中在以下两个方面。

第一,声调范畴感知依靠的线索。适当的感知线索权重是建立范畴感知的基础(王建勤等,2017:130)。在学习的初期,非声调母语者感知声调依靠的线索与普通话母语者不同。借助线索权衡模型(Holt et al.,2006),Chandrasekaran et al.(2010)、张林军(2011)等都认为,汉语母语者和非声调的英语母语者建立声调范畴依靠的主要声学信息权重存在明显区别。前者主要依靠音高曲拱,即根据音高轮廓的斜率来感知声调,同时依靠音高高度;而后者主要依靠音高高度,即平均音高的高低。汉语母语者对于音高曲拱这一线索的利用,基于音高的相对高度,当相对高度超过临界值,则产生范畴差异;而非声调母语者对音高绝对高度这一线索的利用,基于音高的普遍的心理物理机制,只能得到纯声学的连续感知。随着汉语水平的提高,二语者感知线索权重从音高高度逐渐过渡到音高曲拱。但是,前人研究中的"非声调母语者对普通话声调感知是依靠音高高度线索的连续感知"这一结论可能并不适用于刚开始接触汉语声调的初级学习者,因为这一群体并没有建立声调的概念,更不用说采用音高高度这一线索感知声调。因此,我们推测,初级非声调母语者在汉语声调感知发展过程中,最初可能存在一段时间的无序感知阶段,即不能正确感知声调音高的阶段,进而才能过渡到连续感知阶段。

第二,声调范畴建立的阶段特征与母语影响。非声调母语者范畴感知模式的建立比声调母语者时间更长。例如,日语、韩语是非声调语言,零起点的日语、韩语母语者学习普通话三个月后才出现范畴感知;而泰语是声调语言,零起点泰语母语者就表现出了一定的范畴化特征(张林军,2010)。声调母语者在建立汉语声调范畴时,可能会迁移母语声调;而非声调母语者在建立汉语声调范畴时,也可能会迁移母语的韵律特征。研究发现,英语母语者可能将汉语高平调当成重音(White,1981),也更容易受到母语语调的干扰(桂明超、杨吉春,2000)。然而,大部分研究关注声调母语者母语声调在建立汉语声调范畴过程中的干扰(张林军,2010;薛晶晶,2013;王建勤等,2017),很少关注非声调母语者从初级到高级水平声调范畴建立的过程,仅温宝莹、王云丽(2019)关注了该问题,但该文的研究材料引入了词汇语境因素;也少有研究关注这一过程中,母语韵律的干扰在范畴感知的指标上是如何体现的。此外,前人的研究结论存在很大不同。对于阴平—阳平连续统,张林军(2010)发现学习普通话三个月的日、韩语母语者开始出现范畴感知,一些指标上,如日语母语者识别曲线的斜率与汉语母语者已不存在显著差异;而王韫佳、李美京(2011)和温宝莹、王云丽(2019)的结果显示,初级的韩语母语者还没有表现出典型的范畴化特点。

在研究方法上,经典的声调范畴感知有其独特的研究范式,即实验由识别任务和区分任务构成。在识别任务中,被试需要对听到的语音进行声调识别,判断是哪个声调;在区分任务中,被试需要区分一对声音刺激中,两个声音的声调是否相同。Liberman et al. (1957)给出了范畴感知实验结论判断的标准,即识别任务中,连续刺激间的识别率发生突变,识别曲线表现为陡峭地上升或下降;在区分任务中,区分曲线出现明显的区分峰;识别任务的结果可以预测区分任务的结果。识别曲线的突变点与区分曲线的区分峰值能够对应,对应位置是语音感知中的范畴边界。已有研究的声调范畴感知研究皆使用该范式。然而,对于汉语二语者,尤其是非声调母语的二语者来说,他们的声调范畴还未能建立,不能准确识别声调,通过识别曲线预测区分曲线的方法是否可行,有待讨论。

基于已有研究存在的问题,本文研究以往关注较少的非声调母语者普通话阴平—阳平连续统范畴感知的发展,讨论以下三个问题:第一,非声调母语者在学习汉语声调范畴时,最初是否存在一段无序感知阶段?第二,不同汉语水平的非声调母语者对汉语阴平—阳平连续统的感知是如何发展的?第三,在实验方法上,对于汉语二语者,通过识别曲线预测的区分曲线是否可以准确反映实测区分曲线?如果不能,如何改进？

本文旨在通过对这些问题的解答，深化以往对于非声调母语者普通话范畴感知阶段的认识，明确其发展阶段特征，改进针对二语者范畴感知研究方法上的不足。

二、实验设计

2.1 被试

实验被试为 85 名南京师范大学的学生，年龄在 18—26 岁之间。体检报告表明，所有被试听力正常。根据爱丁堡利手量表，被试皆为右利手。没有被试接受过专业的声乐或器乐训练，仅个别被试接受过业余声乐或器乐训练，且少于 3 年。汉语二语者的母语都是非声调语言，无长期居住在声调语言国家的经历。被试参加实验后得到一定的报酬。全部实验结束后，使用二项式检验对被试的实验结果进行筛选，删去数据异常的被试并匹配三组实验人数，最终保留 60 人的数据。根据汉语学习时长和汉语水平考试成绩区分被试，初级水平 15 名（7 男 8 女），分别来自乌兹别克斯坦（8 人）、塔吉克斯坦（4 人）、吉尔吉斯斯坦（3 人），汉语学习时长为 2 个月；中级水平 15 名（8 男 7 女），分别来自韩国（3 人）、印度尼西亚（2 人）、乌兹别克斯坦（3 人）、塔吉克斯坦（1 人）、保加利亚（1 人）、罗马尼亚（1 人）、莫桑比克（1 人）、乌克兰（1 人）、吉尔吉斯斯坦（1 人）、阿根廷（1 人），学习汉语 2 年，通过 HSK 四级；高级水平 15 名（8 男 7 女），分别来自韩国（9 人）、印度尼西亚（3 人）、阿塞拜疆（1 人）、肯尼亚（1 人）、俄罗斯（1 人），学习汉语 3—4 年，通过 HSK 五级；汉语母语者 15 名（6 男 9 女）。

2.2 实验材料

实验材料参照 Xu *et al.*（2006），采用阴平—阳平连续统，所使用的原始声音样本为普通话音节[i^{55}]，无上下文语境。由一名普通话水平为二级甲等的男性汉语母语者进行录音，之后使用 Praat 软件合成从阴平到阳平的连续统。阴平的起点和终点音高值均为 130 赫兹。为了保持听觉感知的等距性，将刺激起点音高的单位由赫兹转换为等效矩形带宽标度（equivalent rectangular bandwidth，ERB），见表 1。通过基音同步叠加技术（PSOLA），保持终点的音高值不变，依次降低起点的音高值，一直到 102.08 赫兹，形成一个包含 7 个刺激的从阴平到阳平的连续统。刺激时长 300 毫秒。

表 1　阴平—阳平连续统各刺激的起始音高参数

刺激	f(Hz)	E(ERB)	步幅(Hz)	步幅(ERB)
1	130.00	4.206 3	4.85	0.12
2	125.15	4.086 3	4.77	0.12
3	120.38	3.966 3	4.69	0.12
4	115.70	3.846 3	4.61	0.12
5	111.08	3.726 3	4.54	0.12
6	106.55	3.606 3	4.46	0.12
7	102.08	3.486 3		

这样得到的 7 个等距刺激,作为实验材料。如图 1 所示:

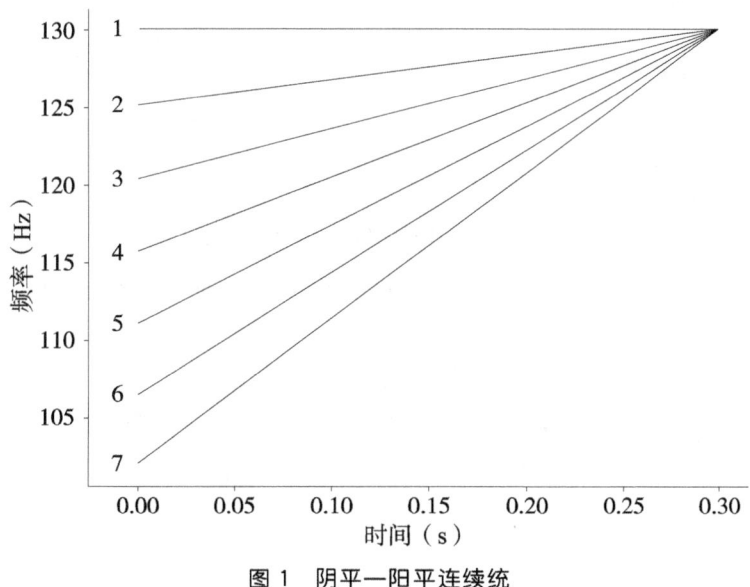

图 1　阴平—阳平连续统

2.3　实验过程

实验采用经典范畴感知研究的范式,分为识别任务和区分任务两部分。

在识别任务中,被试需要在听到一个声音刺激后,按键判断该刺激是第一声(按键盘上的数字"1"键)还是第二声(按键盘上的数字"2"键)。当被试按键判断,或是某个刺激呈现了 2 500 毫秒被试还未能做出判断时,屏幕将自动出现 300 毫秒的间隔,然后呈现下一个刺激。7 个刺激每个播放 5 次,共 35 个试次,刺激按伪随机顺序呈现,确保相邻两个刺激不同。

区分任务中,被试一次会听到两个语音刺激,即一个刺激对。实验开始时,被试需要按键判断该刺激对中,两刺激声调相同(按键盘上的"A"键)还是不同(按键盘上的"L"键)。当被试按键判断或是某对刺激呈现了 2 500 毫秒被试还未能作出判断,屏幕将自动出现300毫秒的间隔然后呈现下一对刺激。刺激对中的两个刺激的时间间隔为500毫秒。刺激对包含2阶变化,按照不同的顺序,共得到5个不同的刺激对"1—3""2—4""3—5""4—6""5—7",呈现时,不同的顺序各出现5次,如刺激对"1—3"中,"1—3""3—1"各出现5次,因此每个刺激对出现10次。为了平衡答案"相同"和"不同"的反应数量,还填充了相同声调的刺激对,即从"1—1"到"7—7"共7对,每对也出现10次,这样被试需要对170对刺激作出区分。刺激间距(ISI)为500毫秒。

在每一部分正式实验之前,会有一个练习阶段,呈现的是其他音节,目的是使被试熟悉实验。被试可以一直进行练习,直到完全掌握实验要求。全部实验在计算机上完成,通过PsychoPy2软件呈现。

2.4 数据分析指标

2.4.1 识别任务

根据Xu et al.(2006),在识别任务中,设被试把每一种刺激判定为阴平的概率为P_1,把7个语音刺激设定为x。把实验结果进行logistic回归分析,可以得到回归方程:

$$\ln \frac{P_1}{1-P_1} = b_0 + b_1 x$$

其中b_0是回归曲线的截距,b_1是回归曲线的斜率,b_1绝对值越大说明范畴化的程度越高。我们设$P_1=0.5$的时候,对应的x_{cb}就是阴平和阳平的范畴边界。则:

$$x_{cb} = -\frac{b_0}{b_1}$$

范畴边界的宽度按照Peng et al.(2010)的方法,设为W_{bc},W_{bc}是$P_1=0.75$和$P_1=0.25$时x的距离。

2.4.2 区分任务

根据王韫佳、覃夕航(2015),将所有刺激对分为5个刺激对组。如,刺激对组"1—3"包含"1—3""3—1""1—1""3—3"四类刺激对,其中"1—3""3—1"两类刺激对各有5次,"1—1""3—3"两类刺激对各有10次,即刺激对总数是30。数据以刺激对组为单位进行统计。刺激对组的区分率$P_{(A,B)}$按照下面方法进行计算:

$$P_{(A,B)} = \frac{\text{正确区分次数}}{\text{刺激对呈现次数}} = \frac{P_{AA}+P_{AB}+P_{BA}+P_{BB}}{30}$$

被试范畴内区分率P_{wc}为"1—3"和"5—7"两个刺激对组的平均正确率。计算公式为:

$$P_{wc} = \frac{P_{(1,3)} + P_{(5,7)}}{2}$$

区分峰陡峭度为 DP,被试 5 个区分刺激对组中,区分率最高的一组为 P_{pk},则:

$$DP = P_{pk} - P_{wc}$$

为了方便计算,我们将一个刺激对的中心设为该刺激对的横坐标,如刺激对组"3—5"的横坐标为 4,区分峰的横坐标用符号 x_{pk} 代表。

2.4.3 预测区分曲线与实测区分曲线的一致性

使用 Liberman(1957)的方法,用识别曲线预测区分曲线。正确区分某个刺激对组 A—B(包括 A—A,B—B,A—B,B—A 四种序列)的概率 P' 为:

$$P' = \frac{1 + (P_A - P_B)^2}{2}$$

但要比较不同组之间的差距,仅仅靠预测区分曲线与实测区分曲线的一致性还不够,还需要描述它们的差异量。我们认为,此时不能使用全体被试的均值来对比差异,而应该使用每个被试的差异求和之后的均值。本文设置的新指标为:实测区分峰横坐标 x_{pk} 与预测区分曲线区分峰横坐标 x'_{pk} 的差值 D_x、实测区分峰纵坐标(区分峰值) P_{pk} 与预测区分曲线区分峰纵坐标(区分峰值) P'_{pk} 的差值 D_y:

$$Dx = |x_{pk\_} - x'_{pk}|; Dy = |P_{pk} - P'_{pk}|$$

三、实验结果

按照以上方法计算各组被试相关参数,绘制四组被试的识别曲线、根据识别曲线预测的区分曲线与实际区分曲线,如图 2 所示(见下页)。

3.1 识别任务

对每个被试的阴平识别率进行逻辑回归,得到每一个被试的回归系数 b_1 与截距 b_0,再将组内系数进行平均,得到反映全组特征的平均系数,同时计算范畴边界 x_{cb} 与范畴边界宽度 W_{bc}。各组参数见表 2。

表 2　识别任务结果

组别	b_0	b_1	x_{cb}	W_{bc}
初级组	3.373 2	-0.930 6	3.658 6	3.060 6
中级组	9.368 4	-1.876 1	5.312 5	1.407 6
高级组	10.782 0	-2.320 0	4.742 0	0.992 5
母语组	11.368 1	-2.369 5	4.903 1	0.987 9

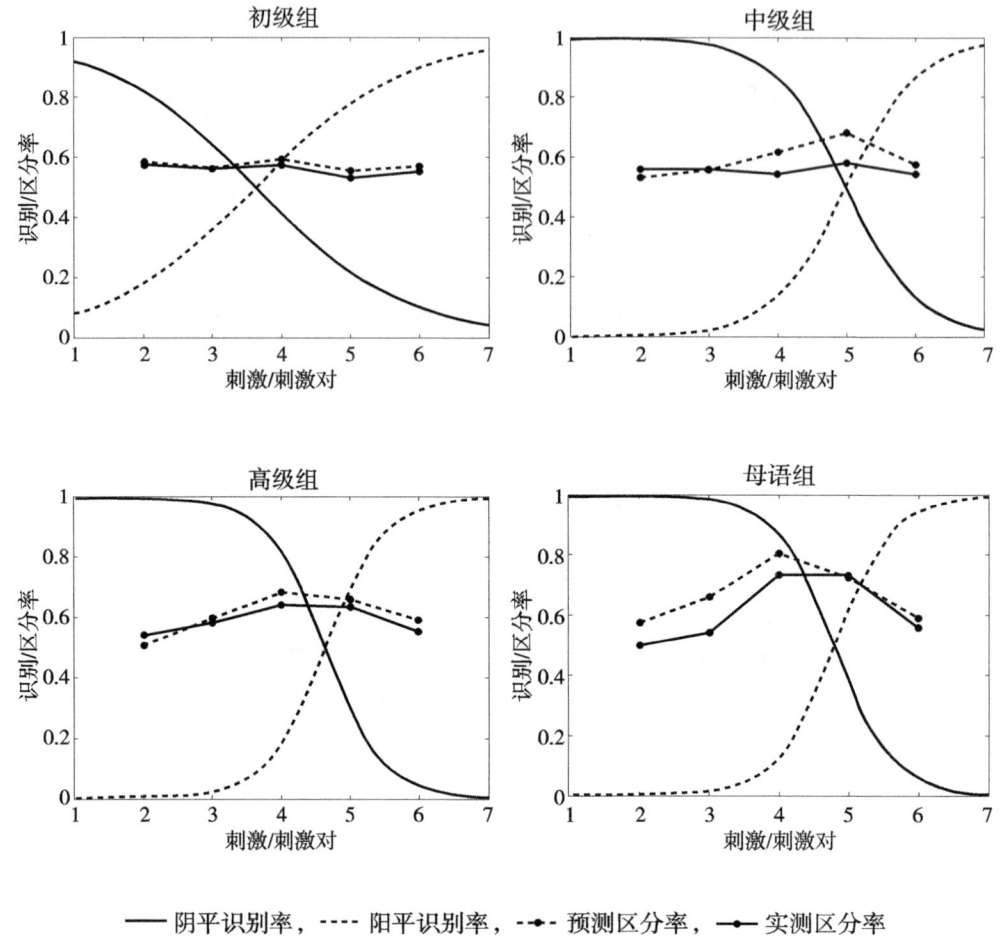

图 2 识别曲线和区分曲线

结合图 2 可知,初级水平被试的识别曲线没有出现突变,符合典型的连续性感知特征;而中级水平被试的识别曲线出现了突变,但相对于母语组还有一定差距;高级水平被试的识别曲线形状基本接近汉语母语者。以识别曲线的斜率 b_1 作为因变量进行四组被试的单因素方差分析,结果显示,$F(3,54)=19.083, P<0.01$,汉语水平对曲线变化率影响显著。事后分析显示,初级被试与其他各组之间差异性都十分显著($PS<0.05$),而其他各组的差异不显著($PS>0.05$)。

以识别曲线的范畴边界 x_{cb} 作为因变量进行单因素方差分析,$F(3,54)=1.617$,$P=0.196$,说明汉语水平对其识别范畴的边界影响不显著($PS>0.05$)。

以识别曲线的范畴边界宽度 W_{bc} 作为因变量进行单因素方差分析,$F(3,54)=22.881, P<0.01$,四组之间存在显著差异。事后分析显示,初级被试与其他各组存在显著差异($PS<0.05$),其他各组之间差异不显著($PS>0.05$)。

3.2 区分任务

计算被试范畴化程度的参数,包括区分峰 P_{pk},范畴内区分率 P_{wc} 以及区分的陡峭度 DP。结果见表3。

表3 区分任务结果

组别	P_{pk}	P_{wc}	DP
初级组	0.638 5	0.566 3	0.072 1
中级组	0.618 3	0.551 7	0.066 7
高级组	0.735 0	0.548 3	0.186 7
母语组	0.838 3	0.583 3	0.255 0

以区分峰 P_{pk} 作为因变量进行单因素方差分析,$F(3,54)=20.542,P<0.01$,事后分析发现,初级与中级被试差异不显著($P>0.05$),而其他组之间均差异显著($PS<0.05$)。

以范畴内区分率 P_{wc} 作为因变量进行单因素方差分析,$F(3,54)=1.144,P=0.340$,差异不显著,说明不同汉语水平对于范畴内的区分敏感度影响不大。

对四组被试的陡峭度 DP 进行单因素方差分析,$F(3,54)=22.024,P<0.01$,差异显著。事后检测发现,除初级和中级被试之间的差异不显著($P>0.05$),其他各组之间均差异显著($PS<0.05$)。说明中级、高级、母语组在区分任务中表现的范畴化程度越来越高。

3.3 识别结果对区分结果的预测

基于识别预测区分曲线与实测区分曲线不对应的情况,本文设置了另外一组参数:区分峰位置 x_{pk}(区分率最高的刺激对中心)的离散程度,用 x_{pk} 与识别预测区分曲线区分峰 x'_{pk} 的差异量 D_x,以及实测区分峰 P_{pk} 与预测区分峰 P'_{pk} 的差异量 D_y 表示。见表4。

表4 区分峰位置

组别	D_x	D_y
初级	1.307 7	0.038 5
中级	1.066 7	0.121 7
高级	0.933 3	0.018 3
母语	0.200 0	0.029 0

对 D_x 值进行方差分析,$F(3,54)=5.373,P=0.003$,差异显著。事后检测发现,母语者与其他各组的 D_x 值差异显著($PS<0.05$),其他各组之间差异不显著($PS>0.05$)。

对 D_y 值的方差分析显示,$F(3,54)=3.412,P=0.024$,差异显著。事后检测发现,中级被试与母语组差异显著($P<0.05$),与高级被试差异显著($P<0.05$),与初级被试差异不显著($P>0.05$),其他被试组之间差异不显著($PS>0.05$)。

四、讨论

4.1 非声调母语者汉语学习初始阶段范畴感知的特点

已有研究得出的一般结论是,非声调母语者对汉语阴平—阳平连续统的感知是连续感知,即他们并不能将声调连续统感知为阴平、阳平两类范畴,而是依靠音高高度线索,将连续统中的每一个刺激感知为不同的声调范畴。但是,实验结论并不能完全支持这一观点。图2左上小图中,仅识别曲线接近典型的连续感知模式①。初级非声调母语者可能刚建立典型的阴平和阳平范畴间的对立,因此对于曲线两端的识别率较高,但范畴中间的刺激识别率为30%—60%,始终在机会概率50%上下变化,尤其是刺激3、4、5。对于区分任务,倘若被试能够准确利用音高的声学线索——音高高度进行连续感知,辨认出相同音高并区别出不同音高,那么,根据计算公式,区分曲线中的各个点都应接近1(100%),这才是典型的连续感知。但试验结果却显示,区分曲线各点都接近50%的机会水平。已有研究表明,非声调母语者在领域一般性声学音高(音乐音高)的辨认能力并不如声调母语者(Pfordresher & Brown,2009;Giuliano et al.,2011)。对实验原始数据的观察也印证了这一点。因此可知,由于客观原因限制,非声调母语被试在初学汉语时还没有很好地建立音高的概念。这一阶段的学习者对汉语的阴平—阳平连续统的感知更接近于"无序感知",这与以往研究中,非声调母语者展示出的以音高高度为基础进行的连续感知是有差异的。而进入中级阶段之后,由于音高线索权重的增加进入音高识别能力的提高,范畴感知尤其是识别任务的结果才开始接近连续感知。

4.2 非声调母语者汉语二语范畴感知的发展

首先看非声调母语者范畴感知模式的建立与发展情况。实验结果显示,初级被试阴平—阳平连续统自然区分度不高,在识别和区分任务中均未表现出范畴感知。他们的识别曲线斜率平缓,范畴边界宽度大,区分曲线区分峰不突出,区分峰陡峭度也很低,

---

① 典型的识别曲线连续感知图像为"除端点之外,没有一个刺激音能获得100%的辨认率,且辨认率曲线在各个刺激音点上平缓地上升或下降,曲线各段斜率相近,没有明显的陡势"(梁磊、石锋,2015:67)。

且区分率在60%以下。这一结论与王韫佳、李美京(2011)及张林军(2010)对初级学习者的研究类似。中级被试区分曲线和区分峰陡峭度与初级差异不大,但识别曲线斜率和范畴边界宽度接近母语者,呈现了一定程度的范畴感知。与母语组不同的是,在区分任务中并未出现区分峰。高级阶段的被试区分任务中已经出现了区分峰,识别曲线和区分曲线各项指标都呈现了近似母语者的程度,但是在区分任务中,区分峰以及陡峭度等指标与汉语母语者仍有显著差异,说明非声调母语者即使到了高级阶段,对于范畴间刺激的区分依然没有达到母语者的程度。总之,本研究通过量化分析发现,对于非声调母语者,汉语阴平—阳平的范畴感知模式在中级阶段开始形成。

其次看母语韵律对范畴感知的影响。已有研究表明,对于二语初学者来说,母语的韵律干扰范畴感知的指标。本研究的结果发现,初级组识别任务的范畴边界向左偏移,如图2左上小图所示。也就是说,与阴平相比,初级学习者更倾向于将连续统中的声音刺激识别为阳平,这可能是受到非声调母语者韵律因素的影响。非声调母语者可以将母语疑问语调迁移到汉语升调中,建立对应关系(王建勤等,2016),但对于阴平,被试无法从母语中找到可迁移的类似韵律特征。因此,在汉语学习早期,阳平范畴的感知比阴平更为容易。但是从习得难度上看,阳平大于阴平(李智强,2018:79),因此图2右上小图显示,从中级水平开始,阴平的识别倾向更大,二语者的识别曲线开始接近母语者,但阳平一端的进步并不明显。

4.3 对预测区分曲线与实测区分曲线不相关的改进

从图2预测区分率曲线和实测区分率曲线的差异可以看出,根据识别实验结果预测的区分曲线都不能准确地反映实际的区分率。对每组被试的预测和实测曲线各点的数据进行相关分析(Kendall's tau-b),初级组被试预测、实测曲线之间不存在相关性($r = 0.036, P = 0.710$);中级组被试预测、实测曲线之间也不存在相关性($r = 0.086, P = 0.341$);高级组存在弱相关性($r = 0.286, P = 0.001$);母语组存在较强的相关性($r = 0.555, P < 0.001$)。由此可以看出,通过识别曲线计算出的区分曲线来预测实际区分曲线的方法更适用于母语者,而对二语者并不适用。

诚然,正如吴倩、王韫佳(2018)指出,区分实验结果可能与多种因素有关,如两种目标调型的相似性、实验设计、记忆机制等,也有区分任务自身的缺陷导致了不对应。我们认为,对于汉语二语者,使用预测区分曲线与实测区分曲线的差异这一指标时,存在一个缺陷,即对于非声调母语者,在还没有建立范畴感知模式时,不论是识别还是区分任务,都存在很大的个体差异。但两条区分曲线仅能反映全组被试区分率的平均情况。从统计方法上看,区分曲线中没有出现区分峰,并不一定说明被试不能很好地区分跨范畴刺激,可能是不同被试感知到的范畴边界的位置不同,在结果的均值统计中,个体所具有的峰值就被中和了,因此这一指标并不具有参考价值。

为了更准确地反映被试的个体差异,我们引入每个被试预测与实测区分峰横纵坐标的差值 D_x 与 D_y 这一组参数。这样的改进保留了每个被试预测到实测的差异,能够真实反映各组识别任务结果对区分任务结果的预测程度。表4统计了每组被试预测与实测区分峰横纵坐标的均值 D_x 与 D_y。图3展示了每名被试 D_x 与 D_y。

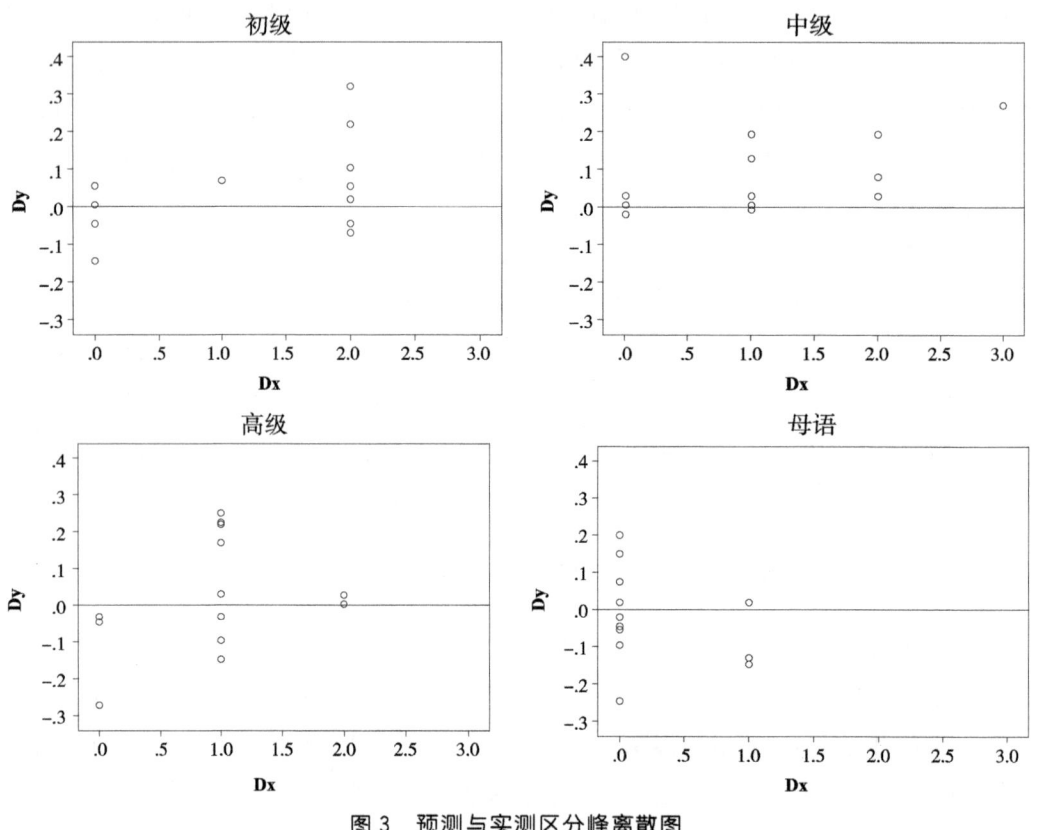

图3 预测与实测区分峰离散图

图3中,每个圆圈代表一名被试的数据,被试预测区分率与实测区分率的差异越小,圆圈越接近于原点(0,0)。可以看出,各组被试预测与实测区分峰在横、纵坐标方向上都有差异。D_x 越大,则平均后个体差异被中和的情况越明显,实测曲线的区分峰也就越不明显。差值 D_x、D_y 随着汉语水平提高逐渐减小,并且差异量逐渐稳定化。但即使是高级被试,依然与汉语母语者存在差距,这与被试的范畴化程度发展规律是一致的。这一结果与预测和实测曲线数据相关分析结果吻合,即随着声调感知范畴化程度的增加,预测区分曲线与实测区分曲线的相关性不断增强。

总之,采用 D_x、D_y 这组指标,有效地解决了以往仅根据全组平均值判断被试感知结果,中和个体差异而导致结论产生偏差的情况。可以在个体差异较大的情况下,反映每名被试区分曲线与实测区分曲线的对应程度,且该指标与范畴化直接相关,可以作为范畴感知程度的观测指标。

五、结论与余论

本研究以普通话阴平—阳平连续统的感知为例,探索了不同水平的非声调母语者在汉语学习过程中,声调范畴感知情况,并与汉语母语者进行了对比。研究表明,第一,非声调母语者在普通话学习的初始阶段,对声调连续统的感知更接近于"无序感知",而非连续感知。第二,非声调母语者对阳平的感知可能迁移母语韵律,进入中级阶段才开始建立普通话声调范畴感知模式。第三,在方法论上,在研究非声调母语者范畴感知的发展时,引入每个被试预测与实测区分峰横纵坐标的差值,能够避免个体差异对感知结果的影响。本研究更新了以往对非声调母语者汉语声调感知模式的看法,构建了非声调母语者阴平—阳平连续统范畴感知模式的发展阶段,并确认了范畴感知模式的形成时间节点,此外,已有研究范式对于二语者的适用性不足之处得到了改进,从理论和方法上推进了二语声调范畴习得研究。

研究结果对汉语二语教学有一定的启示。非声调母语者由于到中级阶段才能建立声调范畴感知模式,为使这类学生能够更好地习得声调,声调教学绝不应该只设置在零起点拼音学习阶段,教师在整个初级和中级阶段,都应该在词汇教学过程中同时附带进行声调强化教学,通过纠错反馈让学生注意到自身声调与标准声调的差异,从而建立正确的范畴表征,这样才能保证学生在准确感知的基础上准确发音。

本研究的不足之处在于,由于条件所限,未能对被试的音高敏感度进行测试,也未能确保其母语的一致性,这样做虽然能够得出非声调母语者范畴感知的共性,但可能掩盖不同音高敏感个体或语种声调范畴感知的特点,未来的研究应对此进行弥补。此外,我们后续还将开展纵向研究,考察二语者范畴感知模式形成的确切时点。

参考文献

蔡整莹、曹 文(2002)泰国学生汉语语音偏误分析,《世界汉语教学》第2期。
桂明超、杨吉春(2000)美国英语语调对美国学生学习汉语普通话声调的干扰,《世界汉语教学》第1期。
贾 琳、王建勤(2013)视觉加工对英语母语者汉语声调感知的影响,《世界汉语教学》第4期。
李红印(1995)泰国学生汉语学习的语音偏误,《世界汉语教学》第2期。
李智强(2018)《汉语语音习得与教学研究》,北京语言大学出版社。
梁 磊、石 锋(2015)《什么是语音学》,上海外语教育出版社。

廖　毅、张　薇(2019)母语背景在汉语声调感知中的影响——以英语和粤语背景学习者为例,《汉语学习》第 1 期。
刘　艺(1998)日韩学生的汉语声调分析,《世界汉语教学》第 1 期。
沈晓楠(1989)关于美国人学习汉语声调,《世界汉语教学》第 3 期。
王功平(2015)西班牙语区留学生普通话双音节声调感知实验,《华文教学与研究》第 3 期。
王建勤等(2017)《第二语言学习者汉语声调范畴习得与模拟研究》,商务印书馆。
王建勤、胡伟杰、张葛杨(2016)英语背景汉语学习者汉语语调产出策略研究,《华文教学与研究》第 4 期。
王燕燕(1997)菲律宾华裔学生汉语语音的调查与分析,《世界汉语教学》第 3 期。
王韫佳、李美京(2011)韩语母语者对普通话阳平和上声的知觉,《语言教学与研究》第 1 期。
王韫佳、覃夕航(2015)普通话单字调阳平和上声的辨认及区分——兼论实验设计对声调范畴感知结果的影响,《语言科学》第 4 期。
温宝莹、王云丽(2019)韩语母语者汉语普通话阴平—阳平调感知能力的发展研究,《语言教学与研究》第 1 期。
吴门吉、胡明光(2004)越南学生汉语声调偏误溯因,《世界汉语教学》第 2 期。
吴　倩、王韫佳(2018)声调的范畴知觉及其神经机制,《心理科学进展》第 1 期。
薛晶晶(2013)《美国和泰国学习者汉语普通话阳平与上声习得的实验研究》,北京大学博士学位论文。
张林军(2010)日本留学生汉语声调的范畴化知觉,《语言教学与研究》第 3 期。
张林军(2011)美国留学生汉语声调的音位和声学信息加工,《世界汉语教学》第 2 期。
张林军(2013)美国留学生汉语声调感知的左右耳优势,《语言教学与研究》第 2 期。
Chandrasekaran, B., Sampath, P. D., Wong, P. C. M. (2010) Individual Variability in Cue Weighting and Lexical Tone Learning. *The Journal of the Acoustical Society of America* 128(1): 456 - 465.
Giuliano, R. J., Pfordresher, P. Q., Stanley, E. M., Narayana, S., Wicha, N. Y. Y. (2011) Native Experience with a Tone Language Enhances Pitch Discrimination and the Timing of Neural Responses to Pitch Change. *Frontiers in Psychology* 2: 1 - 12.
Hallé, P. A., Chang, Y. -C., Best, C. T. (2004) Identification and Discrimination of Mandarin Chinese Tones by Mandarin Chinese vs. French Listeners. *Journal of Phonetics* 32(3): 395 - 421.
Harnad, S. (1987) *Categorical Perception: The Groundwork of Cognition*. New York: Cambridge University Press.
Holt, L. L., Lotto, A. J. (2006) Cue Weighting in Auditory Categorization: Implications for First and Second Language Acquisition. *The Journal of the Acoustical Society of America* 119(5): 3059 - 3071.
Kuhl, P. K., Conboy, B. T., Padden, D., Nelson, T., Pruitt, J. (2005) Early Speech Perception and Later Language Development: Implications for the "Critical Period". *Language Learning and Development* 1: 237 - 264.
Liberman, A. M., Harris, K. S., Hoffman, H. S., Griffith, B. C. (1957) The Discrimination of Speech Sounds within and across Phoneme Boundaries. *Journal of Experimental Psychology* 54(5): 358 - 368.
Peng, G., Zheng, H. -Y., Gong, T., Yang, R. -X., Kong, J. P., Wang, W. S. -Y. (2010) The Influence of Language Experience on Categorical Perception of Pitch Contours. *Journal of Phonetics* 38(4):

616 – 624.

Pfordresher, P., Brown, S. (2009) Enhanced Production and Perception of Musical Pitch in Tone Language Speakers. *Attention, Perception, & Psychophysics* 71(6):1385 – 1398.

Shen, G. N., Froud, K. (2016) Categorical Perception of Lexical Tones by English Learners of Mandarin Chinese. *The Journal of the Acoustical Society of America* 140(6):4396 – 4403.

Wang, W. S.-Y. (1976) Language Change. *Annals of the New York Academy of Sciences* 28:61 – 72.

White, C. M. (1981) Tonal Perception Errors and Interference from English Intonation. *Journal of Chinese Language Teachers Association* 16(2):27 – 56.

Xu, Y. S., Gandour, J. T., Francis, A. L. (2006) Effects of Language Experience and Stimulus Complexity on the Categorical Perception of Pitch Direction. *The Journal of the Acoustical Society of America* 120(2):1063 – 1074.

(1. 210097　江苏南京,南京师范大学国际文化教育学院;
2. 230026　安徽合肥,中国科学技术大学科技史与科技考古系;
3. 210097　江苏南京,南京师范大学文学院)

周清海《华语教学语法》(修订本)出版

新加坡语言学者周清海所著《华语教学语法》(修订本)近日由商务印书馆出版。

本书提供系统的华语教学语法知识,重点分析教学中可能遇见的语法、词汇问题,并提示语法教学的方法与教学重点。该书第一版于2003年在新加坡出版,本次修订多有精进。修订本对新加坡华语语法的观察与描写到位,指出了新加坡华语语法与普通话的异同,特别是一些细微的差异。书中对语法现象的举例非常丰富,课后习题也很有特色,除了基础练习之外,更多的是启发式的题目以及联系相关文献进行观点分析的题目,还有大量针对新加坡华语语法现象的专项练习。该版本增加了阅读资料一项,这些阅读资料基本都是语法大家的经典著作或论文。读者阅读这些文献,可以有针对性地拓展思路、延伸学习。

华语是中国的,也是世界的。华语成为国际语言时,使用者和学习者将会不断改变华语的面貌,使华语出现各种变异。这是华语成为国际语言的关键。但华语必须保有共同的核心,也需要接受不同的变体差异。本书比较普通话和华语的语法差异,并讨论怎样对待这种差异以及未来的发展趋势。

本书适合华语区语言政策研究者、语文研究与教学者阅读。

汉语二语学习者自主学习"心理—能力—行为"三维模型的构建和量表制定[*]

徐晓羽[1] 陈舒敏[2]

摘　要：本文构建了汉语二语学习者自主学习"心理—能力—行为"三维模型，并据此设计出一份量表进行问卷调查。研究表明，该量表的信度和效度较高，心理维度与能力维度互相影响，能力维度与行为维度互相影响，而心理维度与行为维度之间不存在直接影响。

关键词：汉语二语学习；自主学习；心理；能力；行为

〇、引言

自20世纪70年代以来，"自主学习"逐渐引起了第二语言教学界的关注。"自主学习"强调以学生为中心，激发学习者的自主性和能动性，让学生学会学习。

近年来，全国范围内高校汉语二语学习者在规模上有了较大的发展。目前，各高校对于这些汉语二语学习者主要以其汉语水平为依据进行分级教学。但是在现实教学环境当中，即使是两个语言水平相近的平行班，用同样的授课方法和教材，在课堂体验和教学成效上仍然有较大的差异，而其中可能的原因之一就是学习者的学习自主性存在较大的差异。因此，在汉语作为第二语言教学的研究不断深入发展的进程中，对二语学习者自主学习相关问题的研究也提上了日程。对二语学习者自主学习的深入研究，有利于促进语言教学的针对性和有效性。目前，"自主学习"的研究已经从理论探讨过渡到实证研究，而如何科学评估汉语二语学习者的自主学习成为亟待解决的问题。

---

[*] 本文受上海市哲学社会科学规划一般课题项目《"心理—能力—行为"三维评估框架下高校留学生汉语自主学习研究》（项目编号：2019BYY008）的资助。感谢《对外汉语研究》匿名审稿专家提出的宝贵意见！

一、文献回顾

1.1 "自主学习"的定义

学界从不同角度对"自主学习"的内涵做了阐述。如 Holec(1981)首次将"自主学习"定义为能够控制自己学习的能力,即在学习过程中能够对自己的学习负责。这一定义是从学习者能力的视角出发,强调学习者在学习过程中能够就制定学习目标、确定学习内容和进度、选择学习方法、监控学习过程、评估学习效果等五个方面对自己的学习负责,即将"自主学习"归为学习者的学习管理能力。也有学者着眼于环境本身,如 Dickinson(1987)就将其描述为能够使学习者对自己的学习策略具有完全的决策权和实施权的环境。Dickinson 强调的不是学习者自身的能力,而是一种有利于学习者充分实现自主的学习环境。还有学者以学习者心理为切入点对"自主学习"进行定义,如 Little(1991)认为自主学习是学习者对批判性反思、脱附、决策、独立行为等相关能力的实践与发展,即 Little 强调的是学习者自身的心理特质。

以上定义都是单一维度的,进入 20 世纪 90 年代中期以后,学者们试图综合不同的维度对"自主学习"做出解释。Littlewood(1996)认为,自主学习的概念实际上包含两个维度:意愿和能力,即自主学习者不仅拥有对自己学习负责的动机和信心,还具备能够独立为自己的学习做出选择知识和执行自己选择的能力。Benson(2001/2005)认为自主性包括三个方面:一是独立学习的行为和技能;二是知道自己学习的内在的心理动能;三是对自己学习内容的控制。Oxford(2003)提出自主学习应该是一种多维概念,由四个维度组成:技术维度、心理维度、社会文化维度和政治批判维度。Tassinari(2010)认为,自主学习能力是由四个要素构成的,即行动导向、认知与元认知、情感与动机和社会互动。同时,她还进一步揭示了自主学习的发展具有复杂而动态的特质,即自主学习的四大构成要素之间是相互影响、彼此关联的。

目前来看,学界逐渐倾向于认为"自主学习"并不是一个单一的能力,而是一个多维的、复杂的概念。学习者的自主性不仅受到环境等的外界影响,还受到学习者心理认知、学习管理能力和策略能力、实际行动等的影响。

1.2 对"自主学习"的测量

当前,学界有关"自主学习"测量的研究不在少数,大体上有两种取向:一种是把自主学习看成一种能力(aptitude);另一种是把自主学习看成一种事件(event)或学习活动(activity)(庞维国,2003)。但是学者们所提出的量表还没有形成共识,其原因正是因为自主学习作为一个多维而复杂的概念,其所涵盖的内容很难被简单定义。国外如Chan et al.(2002)通过建立"认知—能力—行为"三维互动框架对学习者的自主学习进行测量,在认知方面考察学生的动机以及态度;在行为和能力方面考察学生在课堂内和课堂外的决策能力和学习管理能力。Nunan(1997)着眼于学习者对学习内容和学习目标的控制程度,将自主学习的发展程度分为了五个等级:意识、参与、干预、创造以及超越。

国内所采用的测量多沿用国外一些量表,并未详细解释量表的理论依据及其适用性。只有少数几位学者根据国内的教育情况自行设计量表,如Xu(2009)从学习者的学习观念、目标设定、策略使用、过程监控和自我效能五个方面对大学生英语自主学习能力进行测量。胡杰辉(2011)构建了包含主观意志和客观能力两个维度的外语自主学习能力评价模型,并据此编制了一份自主学习能力测量量表。林莉兰(2013)通过建立"心理—能力—行为"三维构念,测量了学习者的动机、学习策略和学习行为三个方面。

以上的研究都集中于英语二语教学领域,而在汉语国际教育领域,对汉语二语学习者自主学习的评估研究尚未得到充分的发展。郝红艳(2015)针对汉语言本科留学生这一特殊群体,提出了自主学习能力的评估原则:创造性原则、开放性原则和多元综合原则,并提出了相应的评估方法,主要包含问卷法、试卷测试法、观察法和档案袋评估等。

二、研究设计

2.1 模型构建

本研究综合前人对自主学习的定义,认为自主学习作为整体概念是一个包含心理、能力和行为三个维度的多维概念,即在心理层面上,学习者具备对自己学习负责的动机、信心和态度;在能力层面上,学习者具备相应的学习管理能力和策略使用能力;行为层面上,学习者能够在实际中表现出自主学习的行为。

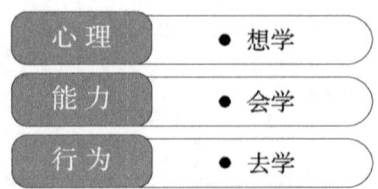

图1 自主学习"三个层面"

因此，要对学习者自主学习进行评估和测量，也必须从这三个维度进行。在此基础上，本研究通过建立"心理—能力—行为"三维模型并据此设计测量量表，对学习者的自主学习进行综合的测量和评估。我们的"自主学习"侧重学习者学习的自主性，认为这是学习者的个人属性，量表得分高，意味着该学生学习自主性高，会较为顺利地开展自主学习活动，自主学习程度高。

在心理维度下，本研究将其细分为学习动机、自我效能感和学习态度。首先，动机是"人们为达到或避免某种经验或目标所做出的选择以及愿意为此付出的努力程度"(Crookes & Schmidt,1991)。简单来说，动机作为一种内在驱动力，决定了个体的选择、行动以及坚持的时间。学习动机与自主学习有着十分密切的关系。从已有的研究来看，学习动机和自主学习的关系主要分为以下三类：学习动机决定学习者的自主学习(Littlewood,1996;华维芬,2009)；自主学习能力决定学习动机(Deci & Ryan,1985;Dickinson,1995)；学习动机和自主学习二者之间呈螺旋式上升，是相互促进、相互影响的关系(Ushioda,1996)。

其次，自我效能感指的是个体对于自身在实现某个特定目标的过程中所需能力的自我判断，即个体的自信心在特定任务中的具体表现(Bandura,1977、1997)。Schmenk(2005)认为自我效能感是学习者自主学习的前提条件。因为只有当学习者意识到自己的能力，并对自身的能力有着积极的判断后他们才会主动承担起学习责任，并有意识地控制自己的学习过程。通过影响学习者的目标设置、自我监控与评价以及学习策略的使用过程，自我效能感也会影响学习者的自主学习能力(Zimmerman,2000)。李斑斑、徐锦芬(2014)和李代鹏、常大群(2017)的研究分别证明了自我效能感是影响学习者自主学习能力的重要因素。

最后，学习态度指的是"学习者对自己在学习中应承担责任的认识，以及对自己学习能力的评价"(徐锦芬,2007)，属于元认知知识的一部分。Wenden(1991)认为以下两种态度最为重要：学习者对于在学习过程中角色定位的态度以及对自己的能力的态度。所谓角色定位，指的是学习者对于在学习过程中教师和学生所应承担的责任有明确的认识——谁才是学习真正的主人，而这正是自主学习的根本定义，即学习者成为学习内容和学习过程的决策者和责任承担者。

在能力维度下，本研究将其细分为学习管理能力和学习策略使用能力。首先，学习管理能力的测量来源于 Holec(1981)对自主学习的最初定义：学习者对整个学习过程的控制，具体包括确定学习目标、决定学习内容、选择学习方法、监控学习进程与评估学习效果等。

而关于学习策略的定义，Cohen(1998)认为学习策略是指学习者在学习过程中有意识地选择有利于其学习发展的行为。学习策略是自主学习的重要组成部分。大量研究表明,学习策略与自主学习能力呈显著正相关关系(吴喜艳、张庆宗,2009;倪清泉,2010;谭霞、张正厚,2015)。也就是说,学习策略能够有效地提高学生的自主学习能力。

Benson(2001/2005)认为,学习者在自然环境下表现出来的掌控自己学习的行为,这才能真正作为学习者自主学习的证据。陈钰(2020)通过设置课后自主学习任务发现,"自主性"有利于培养学生的汉语水平的发展。因此,本研究将行为维度纳入自主学习的量表当中,并将其细分为课内的自主学习行为和课外的自主学习行为。

综上,本研究提出"心理—能力—行为"三维模型,从心理、能力和行为三个维度对学习者的自主学习进行测量,并进一步提出假设:三个维度之间互相影响,构成了双向作用的环形,即心理层面的准备能促进自主学习能力的发展,能力的提升也能增强心理层面的意愿和信心;能力的培养将促成自主学习行为的积极产生,自主学习行为也将增进能力的发展;心理层面的准备能推动自主学习行为的发生,自主学习行为也能增强心理层面上的各个方面。可以用下图表示:

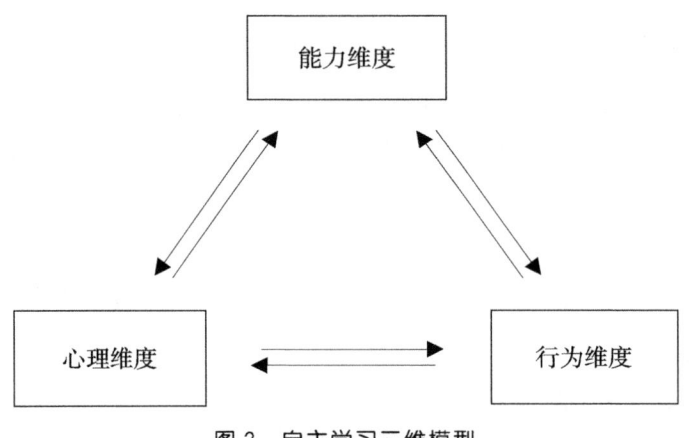

图2 自主学习三维模型

2.2 量表编写说明

在心理维度方面。首先,本研究基于 Gardner & Lambert(1972)提出的融合型动机和工具型动机以及 Deci & Ryan(1985)提出的内在动机和外在动机,从动机类型、动机强度和动机驱动三个层面对学习者的动机进行测量。其次,本研究参考了学界较为成熟的自我效能感测量表:The Morgan-Jinks Student Efficacy Scale (MJSES),将该维度纳入自主学习量表中,测量学习者对自身达成目标、解决问题能力的态度和信心。最后,根据前文对学习态度的定义,本研究围绕设定学习目标、制定学习计划、决定学习内容、选择学习材料、监督学习效果等方面测试学习者是否具备"主人翁"意识。

在能力维度方面。首先,学习管理能力的测量来源于 Holec(1981)对自主学习的最初定义:学习者对整个学习过程的控制。而学习者对学习过程控制的具体内容与学习态度部分重叠,为了区分"态度"和"能力",本研究在表述上做了区分:在测量学习态度的时候,表述为"我认为……",而在测量学习管理能力的时候,则表述为"我能够……"。其次,在学习策略使用能力的测量部分,本研究根据 O'Malley & Chamot(1990)的学习策略量表,将学习策略细分为认知策略、元认知策略、情感策略和社会文化互动策略,并结合汉语学习的真实情况,设计了题项以测试学习者的策略使用能力。

在行为维度方面,本研究将其分为课内自主学习行为和课外自主学习行为。课内的自主学习行为主要指学习者对于课内学习过程的控制,如课前预习、课后复习、课上主动做笔记等;课外的自主学习行为主要指学习者对于课外学习资源的利用情况,如是否通过参加与中文相关的比赛或活动以扩大与汉语及中国文化的接触面、是否会用汉语在社交媒体记录、是否有意识地使用汉语进行日常交流等。

综上,本研究设计了自主学习"心理—能力—行为"三维评估量表,共计 50 个题项。其中,心理维度共计 18 个题项,包括学习动机、自我效能感和学习态度;能力维度共计 20 个题项,包括学习管理能力和策略使用能力;行为维度共计 12 个题项,包括课内的学习行为和课外的学习行为。问卷框架详见下图:

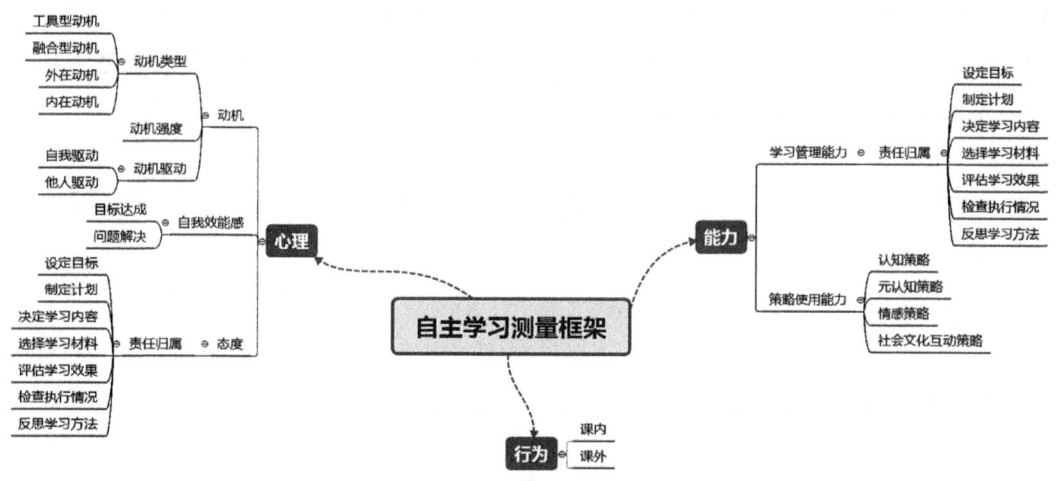

图 3 自主学习评估量表框架

由于本研究的研究对象是来华高校汉语二语学习者,所以在问卷设计中,本研究提供英汉双语版本,经校对后形成初始问卷。通过与两位汉语教师讨论,对其中几个题项进行了修改,再次确定了问卷的三个维度、七个方面的主要内容。最后,经过两次试测,对问卷中的用词以及其他易造成歧义的语句进行修改,最终形成定稿。

问卷采用的是李克特五度测量表,1—5分别表示"完全不符合我的情况""通常不符合我的情况""有时符合我的情况""通常符合我的情况"以及"完全符合我的情况"。问卷主体分为七大部分,总共50题。同时,本问卷的基本信息还包含学习者的性别、年龄、国籍、班级、学习汉语的时间以及掌握的外语数量等,以便后续研究。问卷的题项分布详见下表:

表1 自主学习三维评估量表题项数量分布

心理维度			能力维度		行为维度		基本信息	总计
动机	自我效能感	学习态度	学习管理能力	策略使用能力	课内	课外		
6	4	8	8	12	6	6	10	60

2.3 问卷测试

本研究的研究对象为复旦大学国际文化交流学院的汉语语言生,共涉及五个学段共计11个班级。其中,A、B两段代表初级水平,E段代表中级水平,H、I两段代表高级水平。最终收集的问卷为145份,去除掉无效答卷后,共收集有效问卷112份。

在112名研究对象中,共有男性46人,女性66人,分别占比41.1%和58.9%。从国别分布来看,本阶段的研究对象来自29个不同的国家,分布十分广泛,其中来自日本、韩国、英国、美国和俄罗斯的人数较多,分别占比25%、10%、8%、7%和7%。从年龄分布来看,研究对象的年龄跨度很大,从18岁到61岁,但总体而言,绝大部分学习者的年龄为21—25岁。最后,本研究还对学习者的语言背景进行了调查,其中绝大部分学习者都掌握了两种以上的外语,属于多语者,拥有较丰富的语言学习经验。

三、研究结果和分析

3.1 量表的信度和效度

我们首先验证量表的信度和效度。如表2所示:

表2 自主学习三维评估量表信度分析

	总量表	心理	能力	行为
Cronbach's α	0.935	0.776	0.925	0.834

我们将收集到的数据进行内在一致性(Cronbach's Alpha)信度检验。经测量,本量表的Cronbach's α值为0.935,大于0.9,心理、能力和行为三维的Cronbach's α值均大于0.7,因而说明研究数据信度质量很高。针对"项已删除的α系数",分析项被删除后的信度系数值并没有明显的提升,因而说明题项全部均应保留,进一步说明研究数

据信度水平高。针对"CITC 值",分析项对应的 CITC 值均高于-0.1,因而说明分析项之间具有良好的相关关系,同时也说明信度水平良好。

在进行因子分析前,要求观测变量呈线性关系,因此首先要进行线性检验,检验问卷的结构效度。对 50 个题项进行探索性因子分析,KMO 球形检验和 Bartlett 球形检验结果如下:

表 3　自主学习三维评估量表效度分析

KMO 和 Bartlett 的检验		
取样足够度的 Kaiser-Meyer-Olkin 度量		0.805
Bartlett 的球形度检验	近似卡方	3 259.678
	df	1 176
	Sig.	0.000

可知 KMO=0.805(>0.700),Bartlett 的球形度检验 $P=0.000$,说明量表项目适合进行因子分析,数据有良好的线性关系,效度很高。

3.2　三个维度的关系

本研究假设:心理、能力和行为三个维度之间是两两双向影响的。我们对数据进行线性回归分析,用以验证该假设。

表 4　心理和能力维度与行为维度的线性回归分析

自变量	因变量	非标准化系数		标准系数	t	Sig.	共线性统计量	
		B	标准误差	Beta			容差	VIF
心理维度	行为维度	-0.065	0.107	-0.062	-0.610	0.543	0.504	1.985
能力维度		0.470	0.068	0.699	6.864	0.000	0.504	1.985

可知心理维度对行为维度没有显著影响(B=-0.065,P=0.543>0.05),能力维度对行为维度有显著正向影响(B=0.470,P=0.000)。

表 5　行为和心理维度与能力维度的线性回归分析

自变量	因变量	非标准化系数		标准系数	t	Sig.	共线性统计量	
		B	标准误差	Beta			容差	VIF
行为维度	能力维度	0.642	0.094	0.432	6.864	0.000	0.815	1.227
心理维度		0.809	0.098	0.519	8.242	0.000	0.815	1.227

可知行为维度对能力维度有显著正向影响(B=0.642,P=0.000),心理维度对能力维度有显著正向影响(B=0.809,P=0.000)。

表 6　能力和行为维度与心理维度的线性回归分析

自变量	因变量	非标准化系数		标准系数	t	Sig.	共线性统计量	
		B	标准误差	Beta			容差	VIF
能力维度	心理维度	0.475	0.058	0.740	8.242	0.000	0.571	1.751
行为维度		-0.052	0.086	-0.055	-0.610	0.543	0.571	1.751

可知能力维度对心理维度有显著正向影响（B=0.475,P=0.000），行为维度对心理维度没有显著正向影响（B=−0.052,P=0.543＞0.05）。

综合以上数据，我们可知，心理维度与能力维度互相具有显著的正向影响，能力维度与行为维度互相具有显著的正向影响，而心理维度与行为维度之间互相不具有显著的正向影响关系。三个维度之间的关系如下图：

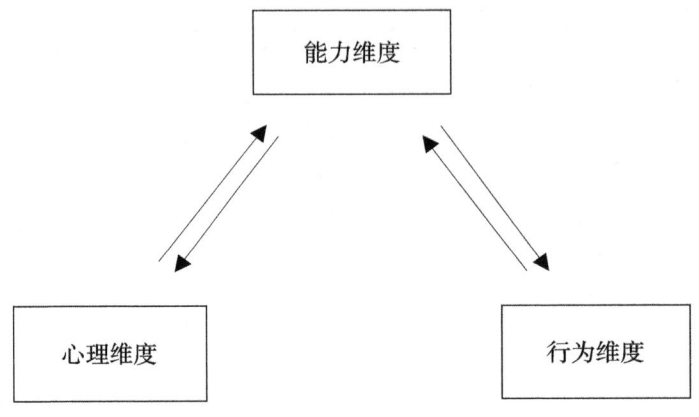

图 4　自主学习三维模型

由此我们需要调整最初的假设，心理维度与能力维度之间是双向正向影响的关系，能力维度与行为维度之间也是双向正向影响的关系，而心理维度与行为维度之间没有互相产生直接影响。即学习者的心理会促进能力的发展，而能力提升的结果也会反过来对心理产生积极作用，二者互相促进。学习者的能力会体现在行为上，而经年累月的行为也会利于能力的发展，二者同样互相促进。但仅仅是心理层面的因素并不会对学习者的行为产生直接影响，行为也不会直接促进心理层面的提升，这二者之间需要能力维度作为纽带。也就是说，该模型体现了两条作用链：第一条作用链为心理层面的准备能促进自主学习能力的提高，而能力的发展最终将促成自主学习行为；第二条作用链与第一条是反向的，即实际学习中的自主学习行为能促进能力的发展，而能力的提升也会坚定学习者心理层面的意志、增强学习者的自信。

四、结论及启示

从已有研究可知"自主学习"是一个复杂的、多维的概念，对它的测量也应该遵循多元综合的原则。本研究认为"自主学习"是个整体概念，可以从心理、能力和行为三个维度进行考察，并据此建立"心理—能力—行为"三维模型。我们还根据模型制定了自主学习量表，并通过问卷调查法对汉语二语学习者的自主学习进行评估和测量。该量表侧重于评测汉语二语学习者的学习自主性,反映的是学习者的自主学习程度,属于学习者的个人属性。

在建立"心理—能力—行为"三维模型时,我们假设此三个维度是两两双向影响的。但经过统计分析,修订了最初的假设。我们发现心理维度与能力维度是双向正向影响的关系,能力维度与行为维度是双向正向影响的关系,而心理维度与行为维度没有直接的影响关系,需要借助能力维度作为中介。

此研究结果对实际教学有一定的启发。随着现代教学理念的推广和普及,目前国际中文教育学界开始重视以"学生为中心"的理念来改革教学,也意识到学生自主学习的重要性。有识之士纷纷开始进行培养学生自主学习能力的探索。本研究给出了三个可能的思路:其一,可以针对学习者的学习动机、自我效能感和学习态度进行干预和教育;其二,要指导学习者不断尝试并找到适合自己的学习管理技巧和汉语学习策略;其三,在课内和课外营造适宜的环境,给予必要的自主学习条件,鼓励和督促学生自主学习。只有当学习者的"软件"和"硬件"配套齐全后,才能真正将学习者的学习自主性发挥到最佳,心理上有动力,能力上有准备,行为上有实践,从而提高其汉语水平。

参考文献

陈　钰(2020)学习自主性对学习者第二语言水平发展的影响——一项以初级水平汉语学习者为例的教学行动研究,《国际汉语教学研究》第 4 期。
郝红艳(2015)汉语言本科留学生自主学习能力的评估,《高教发展与评估》第 3 期。
胡杰辉(2011)外语自主学习能力评价——基于二维模型的量表设计,《外语界》第 4 期。
华维芬(2009)试论外语学习动机与学习者自主,《外语研究》第 1 期。
李斑斑、徐锦芬(2014)成就目标定向对英语自主学习能力的影响及自我效能感的中介作用,《中国外语》第 3 期。
李代鹏、常大群(2017)汉语环境下留学生自主学习能力探索,《教学研究》第 6 期。
林莉兰(2013)基于三维构念的大学生英语自主学习能力量表编制与检验,《外语界》第 4 期。
倪清泉(2010)大学英语学习动机、学习策略与自主学习能力的相关性实证研究,《外语界》第 3 期。
庞维国(2003)自主学习的测评方法,《心理科学》第 5 期。
谭　霞、张正厚(2015)英语学习策略、自主学习能力及学习成绩关系的分析,《外语教学理论与实践》第 1 期。
吴喜艳、张庆宗(2009)英语专业学生自我效能、学习策略、自主学习能力与学业成就的关系研究,《外语教学》第 3 期。
徐锦芬(2007)《大学外语自主学习理论与实践》,中国社会科学出版社。
Bandura, A. (1977) Self-efficacy: Toward a Unifying Theory of Behavioral Change. *Psychological Review* 84(2): 191 – 215.
Bandura, A. (1997) *Self-efficacy: The Exercise of Control*. New York: W. H. Freeman Company.
Benson, P. (2001/2005) *Teaching and Researching Autonomy in Language Learning*. Beijing: Foreign

Language Teaching and Research Press.

Chan, V., Spratt, M., Humphreys, G. (2002) Autonomous Language Learning: Hong Kong Tertiary Students' Attitudes and Behaviours. *Evaluation & Research in Education* 16(1): 1-18.

Cohen, A. D. (1998) *Strategies in Learning and Using a Second Language*. London: Longman.

Crookes, G. & Schmidt, R. W. (1991) Motivation: Reopening the Research Agenda. *Language Learning* 41(4): 469-512.

Deci, E. L. & Ryan, R. M. (1985) *Intrinsic Motivation and Self-Determination in Human Behavior*. New York: Plenum Press.

Dickinson, L. (1987) *Self-Instruction in Language Learning*. Cambridge: Cambridge University Press.

Dickinson, L. (1995) Autonomy and Motivation: A Literature Review. *System* 23(2): 165-174.

Gardner, R. & Lambert, W. (1972) *Attitudes and Motivation in Second Language Learning*. Rowley: Newbury House Publishers.

Holec, H. (1981) *Autonomy in Foreign Language Learning*. Oxford: Pergamon.

Little, D. (1991) *Learner Autonomy 1: Definitions, Issues and Problems*. Dublin: Authentik.

Littlewood, W. (1996) "Autonomy": An Anatomy and a Framework. *System* 24(4): 427-435.

Nunan, D. (1997) Designing and Adapting Materials to Encourage Learner Autonomy. In Benson, P. & Voller, P. (eds.). *Autonomy and Independence in Language Learning*. London: Longman.

O'Malley, J. M. & Chamot, A. U. (1990) Learning Strategies in Second Language Acquisition. Cambridge: Cambridge University Press.

Oxford, R. L. (2003) Toward a More Systematic Model of L2 learner Autonomy. In David, P. & Richard, C. S. (eds.). *Learner Autonomy across Cultures: Language Education Perspectives*. New York: Palgrave Macmillan.

Schmenk, B. (2005) Globalizing Learner Autonomy. *TESOL Quarterly* 39(1): 107-118.

Tassinari, M. G. (2010) *Autonomes Fremdsprachenlernen: Komponenten, Kompetenzen, Strategien*. Frankfurt am Main: Peter Lang.

Ushioda, E. (1996) Developing a Dynamic Concept of L2 Motivation. In Hickey, T. & Williams, J. (eds.) *Language, Education and Society in a Changing World*. Philadelphia: Multilingual Matters.

Wenden, A. (1991) *Learner Strategies for Learner Autonomy: Planning and Implementing Learner Training for Language Learners*. Great Britain: Prentice Hall.

Xu, J. P. (2009) A Survey Study of Autonomous Learning by Chinese Non-English Major Post-graduates. *English Language Teaching* 2(4): 25-32.

Zimmerman, B. J. (2000) Self-Efficacy: An Essential Motive to Learn. *Contemporary Educational Psychology* 25(1): 82-91.

(1.200433 上海,复旦大学国际文化交流学院;
2.518172 广东深圳,深圳中学龙岗初级中学)

近代汉语"想"的话题标记功能研究*

张新华

摘 要:"想"的话题标记功能由"想象"义动词演化而来,形成于元代。"主语+想"本是带"NP+VP"形式的小句宾语,但由于主句主语指话主本人,常省略,且"想+NP"韵律上紧密连接,加之语义上"想"确有对宾语小句的主语(宾句主语)特别关注的功能,这就导致宾句主语话题化,而"想"话题标记化。语境上,"想"所引话题句可分为内嵌句和主句两种,"想"的虚化程度在后者中要更高一些。"想"还可只引出一个语力简单的主谓小句,这时"想"就成为加于主语身上的主语标记。

关键词:"想";话题标记;主语标记;内嵌句;主句

一、"想"的话题标记功能简述

1.1 "想"用为话题标记的动因

"想"早期是动词,指想象,即在意识中构造出事物的形象;带名词或小句宾语。

(1)犹如内想大火,久之觉热。(战国《关尹子》)

(2)慎勿视女色……想其老者如母……(东汉《佛说四十二章经》)

"想"指在意识中构造出"大火""老者如母"的形象。

"想"演化为话题标记,经历了形式在前、语义在后的过程。早期,"想"后常紧贴一些语词,再停顿,紧接着出现一个陈述,即出现"想 X,VP"的语符列。唐诗中此种语式大量出现,高度程式化,后世多有模仿。这对"想"读为话题标记自然会起到触发作用:

(3)想子临长路,时当淮海秋。(唐《寄别李儋》)

上述"想"还不是话题标记,也不构成一种句式现象,因为"想"后的 X 只是韵律的

---

* 本文得到国家社科项目"汉语叙实谓词的构式与语篇接口研究"(项目编号:14BYY124)的资助。感谢《对外汉语研究》编辑部和匿审专家的宝贵意见。

单位,对语法形式并无选择。但该韵律框架无疑为话题结构做了形式上的准备:当越来越多 NP 进入 X 位置时,"想"就逐渐演变为话题标记。

除"想"外,还出现"想着、想得"两个变体,功能一致:

(4) 想得当今贤士,再无有过如赵礼、赵孝的。(元《赵礼让肥》)
(5) 想着初降唐时呵,端的扫荡了些征尘。(元《不伏老》)

"想"发展为话题标记在表达上有实在的根据,即对宾句主语的关注。这种句子的原初结构是:"(主语+)想+主谓小句","(主语+)想"构成主句,其主语常是话主本人且省略,后面的主谓小句整体充当"想"的宾语。后来,由于对宾句主语 NP 所指事物有特别的关注,就把它单独提取出来(即话题化),剩下的 VP 则作为另外一个相对独立的表述单位。这样,"想+NP"就构成一个形式单位,随着"想"的实义内涵被磨损,原来居于宾句之上的主句就被去除,"想"自身则话题标记化。话题的关键特征即对事物加以"关注"(pay/call attention to),在实际言谈中,"关注"是通过具体认知行为完成的。"想"就起这种关注功能:

(6)a.想古今立勋业。(末界)舜有五人,汉有三杰。(元《单刀会》)
　　b.想古今立勋业,那里也舜五人、汉三杰?(同上)

例(6)a"想……业"后用句号,即单独构成一个小句,表示在意识中把"古今立勋业"的情况想出来;"想……业"与"舜……杰"是语篇层面的关联,不处于一个单句之内;例(6)b"想……业"后用逗号,自身不构成一个独立表述单位,而是先通过"想"的意识活动对"古今立勋业"形成关注,即设置为话题,"那……杰"指对该事物加以陈述。

下面两个不完备的话语形式提示,在当时的母语者在认知心理上,确实是把"想"理解为话题标记:

(7) 想你这病儿,想你这病儿,有方难疗。(明《霞笺记》)
(8) (老旦)想这段姻亲……(贴)这是一段好姻缘。(清《缀白裘》)

例(7)"想你这病儿"重复两次,表明话主是用"想"对"你这病儿"形成关注,然后引出"有方难疗"。例(8)显示:贴知道老旦是要用"想这段姻亲"引出话题,但老旦还在考虑要说些什么的时候,贴就抢过话头,直接下了断语。

由实义动词演化为话题标记,"想"的句法管界发生了质的改变。作为动词,"想"的管界是整个宾语小句,宾句主语自身并不是"想"的作用对象;作为话题标记,"想"的管界及作用对象就只是宾句主语自身,后面的陈述部分则是另外引出的内容。"想"所连 NP 后的停顿、语气词,对这种管界的改变具有显著的促成作用。管界的改变自然会导致原句结构关系的重新分析,在此过程中,"想"的功能内涵就逐渐发生转移。

"想"对宾句主语加以话题化提取的功能,在充当宾句主语的名词自身的指称特征上能得到验证。"想"本指想象到某具有时空距离的事物的形象或存在情形,该事件结构对"想"之话题标记的功能演化有正反两方面的作用。正面作用是:所想象的事物内在是已知性的(旧信息),这与话题相契合,因为如果连事物本身还不能确定,就谈不上对其存在情形加以联想。"想"所引宾句主语有类指、定指两种情况:例(1)"大火"是类指,虽然该名词单独充当"想"的宾语,实际蕴涵某种谓词,即"燃烧";例(3)"子"是定指,这种情况更常见,表示对远处或以前某熟知人物活动情况的联想。要注意:时空距离大并不意味着所指事物的可及度(accessibility)就低。人们常会思念远方的亲友,该亲友恰恰是高可及度的。在"想"所指联想的事件结构中,对所指事物的确定是一个单独的认知行为——这一点正是话题性之所在,该事物的活动情况则往往远离当下时空域。

"想"的事件结构对其演化为话题标记的负面作用是:由于表示对某具有时空距离的事物存在情形的联想,就使"想"自身的实义内涵非常显著。实际上,"想"之虚化过程的一个重要方面就是对该联想义加以抑制、去除。

1.2 "想"用为话题标记的形式特征

"想"用为话题标记的形式特征有三个方面:一是 NP 后加语气词,这就把"想"的覆盖范围限制在 NP 身上,阻止其进一步控制后面的 VP;二是 NP 前加另一个话题标记"夫";三是"想 + NP"后面的 VP 加主语"他",回指前面作为 NP,这是话题句的典型模式。

(9)想我这孩儿呀,(唱)也曾有三年乳十月胎……须不是半路里拾的婴孩。(元《看钱奴》)

(10)想夫先贤迅效,无出于针。(明《针灸大成》)

(11)想我师兄马梦太,他在军营之内南征北战。(清《升平后传》)

例(9)括号内"唱"的提示明确显示:后面的几个 VP 与前面的话题在语气、表述上形成显著的分化。这样,"想"就不容易向后控制这些 VP,功能范围限于"我这孩儿"这个话题。

其次,"想"字句作为话题句的典型性还体现在:句子常出现多个话题,即形成多层套叠的话题结构。两重话题的例子如:

(12)想咱这世间人,有钱的却无子,有子的却无钱。(元《刘弘嫁婢》)

三重话题的例子如:

(13)想娘娘那一天愁都撮在琵琶上。(元《汉宫秋》)

语义上,话题套叠对"想"的虚化也有促进作用,原理与前述提顿词相同:套叠对"想"指向谓语有隔断作用,而迫使其功能域限于话题自身。这就使"想"以整个主谓小句为宾语的语法功能难以实现,从而虚化。

最后,"想"的话题标记功能还体现在:可通过把VP包装为NP的形式,而设置为话题。有两种形式,其一是在VP身上添加体词性语词,包括前加指示代词定语,或后加名词中心语:

(14)想咱这人贫人富,原来这天公暗里自乘除。(元《混江龙》)

(15)(平云)想父亲私出许昌一事,您孩儿不知,父亲慢慢说一遍。(元《单刀会》)

(16)想他两贯钞强买俺孩儿时节,还要与俺算饭钱哩。(元《看钱奴》)

例(16)"时节"提取其前VP的时间义,并有演化为话题标记的倾向。

其二是直接把VP用为名词,即零形式的名词化;VP后可加"这件/种事"的中心语:

(17)想贤士来到此下邳,数年余矣。(元《圯桥进履》)

(18)想俺这秀才每至一官半职,非同容易也呵。(元《金钱记》)

前句话题表述个别事件,可用"这件事"回指;后句话题表述类事件,可用"这种事"回指。

概括来看,"想"作为话题标记在形态、语义上的表现是:一是"想+NP"连为一个紧密的韵律单元;二是"想+NP"的整体后常停顿,或加提顿词,或NP前带话题标记;三是"想"自身不能带时间、方式、情态等状语,如"暗想、遥想、窃想、每想"等中的"想"实义性明显很强;四是去掉"想"不影响句子真值。下面句子的"想"不是话题标记,就不能去掉:

(19)绣幌闲眼晓……枕上无情,斜风横雨,落花多少。想灞桥、春色老于人,恁江南梦杳。(宋《连理枝》)

就所在句子本身看,"想"可读为话题标记;但前文"绣幌闲眼晓……枕上无情"等明确提示了作者的心理活动,由此可知,"想"句也是实实在在地表述作者对灞桥情况的想象、猜测。

胡丽珍、卓子姣(2015)将"想"的话题标记功能概括为语篇组织和信息突显两方面。前者包括"引入、深化、转换"三种关系;后者体现在:所引话题以第一人称代词为常见,谓语有已然、惯常的特征。该文认为"想"的话题标记功能由语气副词演化而来。上述观点似可商榷:第一,"想"所引话题对人称并无限制,"引入、深化、转换"的语篇关系也失之含糊;第二,谓语已然、惯常的概括有合理之处,但也并不准确;第三,来源上,"想"的话题标记功能也并非来自语气副词,而是主句动词。

关于"想"的话题标记功能,以下问题尚需探讨:该功能的具体演化步骤有哪些?制约其演化的语义/语用动因是什么?"想"的虚化是怎么发生的?本文拟予回答。方法论上,本文主要着眼"想"作为话题标记的功能实质,不严格追溯其演化的具体时间节点。

语义上,话题标记"想"的虚化并不彻底,而其虚实程度也表现为一个很大的空间。其语义实虚与所在句子(下称"想"句)的语篇地位有对应关系:语义较实时,"想"句有语篇依赖性,即表现为从属性、内嵌性,难以单独使用,而指向外部的其他句子;语义较虚时,"想"句就作为主句,可以单独使用。另外,"想"的虚化程度与所处句子的复杂度也存在对应关系:虚化程度低时,"想"往往引出话题链结构,单独一个主谓小句难以成立;虚化程度提高,则"想"所构成的一个简单主谓小句即可单独成立。即,随着虚化程度提高,"想"的功能内涵发生了从语篇层面向小句层面的挤压的过程。

二、"想"句居于内嵌地位

2.1 "想"句居于内嵌地位的语义根据

这种根据的核心是:"想"不指对一个事件的直接意识活动,而是提示与其他情景有所关联。有两种情况:其一,主体由于了解到当前的存在情况,而刺激他联想到已知事物的相关情况;前者构成伴随句,次序上居前;后者编码为"想"句,居后,如例(20)。其二,主体由于注意到某种情况,而推想其所导致的某种结果;前者编码为"想"句,次序居前,后者构成伴随句,居后,如例(21)。其共同点是,"想"句和伴随句之间总是存在对比或因果关系,语法上构成复句。实际语篇中,"想"句和伴随句都常包含多个小句,书面上,它们之间应该用分号。

(20)世间万事,总是一场春梦;想我为人在世,此心足矣。(元《九世同居》)

(21)想着俺两口儿,眼睛一对,臂膊一双,则看着你哩;你若投军去了,俺两口儿偌大年纪,倘若有些好歹,可着谁人侍养也?(元《荣归故里》)

第一人称、近指短语进入"想"后话题位置,对"想"的虚化有促进作用,因为话主对这种事物非常熟悉,这样,"想"所指想象的实义内涵就被削弱。胡丽珍、卓子姣(2015)认为"想"所引话题以第一人称代词为常,并不准确,但从演化机制看,第一人称、近指短语在本质上具有强话题性,因此对"想"之话题标记功能的形成,也会构成一股类推力量。

所处小句的事件情状特征不同,对"想"之语义内涵的分化具有实质影响:"想"所指意识活动并不是凭空进行的,而总是以具体内容为载体,即"想什么"决定了"怎么想"。情状类型上,内嵌式"想"句所述事件有两种:个别、类指。下面分别考察。

2.2 引出个别事件(instances/episodes)

这直接体现了"想"的"想象"义:在意识中把一种具象性的情形,清清楚楚地映现出来。这是思维活动最直接的形式,也显示"想"的虚化程度还较低。不过,个别事件内部也还存在着程度差异。

个别事件与类事件(generic)分别的关键是[＋时间性]。类事件的语义特征是[－时间性]。非时不具备时间的内涵,不等于泛时或恒久,即完全超离现实时空域,而泛时或恒久仍多少带有时间的内涵。如"忠臣义士难处世"指类事件,根本不指具体哪个忠臣义士在什么时候处世,而是一般性地指该类人物的抽象行为特征。个别事件总是占据特定的时间位置,该时间位置的准确性则可存在很大差异:时间准确性越强,则个别事件的典型性越强。如"王飞正在刮胡子"占据准确的时间位置,指典型个别事件。"王飞很聪明"的时间位置很模糊,所指个别事件就很不典型。"王飞很聪明"可说是泛时性、恒久性的,但并不指类事件。泛时的基本性质仍是[＋时间性],可以说"王飞一直很聪明"。"一直"的时间长度可以千万年,如"自古以来,中国人一直勤劳",该句同样表示个别事件,并非类事件。

引出个别事件时,"想"句与伴随句的语义关系概括为:由一种现实情况,联想到与之相关的另一种情况。从出现频率看,这种"想"句的谓词多采取过去时或现在时,尤以前者为多——这从"想当初"的词汇化也可显示;而鲜见将来时或虚拟态。这样看来,"想"句具有叙实性(factivity)的特征,不过典型性并不强[①]。整个语篇对伴随句在现实性上则并无限制。所在小句指动态、具象、现实态的事件,这体现了"想"的早期用法。

次序上,这种"想"句一般在前,伴随句则居后。语篇地位上,"想"句指背景信息,伴随句则指前景信息。强背景性显示了强依赖性,也体现了"想"的虚化程度还不高。需注意,内嵌句与背景句是两个不同的概念。前者指小句具有语境依赖性,自身站不住,但该句仍可指前景信息,如例(20)的"想我为人在世,此心足矣"有内嵌性,但所指内容却作为语篇前景信息;后者则一定不指前景信息,但整个句子所述内容却可很复杂,能单独站住。

从逻辑关系看,"想"句与伴随句间有顺接、逆接两种情况。前者如:

(22)<u>想</u>汉家宫中,无边宫女;就与俺一个,打甚不紧?(元《汉宫秋》)

(23)众位天王大人,<u>想</u>当初有秦武王举鼎;今天我将这狮子举起来,以为天王大人助兴如何?(清《彭公案》)

[①] 关于叙实句的典型性参看张新华(2020)。

例(22)整个语篇主要关注的是当前的意愿行为"与俺一个","想"句的功能是解释形成该意愿的根据。例(23)的话题是"当初","有秦武王举鼎"指那时存在的情况,由此引出"今天""我"的作为。该语篇的主线是"我、众位天王大人"的当前情况,"当初……"援引同类情况,不具有语篇连续性。情状特征上,"秦武王举鼎"动态性、时间性很强,指典型个别现实事件;"有这座靠山、无边宫女"的动态性和时间性弱,指不典型的个别事件,但基本性质仍是现实态。

"想"句与伴随句之间是逆接关系,如:

(24)<u>想</u>当初你父千辛万苦创造的莲花峪;你子承父业,不能率众……(清《三侠剑》)

(25)<u>想</u>我虽在营中当兵效用;到底不称我心,不展我才。(清《狄青演义》)

例(24)整个语篇主要关注"你"当前的"子承父业"等作为,"想"句所述"你父千辛万苦创造的莲花峪"指由此联想到的情况,双方形成反差,以此提示对"你"的负面评价,即不应如此;语篇后来还是继续陈述"你"的情况,而不是"想"所引出的"你父"。例(25)整个句子表面上是由同一话题统领三个 VP 作为评述的话题链结构,但这三个 VP 的信息地位却并不平等:分号后的两个 VP 指前景信息,"想"所在小句本身指背景信息。这显示"想"的语义也指向后面的 VP,即"想"作为话题标记的功能还不纯粹。

"想"句居后而伴随句居前的用例很少,这种句子总是带有追加解释的意味:

(26)将杀身秦桧贼臣不须论,<u>想</u>他诳上欺君,苦虐黎民。(元《东窗事犯》)

(27)我今番索兴成全了你们两个,<u>想</u>你二人现在的爱情很好。(民初《歇浦潮》)

例(26)主要陈述的内容是对杀秦桧的态度,"想"句的功能是指出这种态度的根据。

2.3 引出类事件

事物和事件都有类和个别的分别。语义上,类事件即日常所谓的"规律"(law)、"理论"(theory)。"想"常引出类事件,主语是类名。这种"想"句的功能是对伴随句所述事件加以理论指导,语义上表现为认定、评价。具体语义关系是:把伴随句的主语和谓语分别与类事件句的主语和谓语进行对照,前者应该符合后者,否则就视之为不合理。从信息结构看,这种对照往往造成焦点信息的凸显,即:一般情况是这样("想"句),而当前关注的情况(伴随句)正是或不是这样(即[±符合])。类事件句的主语天然具有强话题性(Lee,2011),话题性也就意味着对谓语部分的出位性(dislocated),所以"想"用于类事件句时,总是表现为对话题事物加以单独的关注。

顺序上,"想"句与伴随句的位置关系有在前、在后两种。前者是先用"想"指出一般事理,随后的伴随句则指当前个体应如何作为,即用一般事理指导个体的当前行为。如:

(28) 想贤也波愚,不并居;我干受了漏星堂半世活地狱。(元《荐福碑》)

(29) 想十七宝者,大半范金为之;而此六玺乃玉制耶?(明《万历野获编》)

例(28)指话主通过联想到贤愚不并居的一般事理,认为自己当前的状态"干受……活地狱",是可以理解的,即符合该事理。例(29)指当前关注的情形(伴随句)与"想"句指所述规律不符合,暗示难以接受的情态内涵。

在后的"想"句具有结论的性质,即把当前事件归结为某种一般事理。这种归结往往带有很强的主观评价的语义要素:把具体事物概括为什么类,以及把当前行为概括为什么类事件,都带有主观性。

(30) 今日下着这等一天风雪,瘦骞颠仆……;想忠臣义士,好难处世也呵。(元《贬黄州》)

(31) 大丈夫岂为铺啜而已,大刚来则是赴一信字;(唱)想为人怎敢言而无信。(元《范张鸡黍》)

例(30)是把话主本人归结为"忠臣义士",行为上把当前处境归结为类事件"好难处世"。通过这种操作,就把伴随句所述当前个体的具体行为与一般规律关联起来,在语义上就起到了对伴随句加以判断、评价的作用。比之主谓小句,伴随句相当于主语,"想"句相当于谓语。如例(30)可改写为:我今天的事儿正所谓忠臣义士难处世。

无论"想"引出类事件还是个别事件,下面两点具有很大的共同性:语义上,"想"字句与伴随句间存在对比关系,并且,该对比关系常与情态范畴(包括动力、道义)相通。在个别事件句中体现为动力或道义情态:事物既然具备"想"句所述属性,则前景句的行为就[±容易]实现,如例(22);或既然有背景句的情况,则[±应该]有前景句的行为,如例(24)。在类事件句中一般体现为道义情态:前景句的行为[±符合]"想"句的事理、价值,价值的核心要素是[±应该],如例(28)—例(31)。

2.4 "想"句由内嵌地位向主句地位的过渡

实际语篇中,指背景信息的"想"句往往带多个 VP,信息传达价值很大,并且这种"想"句还可连续出现。在这种语境中,"想"句自身的独立性就很显著,很大程度上撇开了对伴随句的关联,即不再关注外部事件的刺激作用。相应地,"想"也就不再强调对本句语义内容的联想、思索,这样,"想"的实义内涵就会削弱,虚化程度得以提高。

(32) 贫僧……定慧和尚是也。想我佛门中,自一气才分,三界始立,缘有四生之品类,遂成万种之轮回,……累劫不能明其真性。……想我佛西来,传二十八祖,初祖达摩禅师……六祖慧能大师;佛门中传三十六祖五宗五教正法,是那五宗:……,五教者:……。今奉我佛法旨……。(元《布袋和尚》)

两个"想"句都指背景信息,前景信息是后面的"今奉我佛法旨……",但这两个"想"句都处于语篇开头,带很多 VP,这样"想"句自身的信息传达就很完备。由于不强调外部事件的激发作用,所以"想"的联想义淡化,单纯引出话题的功能特征大为增强。

三、"想"句构成独立主句

构成独立主句时,"想"的虚化程度提高。因为这时它不再指向本句之外的相关情形,而是直接关注所在句子的话题自身及其行为,这就意味着"想"的联想义脱落。进一步地,如果"想"的功能内涵强烈聚集于话题名词自身,而不再指向后面的评述部分,则意味着"想"高度虚化。更进一步,如果"想"不指对话题名词的具体关注方式,则"想"完全虚化。

3.1 话题自身的表述性

"想"对话题名词的聚焦是通过具体的实义内涵实现的。有两种情况:主观态度、单纯强调,后者的实义内涵更弱。

话题名词自身就常携带丰富的表述内涵(何薇、朱景松,2014),体现在语义和语用两个维度。语用维度指话题的语力性,语义维度指话题身上携带[属性]义。话题的表述性显示了话题句与复句在深层相通:话题自身即相当于一个单句,评述部分则相当于另一个单句。这个认识与 Chao(1968)所述"话题是个零句"的观点有质的分别:赵先生的出发点是历时维度语法化,即零句是整句的弱化形式,其具体关注内容是话题的语力性;本文的关注点则是共时层面,话题天然带有表述义,且不限于语力内涵。

话题句的上述结构特征与"想"的功能内涵是契合的。"想"常指由此事件联想到彼事件,而"想"对话题 NP 本身所含属性特征的关注,相当于对一个事件的关注。在这里,话题与评述间基于语力而形成为一致关系(agreement)(张新华,2020):由于话题带有强表述义,就要求评述的语力强度相应较高。话题 NP 的表述性体现为很多形式,这里不做穷尽列举,下面指出几种典型形式:

一是话题采取同位语结构的形式。同位语的前一个成分是专名或代词,纯指称性;后一个成分则带有显著的属性特征,对前一个成分起陈述作用,带有系动词"是"的内涵,以一量名结构最为常见。

(33)想我一介穷官,那得这些银子与他?(明《海公案》)

(34)贤士,想王韬这厮,则待闭塞贤门,情理可恶。(元《范张鸡黍》)

句子既然强烈聚焦话题自身的某种属性,自然会在评述部分有所体现,这就形成一致关系。如"一介穷官"自然是没"银子"的。

二是话题 NP 身上添加指某种特殊属性的定语。句子强调评述部分就是基于话题事物所带的某种属性而引出的。

(35) 想俺这孝道的人，天公可也不曾亏负了俺也。(元《蔡顺奉母》)
(36) 想这种老婆，小的不要他了。(清《施公案》)

例(36)"这种老婆"属于话主本人，话主对其自然非常熟悉，无需具体思索，这样"想"所指意识活动也就很弱，虚化程度高。

三是话题采取 VP 指称化的形式。这里的"指称化"取广义：不限直接基于 VP 加以指称化的句法式操作，也指对一些行为做名词称谓化的语义式操作。VP 显然指具体属性，指称化之后，所去除的是语力特征，属性义并未丢失。

(37) 孩儿，想你这般攻书呵，你娘那里得那钱物来？(元《剪发待宾》)
(38) 想你这个模样子，谁家下你！(明《警世通言》)

例(37)"你这般攻书"概括了大量的你攻书的具体事件。例(38)"你这个模样子"不仅指外貌，也指一系列的作为。

3.2 "想"之语气副词和话题标记功能的分化

"想"虚化为典型话题标记的一个重要环节是：单纯关注话题，语义上完全不指向后面的评述。要了解这个虚化过程，就要首先弄清楚："想"在什么条件下会指向评述？其对评述的功能内涵及语义载体是什么？这里的方法论根据是：当出于某种语境动因，"想"的这些功能内涵被抑制、去除，它自然就会发生虚化。考察发现，"想"对评述的语义内涵有两种：其一是在意识中直观映现；其二是情态判断，即"推测"，为语气副词。"想"指推测时，其后可加"必、来、是"等，位置上可置于主语之后，谓语动词之前，如"想他须是领略得"(《朱子语类》卷二十七),"子路想平日不能与朋友共裘马"(《朱子语类》卷二十九)。一些位于话题之前的"想"可能在话题标记和语气副词之间产生歧义，分别的依据是：作为话题标记时，话主对评述部分是高度确定的，完全没有推测的必要；作为语气副词时，话主总是不能完全确定评述部分是否确实成立。

(39) 想东土取经者，乃上邦圣僧。(明《西游记》)
(40) 想那中举人中进士，也还不到得如登天之难。(清《儿女英雄传》)

在例(39)，若话主已完全确信该取经者就是上邦圣僧，则"想"不读为语气副词，而读为话题标记；若话主对该情况有所了解，但不能确定，那么"想"易读为语气副词，谓语前可加"应、当、必"。例(40)"登天之难"明显是夸张，即话主确信评述绝对成立，所以"想"不读为语气副词，而读为话题标记。比较，如把"登天之难"改为"我们女人生孩子之难",那么"想"就易读为语气副词。

句子的无标记解读自然是：话主完全确信评述部分所述行为,所以"想"是容易读为话题标记的。绝对的信和绝对的疑,都不用推测。在另一个极端,话题标记"想"也允许用于疑问句,不会读为指情态判断的语气副词：

(41)（正末扮包待制领张千上）……（张千云）想老相公为官,多早晚升厅？（元《陈州粜米》）

张千对包拯的行为不存在猜测动机。"想"读为话题标记,而不是语气副词。

3.3 "想"表示对话题的强关注

"想"不表对话题事物某种属性内涵的"思索",而指单纯"关注"时,虚化程度提高。"关注"是话题的内在功能内涵,这样"想"也就体现为更为纯粹的话题标记。

(42)（旦上,云）妾身乃梁园馆前一株娇桃。我这花四季开放,已经年久,遂得成形。今夜风清月朗,约翠柳在湖山畔相会。想我这桃花,（唱）多娇态,甚奇哉,嫩蕊娇香霞映色……（元《升仙梦》）

虽然"想"句前的"今……相会"动态性、时间性较强,但其作为前景信息的地位并不显著,而"想"句内部也同时包含静态性（"多娇态"等）和动态性的 VP（"懒插短金钗"）。此外,作为该局部语篇的末句,其语篇独立性及其作为前景信息的特征就很显著。另外,该语篇的前文本是对"我这花"这个话题进行介绍,后面的"今……相会"其实属于干扰信息,打断了语篇主线。这时,在话题"我这桃花"上加"想",就更容易实现与语篇前文的连接,即"想"强调对话题所指事物的关注。又如：

(43)（范仲淹云）……前贤遗语,道的不差也。（正末唱）想前贤语,总是虚。（元《荐福碑》）

(44)（正末云）想古今咱这人过日月好疾也呵！（鲁云）过日月是好疾也。（元《单刀会》）

例(43)两个小句讨论的话题相同,前句不用"想",后句添加,这种不同对小句的客观语义构造没有什么影响,加"想"有对话题做强烈关注的功能,相应地,整个小句的语力强度也得到提高。这种强语力性来自：后句由另一话主发出,表示对前一话主观点的反驳（不差—虚）,反驳显然是一种强烈的态度表达；从信息结构角度看,反驳句的谓语与前句谓语之间构成对比焦点的关系。小句添加时间副词"总是",同时也带语气内涵。既然对话题做了强烈的关注,则评述部分自然也要与之匹配,由此形成一致关系。例(44)前句用"想",表示对"古今咱这人过日月"这个话题的强关注,整个小句的语力强度也很高；后句不用"想",语力强度不高,表示对前者观点的附和。

四、"想"演进为主语标记

4.1 关于[主语性][话题性]

"想"句的使用有两个特点:第一,"想"句具有语境依赖性;第二,"想"句往往采取话题链形式,即带多个 VP。语境依赖的根据是"想"指由此事件而联想到彼事件,体现了实义内涵。常构成话题链则显示"想"所引 NP 是典型话题,因为话题链是话题句的典型形式(曹逢甫,1995),对后面几个 VP 而言,其主语天然表现为"出位"的特征。进一步地,"想"也可构造一个简单的主谓小句,且单独成立,而该主语的话题特征并不显著,这表明"想"的虚化程度更高。因为这时"想"既不指与本句之外其他句子的语义关联,也不指对本句之中其他 VP 的语义关联。

(45)(鲁云)老相公,你细说关公威猛如何?(末云)想关云长但上阵处,凭着他坐下马、手中刀、鞍上将,有万夫不当之勇。(元《单刀会》)

"想"句构成前景句,指对"关公威猛如何"的回答。语义上,"想"句直接陈述"威猛"本身的具体情形,不提示由此及彼的联想关系,这意味着"想"的实义内涵大为削弱。

除了作为一种直接的句法实体,主语和话题还可视为一种程度性的特征,即[主语性][话题性]。话题一定是经过特别的话题化操作的,否则直接视为主语即可。话题化的核心是语力化,句法上表现为把一个动词短语内部的要素向外提升到句子(即语力短语 CP)的层面。主语是动词短语自身的结构要素,可视为一种初始性的话题坯子,对它施加的话题化操作越多、越强烈,则该主语在句子表层体现为典型话题的特征就越显著。与话题化的操作相反,也存在主语化的操作。Chao(1968)所述"话题是零句"的观念,其内涵即对小句要素的去语力化,顺此逻辑,去语力化现象的更深演化即话题改变为主语。所谓今天的句法是昨天的语篇法,就体现了上述观念。综上,主语是句法化的话题,话题是语力化的主语。

就一个单独的主谓小句而言,其主语话题性程度的高低取决于两个因素:整个小句的语力性、谓语动词的动态性。前者的规律是:小句的语力性越强,则主语的话题性也就越强。后者的规律是:阶段谓词(stage-level)的主语是强主语性的,个体谓词(individual-level)的主语是强话题性的。原因是:主语事物与阶段谓词的关系更为内在,"他打了我一鞭","他"的身份主要体现为动作"打"的施事,"施事—动作"整体编码一个紧密的语义单元。反之,个体谓词总是带有概括性、主观评议性,这种小句的主语与谓语的关系就较为疏远,话题性强。一个证据是:个体谓词句容易出现多层套叠话题,后者是话题句的典型形式,如"他脑子聪明";阶段谓词句就不易构造这种句式,如"? 他腿在跑"。

4.2 "想"在单个主谓小句虚化程度提高的三个阶段

处于单个主谓小句是"想"语法化发展的一个重要平台,这里的发展分为三个阶段。

第一阶段:话题后停顿。停顿看上去是一种很简单的句法形式,其实语法价值非常大:停顿就意味着话题自身即带强语力性,从而也就意味着对 VP 出位。这时"想"所引名词的话题性显著,主语性很弱。这种用例出现频率很高:

(46)想这段姻亲,非是吾愿,如今备受摧残。(明《娇红记》)

(47)想那妖魔,棍到处立要成功。(明《西游记》)

(48)想这速力,比火车还快几百倍哩!(清《商界现形记》)

例(46),如果指由此及彼的联想关系,则"想"句会采取类似下面的语篇结构:"想这段姻亲,非是吾愿,如今备受摧残。"所处主谓小句自身即独立成句时,"想"就不指联想关系,也不指对谓语所述行为真实性的推测,所以就会虚化。例(47)加"处"就把"棍到"状语化,显示"想"由话题链模式而向简单主谓小句挤压,即句式化。语义上,"那妖魔"与"棍到处立要成功"间的论元关系非常疏远,这意味着"那妖魔"的话题性显著,类似"那场火,幸亏消防队来得早"。在上述句式,"想"的虚化程度很高,因为它更侧重指对话题自身关注,不指对评述所指行为的思索。

第二阶段:话题后无停顿,但 VP 带语力要素。由于一致关系的力量,评述中带语力要素,就对其前名词的话题身份形成反推作用,所以这种句子的主语仍带较多话题性。

(49)兀的不气穿破我这胸怀……想这厮不成才!(元《冤家债主》)

(50)大姐大姐,想我教解官人约你多少时了。(明《玉玦记》)

例(49)虽然前文的"气"提示了意识活动的语境,但"想"句并不强调对"这厮不成才"这个主谓小句整体的思索,而是先对"这厮"形成关注,然后才是引出其"不成才"的行为特征。例(50)"想"所引主语是"我教解官人约你"这个主谓短语,"多少时了"是对该事件的陈述。在这里,"想"不指什么思索活动,而指对话题的介引、关注。

来自谓语的力量总是要间接一些,所以相比例(46)—例(48)"想"后 NP 直接被包装为话题,例(49)—例(50)"想"后 NP 的话题身份有很大减弱,反过来也即其主语身份增强。相应的句法后果就是:"想"作为话题标记的功能弱化,作为主语标记的功能提高。

第三阶段:所处主谓小句用强动态的阶段谓词,且"想"后 NP 和 VP 都无表述性,不带任何语力成分。这意味着,"想"所在小句由语用层面而降至纯句法层面,这就导致话题主语化,相应地,"想"也就用为主语标记。语义上,这种句子的"想"完全是羡余的,可去掉。这种用例出现频率不高,显示"想"的主语标记功能没有充分完成。

(51)仙子,可再有何人思凡哩?……(正旦唱)想巫娥和宋玉曾做阳台梦。(元《风花雪月》)

(52)八戒道:"……麻绳捆住,……想你这瘦人儿不觉,我这胖的遭瘟哩!"(明《西游记》)

与前述例(44)类似,例(51)"想"句是对前文问题的回答,独立性很强。不同的是,例(51)"想"句主语后并无停顿,且谓语指动态现实事件,这意味着主语的话题性很弱,"想"成为主语标记。

一般认为语法化往往伴随主观化,但"想"的虚化却呈现为相反的方向,即联想义、语力的脱落,与其所引事件的客观性及"想"的虚化之间正相关。这并不奇怪,这一现象其实是由"想"的本义造成的。"想"的话题/主语标记用法由联想义发展而来,激发这种联想的动因是对当前情景的主观价值认定,形式上编码为复句,或单句内的强表述性。"想"的虚化就表现为对这种价值义的去除,所以引出一个纯客观事实,并编码为单句,这正反映了"想"的语法化程度的增强。一般实词的本意是指客观事物的存在情况,其虚化往往导致话主要素的加入,造成主观化,"想"本指意识活动,其虚化就体现为去除这种实义。

五、结论及余论

"想"的虚化伴随所处小句从内嵌、背景地位向前景、主句地位的过渡。在内嵌句中,"想"的实义较为明显,指由当前情景而联想到某种已知情况,包括个别事件和一般事理。"想"所引内嵌句与伴随句间存在对比关系,并带情态义。"想"句也发展出独立主句功能,带强表述性,该表述性常直接编码在话题成分上。进一步地,"想"句还由话题句发展为由阶段谓词构成的主谓小句,这时"想"的话题标记功能丧失,语义高度虚化,成为加在主语身上的纯形态成分,即主语标记。

直到现代汉语,"想"的话题标记功能仍很活跃:

(53)大瀑布具勇绝牺牲之气……。想我中华民族,古来今往,多少志士仁人,当行则行,临难不苟免,支撑起民族的脊梁,有如大瀑布之一往无前。(《人民日报》1996年)①

---

① 该例由魏佳宁提供,谨此致谢!

该句不指"想"对其后序列小句的内心活动,而是先对"我中华民族"形成关注,然后再表述相关行为。且在"想"句内部,诸 VP 地位平等,不存在由此及彼的联想关系。"想"指对话题自身的关注,从该话题与前文"大瀑布"形成对比关系也可看出。话题总是暗示:从相关的其他同类事物中,把话题事物提取出来,予以特别的关注,所以多少带对比义;对比关系是"想"对话题强关注功能的体现。

参考文献

曹逢甫(1995)《主题在汉语中的功能研究:迈向语段分析的第一步》,谢天蔚译,语文出版社。
胡丽珍、卓子姣(2015)语气副词"想"的话题标记功能研究,《湘潭大学学报》(哲学社会科学版)第 5 期。
何　薇、朱景松(2014)主语的陈述功能,《语言教学与研究》第 4 期。
张新华(2020)《汉语叙实谓词研究》,复旦大学出版社。
Chao, Yuen Ren(1968) *A Grammar of Spoken Chinese*. Berkeley and Los Angeles: University of California Press.
Lee, Chungmin(2011) Genericity and Topicality: Towards Dynamic Genericity. *Journal of Language Sciences* 18(1):233–251.

(200433　上海,复旦大学中文系)

"V得/不着"的情态特征及其语义演变

周 红

摘　要：基于动力学图式，能性述补结构"V得/不着"表达叙说者对主客观条件作用下的事件或命题可能性的主观表现。该结构中的"着"由"接触到"泛化为"获得""实现"，结构整体经历了由空间域到领属域、行为域和状态域的放射性隐喻扩展，用于空间域和领属域表动力情态，用于行为域多表道义情态，用于状态域多表认识情态和估价。"V得/不着"口语性较强，在情态类别、所在认知域、可能性程度和动词小类等方面存在着对称与不对称。"V得/不着"的情态类别比"能/不能V着"丰富，使用频次更高，前者突显客观条件，后者突显主观能动性。

关键词："V得/不着"；情态；动力学图式；对称与不对称；语义演变

〇、引言

吴福祥（2002）将可能补语命名为能性述补结构，该结构在能性范畴的表达上具有能性助动词所代替不了的语义功能。"V得/不着$_{zháo}$"就是一种能性述补结构，其使用频率较高[①]，口语化较强。申莉（2011）认为"V得/不着"构式中的动词具有"[＋接触，＋达到]"的语义特征，不过没有分析这一语义特征的引申机制，无法预测动词小类。前人对补语"着"的语义类别归纳，或粗或细，观点不一。下面来看例句：

(1) 我个子高，<u>够得着</u>。　　(2) 山那边<u>割不着</u>草。
(3) 这点儿活儿，<u>累不着</u>。　　(4) 你不是我的父母，你<u>管不着</u>。
(5) 他喝了咖啡，怎么睡也<u>睡不着</u>。　　(6) 孩子还小，<u>犯不着</u>跟他生气。

＊ 本文的研究得到2017年度国家社科基金一般项目"基于情态视角的汉语能性述补结构研究"（项目编号：17BYY146）的资助。感谢评审专家对本文提出的宝贵意见。

① 本人自建600万字语料库，经统计发现"V得/不着"使用频次599例，在所有能性述补结构中排名第五，排名前四的分别为"V得/V不得"（1 602例）、"V得/不了"（1 097例）、"V得/不起"（788例）、"V得/不住"（601例）。600万字语料库包括自然口语、电视访谈、电视剧本、戏剧、小说、传记文学、报告文学、散文、说明文、新闻报道、报刊社论、学术论文、法律条文和公文等语体。

(7) 火柴湿了,划不着。

吕叔湘(2004:654)将补语"着"分为三类:用于及物动词后,表达到目的;用于不及物动词或形容词后,表产生了结果或影响;用于某些动词后必插入"得/不",构成固定词语,一般只用于问句和否定式。以上三类分别如例(1)、例(3)、例(6)。刘月华等(1983:542—543)则将"着zháo"的语义分为五类:动作达到了目的;动作或某种情况对人或事物产生了不良后果;"入睡";"燃烧";"应该、有资格、有责任"。以上五类分别如例(1)、例(2)、例(5)、例(7)、例(4)。孟琮等(1999:12—13)同意刘文后三类,前两类则为"接触到""到手或达到目的",分别如例(1)、例(2)。这些词典或语法专著的释义往往从结构入手归纳"着"的语义,未能充分关注语义的关联性。

能性述补结构这一命名将"能性"与"述补结构"相结合,既关照了语言类型,与情态表达关联,又能关照汉语结构,与述补结构关联。能性情态是情态范畴的子范畴,是说话者由于对事件或命题具有不确定性(能否成立)而产生的推测或估计。"情态"是跨语言普遍存在的语义范畴(Palmer,2001:8),其表达系统和意义分析是学界研究热点。本文拟从情态视角入手,运用动力学图式、隐喻和转喻、主观化等认知语言学理论,结合北京大学CCL语料库和自建600万字语料库①,分析"V得/不着"所在认知域、隐喻扩展及其情态类别、动词小类,对比"V得/不着"的对称与不对称以及与"能/不能V着"的对称与不对称,进一步挖掘"V得/不着"的情态特征,并从历史角度进一步验证"V得/不着"的情态演变。

一、能性情态及其认知基础

1.1 能性情态

吴福祥(2002)将"能性"归纳为具备实现某种动作/结果的主观能力、具备实现某种动作/结果的客观条件、对某一命题的或然性的肯定、情理上许可、准许等五个语义次类,将其与情态表达关联。情态表达"说话人对命题的真值或事件发生的可能性的主观观点及态度"(彭利贞,2005:23)。"V得/不着"是能性框架,具有情态特征。

Lyons(1977:787—848)细分了真值情态、认识情态和道义情态。Perkins(1983:11)认为动力情态、道义情态和认识情态分别对应于自然法则、制度法则和理性法则;Palmer(1986:14—21)认为动力情态与句子主语的能力和意愿相关,道义情态涉及允

---

① 也有个别语料来自于北京语言大学BCC语料库,例句后均标明出处。

许和义务,认识情态涉及证据和常识为基础的推断,三者之间存在主观化。范晓蕾(2011:65)建构了以汉语方言为本的汉语能性情态系统,"内在能力""条件可能"属于动力情态,"条件许可""道义许可"属于道义情态,"认识可能"属于认识情态,还有边缘性情态概念"估价"。估价义虽然表达说话人的主观评价,但其所指不是特定时间发生的事件,而是潜在的可能事件,当属事件情态;句法上,表达估价义的情态位于认识情态词"也许"后面,其语义辖域小于认识情态词,因此,估价介于道义情态与命题情态之间。本文拟借鉴以上观点和范晓蕾(2011:65)对情态的分类展开研究。

1.2 动力学图式

在分析能性述补结构的事件结构时,我们认为 Talmy(1988:49—100)的动力学图式可供借鉴。他认为任何语言表达都存在着"语言力度",并借鉴物理力学的原理提出了"动力学图式"(Force Dynamics)。除用于分析致使结构外,还尝试在认知领域研究情态,为情态研究打开了新视角。动力学图式突显动力在实体间的互动关系,包括动力的施用、对动力的抗拒与克服以及对动力的阻隔和阻隔的消除等。两个相互作用的实体是动力体和对抗体,具有"运动"或"静止"的趋向性,其强度的大小决定了力的相互作用的状态和结果。

在"V 得/不着"框架中,动力体是事件实施主体(施动者)的主观意愿,对抗体(或称"致能障碍")是事件实施过程中的阻碍因素,推动因素是致能条件。"V 得着"表现为动力体在致能条件下克服了对抗体的阻碍,或者说致能条件推动施动者实现主观意愿,导致动力作用结果——"接触到"实现的现实可能性;"V 不着"表现为对抗体的力量较大,阻碍施动者实现主观意愿,导致动力作用结果——"接触到"的实现不具有现实可能性。刘月华(1980)认为"V 得/不 C"表示"主客观条件是否容许实现(某种结果或趋向)",这一界定也突显了主客观条件对结果实现可能性的作用。

我们认为,使用动力学图式探讨"V 得/不着"的认知语义基础,有助于将述补结构的原形、肯定式、否定式作为具有句法语义联系的结构来看待。这是因为能性情态是对一种事件或命题(可投射为述补结构)的事实性的主观认定、主观态度或主观推测。当然,汉语能性述补结构有其独特性,张旺熹(1999:136)认为典型的"V 不 C"结构表示"愿而不能"。这对于分析"V 得/不着"具有重要的借鉴意义。

1.3 认知域与隐喻、转喻

述补结构"V 着$_{zháo}$"最初表达受动者在施动者作用下发生接触某物的预期变化。该结构由空间域放射性扩展到状态域和领属域,语义发生了泛化,所搭配动词小类不断扩展。用于空间域时,搭配"打¹₍₃₎①、够¹₍₄₎、见¹₍₁₎、摸¹₍₁₎"等外向性动作动词,如例(8);用于领属域时,搭配"借¹₍₁₎、拉¹₍₁₂₎、捞²₍₂₎、买₍₁₎、挣²、赚₍₁₎"等内向性动作动词,如例(9);用于状态域时,搭配生理动作动词"睡",搭配"点¹₍₁₉₎、烧₍₁₎"等燃烧义外向性动作动词。所谓外向性是指施动者向着受动者方向位移而发生变化,所谓内向性是指施动者作用下受动者向施动者方向位移而发生变化。

(8) 站在宫殿的台阶上,每人都把手摁在披在身上的手枪上。他们轻易就能<u>够着</u>拴在那里的马匹。(李俍民《牛虻》)

(9) "说句掏心话,咱也没<u>赚着</u>钱,"吴树芬的妻子王春英快人快语,她算了算账。(《人民日报》1993 年)

结果补语"着zháo"的语义变化体现了隐喻和转喻机制。"接触到"隐含结果"(通过接触)实现",在过程转喻结果的机制下,用于状态域时表"入睡""燃烧",用于领属域时表"获得",这三种语义均是"实现"义在不同认知域和述补组合中的具体表现。"V"与"着zháo"构成的复合事件映射到非现实语境中可构成"V 得/不着"。"V 得/不着"具有有意性和预期性。所谓有意性,是指施动者通过作用力有意识地施加于受动者;所谓预期性,是指施动者有导致受动者产生某变化的意图。

二、"V 得/不着"的认知域、情态类别与动词小类

2.1 空间域—动力情态

"V 得/不着"最初用于空间域,表动力情态,即叙说者对受主客观条件影响施动者能否发生与受动者的空间接触关系的主观认定,标记为"V 得/不着₁"。其中"着"表示"接触到(某实体)"义,"着"语义指向"V"作用的受动者。"V 得/不着₁"具有[+施动者,+主客观条件,+动力可能,+能否预期接触到]特征。主观条件指施动者的生理/心理/心智等内在条件(包括体能、技能、勇气等),客观条件指除施动者以外的实体的客观条件(包括物体属性或用途、自然环境等)。例(10)"匾额那么高"是施动者"大嘴"之外实体的客观条件,"大嘴又没有轻功"是施动者的主观能力,主客观条件导致预期结果事件"够着(匾额)"不能实现。

(10) 郭:本来就是嘛,匾额那么高,大嘴又没有轻功,他能<u>够得着</u>嘛。(电视剧《武林外传》)

---

① 我们使用《现代汉语词典》对义项的标记方式,用上标表示不同词语,用下标表示某一词语的具体义项。

进入其中的"V"具有[＋使接触,＋外向,＋动作,＋自主,＋二价]特征,可搭配"踩"类与感官有关的二价外向性动作动词,如"挨$_{āi}$、踩、抽$^2_{(2)}$、瞅、触、够、击$_{(1)}$、浇$^1_{(2)}$、见$^1_{(1)}$、砍$^1_{(1)}$、看$_{(1)}$、摸$_{(1)}$、拉$^1_{(1)}$、搂$_{(1)}$、挠$_{(1)}$、瞧、踏$_{(1)}$、踢$_{(1)}$、投$^1_{(1)}$、听$_{(1)}$、望$_{(1)}$、闻$_{(5)}$、嗅、咬$_{(1)}$、砸$_{(1)}$、扎$_{(1)}$"等,通过视觉、听觉、嗅觉、味觉和触觉等感官与受动者接触,如例(11);也可搭配"吹$_{(1)}$"类自然动力义二价外向性动词,又如"刮^2、淋、晒$^1_{(1)}$、熏、淹、炸"等,如例(12)。这些动词在句中表示动作结果的方式,如例(11)"闻"与"着"表示动作方式与结果。有些已经发生隐喻与转喻而习语化,如"摸不着头脑","摸头脑"由空间域隐喻到思维域,"摸头脑"动作转喻为"思考问题"行为,映射到否定性非现实语境中表"不知所措"。

(11)我的鼻子不怎么灵,也许是喝酒太多,除了酒气之外,就算是再臭的屁也没法子<u>闻得着</u>。(卧龙生《岳小玉》)

(12)徐华北推开其他照片,把那幅静物移到阳光<u>晒不着</u>的地方。(张承志《北方的河》)

2.2 领属域—动力情态

"V得/不着"可用于领属域,多表动力情态,即叙说者对主客观条件能否使得施动者获得受动者的主观认定,具有[＋施动者,＋主客观条件,＋动力可能,＋能否预期获得]特征,标记为"V得/不着$_2$"。其中"着"不再表示"接触",而是表"获得(某实体)",或者说"实现某领有关系",语义指向"V"的受动者,施动者与受动者之间具有领有者与被领有者的领属关系。进入其中的动词具有[＋使获得,＋内向,＋动作,＋自主,＋二价]特征,如"猜$_{(1)}$、订$_{(1)}$、夺$^1_{(1)}$、捞$_{(2)}$、买$_{(1)}$、骗$^1_{(2)}$、抢$^1_{(1)}$、娶、收$_{(2)}$、贪$_{(1)}$、讨$_{(2)}$、讨$_{(3)}$、偷$_{(1)}$、想$_{(2)}$、学$_{(1)}$、挣^2、赚$_{(1)}$、租$_{(1)}$"等,如例(13);还包括"寻找"义二价内向性动作动词,如"打听、觅、摸索、搜寻、搜$_{(1)}$、寻^2、寻求、寻找、找$^1_{(1)}$"等,如例(14)。

(13)杨妈也笑了:"现在哪儿还<u>雇得着</u>奶妈呀,甭怕,咱订着牛奶呐,饿不着他!"(陈建功、赵大年《皇城根》)

(14)老汉说牛不赖,奶多,泉水似的,就为<u>寻不着</u>订户犯愁。(《人民日报》1993年)

有些词汇化程度较高,如"捞得/不着"意为"能否有时间/机会(做某事)","找不着北"表"忘乎所以或没有头绪";有的还能构成习语,如"舍不得孩子套不着狼"。

2.3 行为域—动力情态/道义情态

"V得/不着"可用于行为域,标记为"V得/不着$_3$"。其中"着"具有"实现(某行为)"

义,语义指向动词"V",而不再是"V"的受动者。"V得/不着₃"可表动力情态,表示叙说者对受主客观条件影响施动者能否实现某行为的主观认定,具有[＋施动者,＋主客观条件,＋动力可能,＋能否预期实现某行为]特征。进入其中的动词具有[＋结果,＋动作/心理,＋自主,＋二价]特征,可搭配"危害"类结果义二价动词,又如"碍、妨碍、危害、威胁",如例(15)。有些词汇化程度较高,如"顾得/不着"意为"能/不能有时间做某事";"信得/不着"意为"愿意/不愿意相信",表主观意愿,如例(16)。

(15)"那就住在那里吧。"李芒这样说。他想,只是咔嚓嚓响,<u>危害不着</u>他们的生活。(张炜《秋天的愤怒》)

(16)兴说,队长,你要是真的<u>信得着</u>我,就让我们兄弟俩吃完了这顿热乎饭,再领他走。(《作家文摘》1997年)

"V得/不着₃"多表道义情态,具有[＋施动者,＋社会规约/客观规约,＋道义可能,＋能否预期实现某行为]特征。刘月华等(1983:543)和孟琮等(1999:13)将其归纳为"应该",其实是误将结构意义归纳为词汇意义。道义可能分义务可能和许可可能,前者指说话人的命令、权威、社会准则和道德标准等社会规约条件使施动者能否许可某事件,后者指施动者的客观需求(除施动者自身属性外)和非施动者的客观情况使施动者能否许可某事件。"V得/不着₃"多表义务可能,多用于对话中①,说话者提出某提议,听话者回应并予以反驳,如例(17)。进入其中的"V"多是具有"管束、冒犯、顺序、言说、责怪、该允"等义的二价动词,如"管、犯、轮、说、怪、怨、该"等。该类具有较强的类推性,如例(18)。该类一价动作动词也可进入其中,如例(19),表叙说者受"老了就要死"自然规约作用认为自己可以死。"V得/不着₃"较少表许可可能,如例(20),"用得着"表"需要使用"。

(17)阿春:这话你跟你爸爸说过吗? 宁宁:<u>用得着</u>说吗? 我是他们两个生的。(电视剧《北京人在纽约》)

(18)孟朝阳:贾小姐,请您一定得原谅我,我实在是因为一时糊涂,所以……您就狠狠地,狠狠地批评我吧。(凑坐于小凡边)

小凡:(躲)我<u>批评得着</u>你么? 我根本就不认识你。(电视剧《我爱我家》)

(19)小巴斗里还有小半斗山芋,是我平时省下的。我是<u>死得着</u>的人了。你不能死。(戴厚英《人啊人》)

(20)老秦也留下一个纸包,里面是孩子们念书<u>用得着</u>的铅笔和簿子。(黄宗英《大雁情》)

---

① 统计自建600万字语料库,我们发现"V得/不着₃"表道义可能共计268例,其中用于对话中的有235例,占88%。

2.4 状态域——动力情态/认识情态/估价

"V 得/不着"用于状态域,标记为"V 得/不着₄"。其中"着"表"实现某状态"。"V 得/不着₄"可表动力情态,如"睡得/不着""点得/不着""烧得/不着"表条件可能,其中"着"表示"实现入睡、燃烧的状态",语义指向"V"的施动者或受动者。

"V 不着₄"也可表认识情态,或推测可能,表示叙说者在主客观条件下主观推测预期不可能出现某状态,这时"不跟句子主语发生语义联系,而是表示说话者的心理状态,隐含一个言者主语"(胡斌彬,2018)。如例(21)表示命题"不会受冻""不会受饿"是叙说者"王利发"期盼发生的现实可能性,而不是"孩子们"期盼发生的现实可能性。该类具有[+言者主语,+主客观条件,+推测可能,+预期不出现某状态]特征,往往限于否定式,这时"着"语义指向"V"。"V"可以是非自主动作动词,如"冻、饿、亏、赔、摔"等,如例(21);也可以是消极义性质形容词,如"烦、空、困、累、气、穷、闲"等,如例(22)。

(21)王利发:……我呢,作了一辈子顺民,见谁都请安、鞠躬、作揖。我只盼着呀,孩子们有出息,冻不着,饿不着,没灾没病!(老舍《茶馆》)

(22)去年春天上头派下来了扶贫队,家家户户找人谈话,让他们别赔了,说这里离城近,多种些菜运到城里就穷不着。(迟子建《原野上的羊群》)

"V 得/不着₄"也可表估价,具有[+言者主语,+主客观条件,+主观估价]特征。如"卖得/不着"表"值得/不值得卖","数得/不着"表"突出/不突出,够得/不上标准","合得/不着""划得/不着"表"合算/不合算"。例如:

(23)我买三个铜子儿的,你要说卖得着,至少得给我一个,要卖不着我也不上当。(郭荣起《中国传统相声·怯卖菜》)

(24)女小彭说:"老何,算了,划不着为了两份菜去挤公共汽车!"(刘震云《单位》)

三、"V 得/不着"及其与"能/不能 V 着"的情态对称性

3.1 "V 得着""V 不着"的对称与不对称

统计自建的 600 万字语料库,我们发现"V 得/不着"在情态表达上存在对称与不对称性。

第一,从情态类别来看。"V 得/不着"主要表达动力情态和道义情态,分别占 53.4% 和 44.7%,表认识情态和估价的比例仅占 1.8%。不同的是"V 得着"道义情态

义比例高于动力情态义,"V 不着"则相反;"V 不着"认识情态义和估价义比例高于"V 得着"。

第二,从认知域来看,"V 得/不着"由多到少依次用于行为域、领属域、空间域和状态域,所占比例分别为 45.4%、24.5%、15.2%、14.9%,二者具有较强的对称性。如表 1 所示:

表 1 "V 得/不着"的情态类别、所在认知域及其数据统计

情态类别	认知域	V 得着	V 不着	小计
动力情态	空间域	10	81	320(53.4%)
	领属域	8	139	
	行为域	0	4	
	状态域	7	71	
	小计	25(29.1%)	295(57.5%)	
道义情态	行为域	61(70.9%)	207(40.4%)	268(44.7%)
认识情态	状态域	0	9(1.8%)	9(1.5%)
估价		0	2(0.4%)①	2(0.3%)②
总计		86	513	599

第三,"V 得/不着"的可能性程度不对称。"V 得着"肯定性程度较低,70.9%用于反问句,如例(25);6.9%用于否定句,如例(26)。这说明"V 得着"具有较强的否定倾向性。"V 不着"否定性程度较强,75%用于表全称数量意义极指(曹秀玲,2005)的条件句("连 X 都/也/还 V 不 C、V 都/也 V 不 C、怎么/谁都/也 V 不 C"等)和让步句("再/即使/即便 X 也 V 不 C"等)中,分别如例(27)、例(28)。正因否定倾向性,"V 得着"(86 例)使用频次明显低于"V 不着"(513 例)。

(25)冷丁想起不是这老太太的女婿了,收起脸上的笑点着一支烟歪躺在椅子里,她<u>管得着</u>么?(王朔《我是你爸爸》)

(26)"我只有团里电话,而且你打这个电话不一定<u>找得着</u>我,我没排练一般不在团里。"(王朔《顽主》)

(27)"服了,我可不想要你们院那些嫁不出去的女党员。""谁嫁不出去,抢还<u>抢不着</u>呢。"姐姐愤愤然……(王朔《浮出海面》)

(28)我一滚,摔到地上,坐起来,看着脚腕子上的绳子,想用牙去咬,可无论怎么弯腰徇首也<u>够不着</u>,我真恨自己平时缺乏锻炼。(王朔《过把瘾就死》)

第四,进入"V 得/不着"中的"V"存在对称与不对称性。当结果事件或命题具有预

---

① 表格中的百分比采取以四舍五入方式保留小数点后一位数字的格式,造成该列所有比例之和为 100.1%的情况,特此说明。

② 数值处理方式同上,该列所有比例之和为 99.9%。

期性时,构成"V 得/不着"的自由度比较高,如"够得/不着""买得/不着""顾得/不着""睡得/不着"等,具有较强的对称性。当结果事件或命题具有消极义时,往往构成"V 不着",如"危害不着""摔不着""累不着"等,而一般不构成"V 得着",除非在特殊语境中"危害""摔""累"具有预期义。如"死得着"用于表示叙说者认为自己可以死,"死"对叙说者来说是预期的,而"死不着"可以用于对话中安慰关系近的人。当然,由于"死"是人们忌讳的,其使用语境比较特殊,使用频次极低。一些已经习语化的词语如"摸不着头脑""找不着北"等,而相应的肯定式使用受限,多用于对举或反问等特殊语境中,如"摸得着摸不着头脑""这让人摸不着头脑?"。

第五,从语体来看,"V 得/不着"多用于对话中,具有较强的口语性。"V 得着"(91%)口语性强于"V 不着"(79%)。"V 不着"用于叙事语体的比例(20%)高于"V 得着"(7%),分别如例(28)、例(20);"V 得/不着"极少用于议论语体,多限于并举,如例(29)。

(29)"痰"与"气",这些都是中医学上"看不见摸不着"的概念,但却很有道理。(程凯《餐桌上的养生》)

3.2 "V 得/不着"与"能/不能 V 着"的对称与不对称

沈清淮(1998)认为"能 VC"的使用频率远高于"V 得 C"。然而,这一观点并不适用于"能 V 着""V 得着"。在北京大学 CCL 语料库中发现,"V 得着"1 652 例,"能 V 着"则仅有 322 例。"能 V 着"只表动力情态义,如例(30)、例(31)。"V 得着"则情态义丰富,还能表道义情态义、认识情态义和估价义。

(30)她手被我捉着,脸直逼到我脸上张嘴就能咬着我。(王朔《过把瘾就死》)

(31)老头:你找那领导去,领导能管我儿子他管不着我,能管着我么?(电视剧《我爱我家》)

"不能 VC"倾向于表示"禁止"(杉村博文,1982)。不过,"不能 V 着"表"禁止"时,"着"已经虚化为助词,读 zhe,这是元音单元音化、央化的结果,如例(32)。"不能 V 着zháo"只表条件可能,多限于"不能点着、不能睡着"等,用例极少,又如例(33)。"V 不着"检得 10 171 例,使用频次极高,这是因为其情态义较为丰富。

(32)"再困难也不能冻着孩子!"他立即批示几位副市长召集有关部门研究学校供热问题,不管怎么样不能中断中小学供热。(《人民日报》1993 年)

(33)你这个时候,是在难日里头,我们旁边人,就是不能帮着你,也犯不上来耍你,与我有什么好处?(张恨水《北雁南飞》)

"V 得/不着"情态义使用频次高,也在于其词汇化程度较高,如"合得/不着""划得/

不着""数得/不着"词汇化程度最高,其次是"犯得/不着""信得/不着""顾得/不着",再次是"用得/不着""捞得/不着",最后是"管得/不着""轮得/不着""说得/不着""怪得/不着""怨得/不着""赖得/不着""由得/不着""该得/不着"等。尤其是"V得着"用例中63%已经词汇化。

关于"V得/不C"与"能/不能VC"的情态差别,杉村博文(1982)认为"能VC"更能较强地表达出说话者的心理活动,张黎(2007)认为"(不)能VC"是对VC实现的可能性的确认,"V得/不C"是对C实现的可能性的确认。我们认为,"V得/不C"更突显客观条件的作用,"能/不能VC"则更突显施动者的主观能动性,或者说,"能/不能VC"表示条件可能的同时也具有主观能力,外因影响内因,内因起决定作用。所谓主观能动性是指施动者对外界或内部的刺激或影响作出积极的、有选择的反应或回答。如例(30)表示叙说者对在客观情况"脸直逼到我脸上张嘴"下实现结果事件"咬着我"可能性的主观认定,同时也突显了"她"的主观能动性。若替换为"咬得着"则只突显"她"的动作带来的客观结果。

丁声树等(1961:60)认为"有时为加强'能'或'可以'意思,用了'得'字还可以加'能'字或'可以'"。张黎(2003)认为"能V得C"是说话人对一种客观能力的主观可能性判断。正因如此,二者可连用,既突显施动者的主观能动性,又突显客观条件的作用。"能V得着"只表动力情态义,如例(34)、例(35)。北京大学CCL语料库中,我们检得"能V得着"116例,使用频次较低。

(34)不说也罢,忙碌了一天的老记们难得放松一下,谁<u>能管得着</u>?!(《人民日报》2001年)

(35)他让杨昶尽可能伸长舌头,看舌尖是否<u>能够得着</u>自己的鼻子尖。(《报刊精选》1994年)

四、"V得/不着"的历史演变

4.1 动词"着"用作谓语动词

"着"有"附着、附上""穿着、穿戴""放置、安置"等意义,与"V得/不着"有关联的是"附着、附上"。"着"在古代写作"著"。《广韵》中,"著"又为入声,"附也,直略切",属药韵澄母,文白读分化,读zhuó、zháo(曹先擢,2001)。"著/着"可单独用作谓语动词,如例(36);也可放在动词后,与前面动词构成连谓结构,如例(37)、例(38),这时进入其中的动词是位移动词。

(36)风行而着于土,故曰其在异国乎!(《左传·庄公二十二年》)

(37)宋王筑为蘖帝,鸥夷血,高悬之,射著甲胄,从下,血坠流地。(《吕氏春秋》卷二十三)

(38)盖人思有所倚著,则精有所尽索。(《论衡》卷二十六)

4.2 "著/着"用作结果补语

六朝时,"著/着"放在动词之后的用例明显增多。"V 着"由连谓结构到述补结构,可后接处所宾语,如例(39);唐五代时可后接事物宾语,如例(40)、例(41)。句法环境的变化使得"着"由"附着"义泛化为"接触到"义。

(39)以三斗瓦瓮埋著科中央,令瓮口上与地平。(《齐民要术》卷二)

(40)或以涂马鞭头控上,拂着手即毒,试着口即死。(《野朝金载》卷一)

(41)后令妻杀子,巨即掘地,才深一丈尺,掘着一铁器,巨低腰顾视,乃见一釜,釜中满盈黄金。(《敦煌变文集新书》卷八)

4.3 能性述补结构"V 得/不着"的出现

唐五代时偶见用于空间域的"V 不著/着₁"用例,如例(42)。南宋时,"V 得/不着₁"用例依然不多,如例(43),又如"吹得着""见得着"等;出现用于领属域的"V 得/不着₂"用例,如例(44)、例(45),又如"捉摸不着";出现用于行为域的道义情态义用例,如"凑合得/不着、道得/不着、说得/不着、做得/不着"等,又如例(46)、例(47);还出现用于行为域的动力情态义用例,如例(48);以及用于状态域的动力情态义用例,如例(49)。这时期"VO 不着""V 不着 O"并存,如例(43)、例(44);偶见"V 得 O 着"用例,如例(50);"V 得着"不后接宾语的情况较多,如例(46)、例(49)。

(42)为长社坛下,无人敢芟斫。几度野火来,风回烧不著。(白居易《有木诗八首》)

(43)"言性与天道",是所见直恁地高,人自描摸他不着,差见得是聪明。(《朱子语类》卷四十九)

(44)颜子钻仰前后,只得摸索不着意思。及至尽力以求之,则有所谓卓然矣。(同上卷三十六)

(45)譬如四人分作四处住,看了三个,则那一个定是仁。不看那三个,只去求一个,如何讨得着!(同上卷二十)

(46)看得自家病痛大,则如伊尹之言正用得着。(同上卷七十八)

(47)若着实做工夫,要知这说话也不用说。若会做工夫,便一字也来这里使不

著。(同上卷一百一十四)

(48)古人瞽史诵诗之类,是规戒警诲之意,无时不然。便被他恁地炒,自是使人住不着。(同上卷十二)

(49)某旧来缘此不能寐,宁可呼灯来随手写了,方睡得着。(同上卷九十七)

(50)如《燕燕》末后一章,这不要看上文,考下章,便知得是恁地,意思自是高远,自是说得那人著。(同上卷八十)

4.4 能性述补结构"V 得/不着"的发展

明代时能性述补结构"V 得/不着"获得较大发展。用于空间域、领属域、行为域中的动力情态义"V 得/不着"数量多了起来,进入其中的动词分别如"缠、穿、打、钉、刹、赶、换、搅、接、砍、摸、攀、劈、射、掏、提、舔、听、遇、照、掷、撞、追"等,"捕、猜、打听、访、获、捞、讨、偷、想、寻、找、捉"等,"等、管、靠、配、舍、说、伺候、算、做"等。这时期出现了估价用例,如"嫁得/不着、数得/不着、合得/不着",又如例(51)。我们认为,估价义来源于道义情态义。如"说得/不着"如例(50)、例(51),前者表示"可以说",后者表示"言语投机,感情融洽",句法上从关涉宾语到不接宾语。又如"数得/不着"如例(52)、例(53),前者表示"不应该算作",后者表示"够得上标准",句法上由后接宾语到不接宾语。

(51)那小员外与女儿两情厮投,好说得着。可知哩,笋芽儿般后生,遇着花朵儿般女娘,又是芳春时候,正是:佳人窈窕当春色,才子风流正少年。(《警世通言》卷三十)

(52)虽然如此,若数着"良贱"二字,只说娼、优、隶、卒四般为贱流,倒数不着那乞丐。(《喻世明言》卷二十七)

(53)(金老大)虽不是顶富,也是数得着的富家了。(《喻世明言》卷二十七)

这时期出现义务可能义和认识情态义用例,分别如例(54)、例(55)。"VO不着"数量依然较多,如例(56),多见"V得着O"用例,如例(57)。

(54)莫说他是妖怪,就是好人,这们年纪,也死得着了,掼杀他罢,馱他怎的?(《西游记》第三十三回)

(55)他若不肯分,拚与他吃场官司,料不倒断了你们些去。撞住打到底,苦你儿子不着。(《二刻拍案惊奇》卷十)

(56)常言道:"做买卖不着,只一时;讨老婆不着,是一世。"(《喻世明言》卷一)

(57)他身无寸铁,只是把个尘尾遮架,我兄弟这等三般兵器,莫想打得着他。(《西游记》第二十六回)

清代时"V 得/不着"用法成熟。道义情态义用例渐多,如"用得/不着、管得/不着"

等,又如例(58);认识情态义用例渐多,如"冻不着、饿不着",又如例(59)。

(58) 像娘这样费心,还不讨他说个是!只要拣精拣肥,我也犯不着要效他这个劳。(《儒林外史》第二十七回)

(59) 素姐骂道:"咄!臭奴才!替我快走,别寻我挦你那贼毛!我吃他一日饭,还他一日饭钱,累不着你家的腿!"(《醒世姻缘传》第七十八回)

综上,"V得/不着"的语义演变受认知、非现实语境、句法分布和动词小类等因素制约。"V得/不着"由空间域隐喻扩展至领属域、行为域、状态域,由动力情态到道义情态、认识情态,由道义情态到估价,语义不断泛化。进入其中的动词小类由接触义动词到获得义动词、非接触义非获得义动词、消极义性质形容词。"着"由表"附着、附上"的实义动词单独做谓语,到用作连谓结构的第二动词,再到述补结构的结果补语,受"V得/不 C"结构同化作用,"着"进入该结构,用于未然语境构成能性述补结构,其语义由"接触到(某实体)"逐渐泛化为"获得(某实体)""实现(某行为)""实现(某状态)"。

五、结语

能性述补结构"V得/不着"表能性情态,其认知基础是动力学图式。本文讨论了该结构的情态类别、情态表达的对称与不对称性和语义演变,主要得出以下结论:

第一,情态类别。"V得/不着"具有预期性,由空间域放射性隐喻扩展至领属域、行为域、状态域。该结构用于空间域和领属域时,多表动力可能;进入行为域,多表义务可能,多用于听话者对说话者的建议表强烈的反驳,具有较强的类推性;进入状态域,多表认识情态和估价。"着"由"接触到"引申为"获得""实现"。

第二,情态表达的对称与不对称性。"V得/不着"口语性较强,均多用于行为域,多表动力情态和道义情态,不对称的是"V得着"道义情态义比例高于动力情态义,"V不着"则相反。"V得着"肯定性程度较弱,多用于反问句,"V不着"则否定性程度较高,多用于表极指的条件句和让步句中。当结果事件或命题具有预期性时,构成"V得/不着"的自由度比较高,具有较强的对称性;当结果事件或命题具有消极义时,往往构成"V不着",一般不构成"V得着",除非在特殊语境中。"能V着""能V得着""不能V着"只表动力情态,"V得/不着"还表道义情态、认识情态和估价。使用"能"强调施动者的主观能动性,使用"V得/不着"强调客观条件的作用,"能V得着"二者兼而有之。

第三,语义演变。六朝前"接触、附着"义动词"著/着"用作谓语动词;六朝时"著/着"用作结果补语;唐五代时偶见能性述补结构"V得/不着",用于空间域;宋代时有所发展,多表动力情态和许可可能;明代时"V得/不着"数量多了起来,出现估价义用例,偶见义务可能和认识情态义用例;清代时义务可能和认识情态义用例渐多,至此该结构用法成熟。

参考文献

曹先擢(2001)关于普通话文白异读的答问,《辞书研究》第1期。
曹秀玲(2005)再议"连……都/也……"句式,《语文研究》第1期。
丁声树等(1961)《现代汉语语法讲话》,商务印书馆。
范晓蕾(2011)以汉语方言为本的能性情态语义地图,《语言学论丛》(第43辑),商务印书馆。
胡斌彬(2018)情态成分"没准儿"的主观性和主观化,《新疆大学学报》(哲学・人文社会科学版)第2期。
刘月华(1980)可能补语用法的研究,《中国语文》第4期。
刘月华、潘文娱、故 韡(1983)《实用现代汉语语法》,外语教学与研究出版社。
吕叔湘主编(2004)《现代汉语八百词》(增订本),商务印书馆。
孟 琮、郑怀德、孟庆海、蔡文兰(1999)《汉语动词用法词典》,商务印书馆。
彭利贞(2005)《现代汉语情态研究》,复旦大学博士学位论文。
杉村博文(1982)V得C、能VC、能V得C,沙野译,《汉语学习》第6期。
申 莉(2011)"V得/不了"与"V得/不着"的构式分析,《语言教学与研究》第2期。
沈清淮(1998)"V得C"与"能VC"的语义、句法比较,《四川师范大学学报》(社会科学版)第3期。
吴福祥(2002)汉语能性述补结构"V得/不C"的语法化,《中国语文》第1期。
张 黎(2003)"有意"和"无意"——汉语"镜像"表达中的意合范畴,《世界汉语教学》第1期。
张 黎(2007)汉语的"能性确认"——由汉语"可能表达"说起,《东方语言学》(第2辑),上海教育出版社。
张旺熹(1999)《汉语特殊句法的语义研究》,北京语言文化大学出版社。
Lyons, J. (1977) *Semantics*, Cambridge: Cambridge University Press.
Palmer, F. R. (1986) *Mood and Modality*, Cambridge: Cambridge University Press.
Palmer, F. R. (2001) *Mood and Modality* (second edition), Cambridge: Cambridge University Press.
Perkins, M. R. (1983) *Modal Expressions in English*. Norwood, New Jersey: Ablex Publishing Corporation.
Talmy, L. (1988) Force Dynamics in Language and Cognition. *Cognitive Science* 12(1): 49-100.

(200433 上海,上海财经大学国际文化交流学院)

从计量角度看小说叙述与对话的语言差异*

郭昭军

摘　要：文章采用计量方法,从词汇量、词长、书面语词频率、高频词、词类分布、句长、虚词句式频率和句类比例等角度量化比较小说叙述部分和对话部分的语言差异。主要结论是：小说叙述部分词汇更丰富,语言及其结构更复杂,书面性和叙事性更强；小说对话部分的口语性和主观互动性更强。从而说明,在使用小说作为叙事材料时应区分其叙述部分和对话部分,后者并不属于典型的叙事语篇。最后指出量化对比的计量方法在语体比较研究中的意义和作用。

关键词：计量；统计；叙述；对话；语体

〇、引言

小说语料是语法研究中用得最多的一种材料,一般小说都包含叙述和对话两个部分,从叙事学(申丹,2004)、言语行为和语体等角度看,二者明显不同。小说的叙述部分主要是讲述小说故事情节的发展过程,因而属于典型的叙事性语篇[①],且大多为第三人称视角；而小说的对话部分则主要是小说人物之间的面对面言语互动,因此不属于叙事语篇。对话部分虽然也有讲述事件的句子,但用大段对话来讲故事的还是比较少。这种功能上的不同肯定会在语言形式上表现出来。然而到目前为止,由于认识和技术等原因,一般对此不加区分,而这种材料上的异质性必然会影响到结论的准确性和适用性。因此,探讨小说的叙述部分与对话部分的功能差异及其语言表现就显得很有必要,这是本文要讨论的主要问题。

---

* 本文为天津市社科项目"特征测量方法在语体研究中的运用"(项目编号：TJYY20-006)成果。非常感谢匿名审稿专家和编辑先生提出的宝贵意见,错谬之处,概由作者负责。
① 方梅(2007)把语体分为叙事和非叙事两大类,典型叙事包括小说、民间故事等。小说叙述部分也有描写景物和心理活动等非叙事性成分,不过相对来说还是以叙事成分为主。感谢审稿专家指出这一点。

面向语法、修辞的语体对比研究多以定性结论为主,少数采用了测量的方法(冯胜利等,2008;冯胜利主编,2013;崔希亮,2020)。为避免主观笼统,本文采用计量研究的统计方法(Woods et al.,1986/2000),通过一些计量指标的精确测量,用客观数据来展现小说叙述语言与对话语言的各种差异。国内计量语言学研究对语体很重视,运用了很多可以体现语体差异的计量指标(黄伟、刘海涛,2009;刘海涛主编,2018),不过还未见专门考察小说叙述和对话差异的计量研究。

本文所用材料为91位现当代作家4 046万字的小说。先用程序分离出对话和叙述两个部分(忽略引号不匹配的段落),再分别进行切词和词性标注①,最后得到叙述文本2 533.6万字(不含引号,下同)、总词数1 616.1万,对话文本784.5万字、总词数502.9万。

一、词汇量

1.1 词语型例比

下表是按不同样本规模计算出来的词语型例比(词型数/词例数)对比。

表1 小说叙述和对话的词语型例比(*100)对比②

字数	1千	5千	1万	2万	5万	10万	20万	50万	100万
叙述	51.36	34.39	28.06	22.39	15.93	12.01	8.77	5.62	3.94
对话	46.01	29.29	23.55	18.62	13.29	10.09	7.57	4.98	3.60
差值	5.35	5.10	4.51	3.77	2.64	1.92	1.20	0.64	0.34

语言单位的型例比(TTR,type-token ratio)反映的是该单位多样性的程度。从表1看,同样规模(字数)的小说叙述的词语型例比都比小说对话要大,这说明小说叙述部分的词汇量比小说对话部分要大。不过,这种差异一般都会随着样本规模的增大而逐渐变小。

1.2 词汇丰富性

下表是用文本计量分析软件QUTA计算出来的反映文本词汇丰富性的几个指标值及其差比(百分比)③。

---

① 本文所用分词及词性标注模块为原中科院计算所张华平博士开发的NLPIR(网址:https://github.com/NLPIR-team/NLPIR),特此说明并致谢!

② 因表1中的原始数据过小,为更清楚地显示出对比差异,所以都放大了100倍,标示为"*100"。

③ 各个指标的计算方法及其公式参见刘海涛主编(2017:134—138)。

表 2　小说叙述和对话的词汇丰富性对比

	熵	词汇丰富度	重复率
叙述	10.839 67	0.323 81	0.006 203
对话	10.100 42	0.312 335	0.007 449
差比	7.32%	3.67%	20.09%

熵(entropy)是从信息量角度定义的指标,"某一语言特征的熵值越高,表明其承载的信息量越多,同时也表明其丰富性或变化性越强"(刘海涛主编,2018:112—113)。从表2看,无论是熵、词汇丰富度还是重复率都说明小说叙述部分的词汇比对话部分要丰富。

1.3　词频覆盖率

词频覆盖率即文本中单个词语所占比例(频次/总词例数)的累计之和。

表 3　小说叙述和对话的词频覆盖率(%)对比

词频排序		50	100	500	1 000	5 000	10 000	20 000	50 000
覆盖率	叙述	36.11	43.77	62.11	69.94	86.75	92.43	96.68	99.59
	对话	41.81	51.33	70.22	77.44	91.30	95.25	98.01	99.85
	差值	5.70	7.56	8.11	7.50	4.55	2.82	1.33	0.26

从表3可知:同样频序的词语的覆盖率小说对话比叙述要高,越是高频词其覆盖率的差异基本上也越大。这说明,同样规模的小说对话所需词数比小说叙述要少。

1.4　低频词比例

低频词比例即低频词在文本词汇量(总词型数)中所占的百分比。

表 4　小说叙述和对话中前 10 类低频词的累计比例(%)

频次	1	2	3	4	5	6	7	8	9	10
叙述	23.34	32.72	38.01	42.16	45.40	48.27	50.60	52.74	54.52	56.24
对话	26.37	38.85	46.93	52.93	57.31	61.03	63.87	66.27	68.41	70.30
差值	3.03	6.13	8.92	10.77	11.91	12.76	13.27	13.53	13.89	14.06

根据刘海涛主编(2018:144—146),频次为1的单现词在文本词汇量中的比例受文本规模的影响较小,因此可作为文本词汇丰富程度的测量指标,其他低频词与此类似。一般来说这个比例越低说明文本词汇量越大。从表4看,前10类低频词(频次为1—10)在小说对话中的累计比例都比小说叙述高,这也说明小说叙述部分的词汇比小说对话部分的更丰富。

二、词长及其分布

2.1 平均词长

下表是两种平均词长(mean word length,单位为字数)的对比①。

表 5 小说叙述和对话的平均词长对比

	叙述	对话	差值	差比
动态词长	1.401 9	1.351 3	0.050 6	3.744 5
静态词长	2.405 9	2.306 6	0.099 3	4.305 0

从表 5 看,无论是动态平均词长还是静态平均词长,小说叙述都要大于小说对话。平均词长是反映语言复杂度的一个参数,因此可以说小说叙述语言要比对话语言更复杂。此外,一般而言平均词长越长也说明文本的书面性越强,反之口语性越强。

2.2 词长分布

词长分布即各种词长的词在文本总词例数和总词型数中所占的比例(百分比)。

表 6 小说叙述和对话中不同词长所占的比例(%)

	词长	单音节	双音节	三音节	四音节	五音节以上
词例	叙述	45.59	47.55	5.00	1.80	0.05
	对话	51.34	42.35	4.73	1.50	0.08
词型	叙述	7.73	69.38	14.20	8.35	0.34
	对话	11.94	67.22	13.65	6.80	0.38

由表 6 可以看出:

第一,从词例看,小说叙述中双音词多于单音词(相差 2% 左右),而对话中则是单音词多于双音词(相差 9% 左右),这符合口语与书面语的一般差异(陆俭明,2003:7)。

第二,从词型看,不管小说叙述还是对话都是双音词占绝对多数,这也符合现代汉语词的一般特点。

第三,不管是词例还是词型,小说对话中单音节词的比例都高于小说叙述(分别相差 6% 和 4% 左右),这与第一点差异一致。

2.3 平均词频

下表是按 100 万字抽样计算出来的各类词长的平均词频的均值②。

---

① 动态平均词长(DMWL)和静态平均词长(SMWL)的计算方法参见刘海涛主编(2018:65)。
② 平均词频(MWR,mean word ration)的计算方法及公式参见刘海涛主编(2018:67)。

表 7　小说叙述和对话中不同词长的平均词频均值

	样本数	单音节	双音节	三音节	四音节	五音以上
叙述	25	123.093 8	12.416 7	5.606 7	2.646 0	1.916 2
对话	7	136.716 1	12.394 8	4.834 2	2.240 2	1.614 4

从表 7 可以得出两点认识：其一，就词长与词频的关系来说，词长越长词频越低；词频越高词长越短。这是因为"使用频率越高的词在词演化过程中会变短，……语言交流中，人们倾向于使用词长较短的词来表达相同的意义"（刘海涛主编，2018：69）。其二，单音节词在小说对话中的平均词频高于小说叙述，双音节、多音节词在小说叙述中的平均词频则都高于小说对话。这说明小说叙述部分的长词（双音节及多音节）比对话部分更多，这与上文的词长分布是一致的。

三、书面语词

3.1　文言词频率

表 8　常用文言词在小说叙述和对话中的频率（次/百万字）

	于	曾	将	未	其	之	者	以	所	及	与	合计
叙述	100	80	316	36	24	134	33	110	270	20	754	1 877
对话	53	32	86	11	17	85	24	54	109	11	157	639
倍数	1.89	2.50	3.67	3.27	1.41	1.58	1.38	2.04	2.48	1.82	4.80	2.94

从表 8 看，这些文言词在小说叙述中的出现频率普遍都高于小说对话，总体差异是 3 倍左右，最高将近 5 倍。从这一点看，小说叙述的书面性要强于小说对话。

3.2　书面语词频率

下表是 230 个常用双音书面语词（冯胜利，2006）的频率比较。

表 9　常用书面语词在小说叙述和对话中的频率差异

	词语总数	叙述＞对话	对话＞叙述	都为 0
词语数量	230	111	36	83
百分比	100%	48.26%	15.65%	36.09%

从表 9 看，在小说叙述中的频率高于小说对话的书面语词的数量和比例远高于相反情况（3.08 倍），这说明小说叙述的书面性要强于小说对话。同时，有超过 1/3 的常用书面语词不在本文所用的小说材料中出现，即使是出现的这 147 个词，其累计频率也仅为 9.626 3（次/万字，叙述）和 5.850 8（次/万字，对话），这说明小说语言的书面性不强。

四、高频词

下表是几个常见的高频词在小说叙述和对话中的频率(次/万字)及其排序对比。

表 10　小说叙述和对话中高频词的频率及排序

		我	你	他	这	那	什么	怎么	谁	哪	一
对话	频率	203.0	189.1	56.7	61.2	29.9	32.7	15.2	13.5	7.9	58.8
	排序	2	3	13	9	26	25	60	65	109	11
叙述	频率	23.6	4.3	133.1	37.4	28.7	13.2	2.6	3.9	1.2	102.9
	排序	31	181	3	19	26	56	293	201	633	4

从表 10 的对比可以看出：

就三身代词来说，小说叙述中"他"的频率最高，对话中则是"我""你"的频率最高。原因有二：一是"我""你"分别代表说听双方，"他"则是不在现场的第三者；二是小说叙事大多是第三人称视角，第一人称视角很少，第二人称则几乎没有。

就指示代词来说，差异有二：一是"这"在小说对话中的频率高于叙述，而"那"在两部分的频率则基本相同。原因在于"这"的主要功能是指示，尤其是现场指示；"那"除用于指示，还用于连贯。二是小说叙述和对话中，"那"的频率普遍低于"这"。原因在于不管是空间指示还是抽象指示，"这"是近指，"那"是远指，近指现场性高于远指，也多于远指。

表互动的疑问代词在小说对话中的频率显著高于小说叙述，如："什么、怎么、谁、哪儿"。

数词"一"在小说叙述中的频率比在对话中频率更高。数词是典型的有界标记，所以事件句中常用，这与小说叙述部分的主要功能是叙事有关。

五、词类分布

下表是常见词类在小说叙述和对话中的分布比例（千分比）及其差异。

表 11　常见词类在小说叙述和对话中的分布比例(‰)

	动	名	助	代	形	介	数	方	连	语	状	拟	叹
叙述	223	180	84.4	73.9	44.0	33.8	33.4	20.7	18.1	11.7	3.3	1.2	0.3
对话	228	141	53.0	123.7	39.2	25.5	24.2	11.1	12.3	33.0	0.8	0.6	1.9

从表 11 看，小说叙述和对话的相同点是动词和名词的比例最高，二者的不同点在于：

其一，代词、语气词和叹词在小说对话中的比例都远高于小说叙述。这三类词都是典型的口语中更常用的词类,尤其是叹词和语气词。对比表10与表11可知,小说对话和叙述中代词的比例差异主要源于体现面对面交际互动的第一、二人称代词的频率不同。

其二,名词、助词、形容词、介词、数词、方位词、连词、状态词和拟声词在小说叙述中的比例都要高于小说对话。状态词和拟声词多用于描写,方位词表示空间和时间位置,数词用于量化事物、事件和时间,助词("了"等)多用于事件表达。相对于对话而言,这几类词都更常用于叙事。连词则体现了更强的书面性。

六、句子长短

6.1 平均句长

先看六种常见标点在小说叙述和对话中的平均管界长度(字数)对比[①]。

表12 小说叙述和对话中标点平均管界长度对比

	顿号	逗号	分号	句号	问号	叹号	平均
叙述	6.34	8.79	23.46	26.70	19.67	18.80	17.29
对话	5.13	6.60	19.03	17.71	11.73	11.37	11.93
差值	1.21	2.19	4.43	8.99	7.94	7.43	5.36

由表12可以看出:无论哪种标点,其在小说叙述中的平均管界长度普遍都比小说对话中要长,而且标点层次越高,这种差异越大(1—9个字),平均相差5.36个字。如果以句号、问号和叹号作为句子的结束标志,那么这三种标点的平均管界长度就可以看作平均句长。从这个角度说,小说叙述的平均句长比对话要长(21.72/13.60),平均相差8.12个字。

6.2 句长分布

下表是按逗号、分号、句号、问号、叹号和冒号对小说叙述和对话进行切分而计算出来的不同长度(字数)的小句片段所占比例及其差异。

表13 小说叙述和对话的小句句长分布(%)

字数	≤5	6—10	11—15	16—19	≥20
叙述	24.39	43.96	21.44	6.28	3.93
对话	41.09	42.69	12.83	2.36	1.03
差比	68.47	2.97	67.11	166.10	281.55

---

① 标点管界长度指某个标点所标记的话语片段的长度(字数),平均管界长度的计算方法是该标点管界长度之和除以其出现次数。

从表 13 看,小说叙述和对话在小句句长分布上的相同点是,字数为 6—10 的小句比例最高。不同点有二:一是对话部分短句(5 个字及以下)所占的比例明显高于叙述部分;二是叙述部分长句(10 个字以上)的比例则明显高于对话,且小句越长这种差异(差比)越大。概括地说,即小说对话部分短句更多,叙述部分长句更多。

6.3 标点频率

表 14　常见标点在小说叙述和对话中的出现频率(次/万字)

	顿号	逗号	分号	句号	问号	叹号	平均
叙述	19.78	587.71	10.55	281.13	17.57	13.08	154.97
对话	12.46	616.73	8.66	281.39	142.49	160.88	203.77

表 14 表明:除顿号、分号外,逗号、问号和叹号在小说对话中的频率都明显高于小说叙述,尤其是问号和叹号。逗号频率越高说明句子越短、零句越多,反之句子越长、整句越多;问号和叹号频率越高说明口语性越强。由此可见,小说对话部分比叙述部分句子更短、零句更常见、口语性更强。

七、虚词、句式和句类

7.1 关联词频率

表 15　常用关联词在小说叙述和对话中的频率(次/十万字)

词语	但是	不仅	虽然	而且	即使	因为	不但	合计
叙述	48.58	5.54	30.23	31.35	5.61	64.70	6.57	192.58
对话	17.54	2.30	12.58	14.76	2.96	37.66	4.46	92.26
倍数	2.77	2.41	2.40	2.12	1.90	1.72	1.47	2.09

从表 15 看,常见关联词在小说叙述中的频率都要高于小说对话。关联词是典型的篇章逻辑关系标记和复句标记,这说明小说叙述部分的书面性和复句频率要高于对话部分。

7.2 语气词和叹词频率

表 16　常用语气词和叹词在小说叙述和对话中的频率(次/万字)

	吗	吧	呢	啊	呀	哇	哎	哦	么	合计
对话	20.11	28.51	23.34	10.60	19.96	0.69	0.84	1.56	10.48	116.09
叙述	1.57	1.74	4.91	2.17	1.48	0.13	0.06	0.11	0.68	12.85
倍数	12.81	16.39	4.75	4.88	13.49	5.31	14.00	14.18	15.41	9.03

语气词和叹词是最典型的两种口语词类，具有极强的主观性和交际互动性。从表16看，常见语气词和叹词在小说对话部分的使用频率都比叙述部分高。

7.3 语气副词频率

下表是常用双音节和多音节语气副词（史金生，2003）的频率比较①：

表17 常用语气副词在小说叙述和对话中的频率比较

	词语总数	叙述＞对话	对话＞叙述	都为0
词语数量	130	41	86	3
百分比	100%	31.5%	66.2%	2.3%

从表17看，大多数语气副词在小说对话中的频率都要高于小说叙述。而且根据我们的统计，小说叙述中频率更高的语气副词都是认识类的，而义务类语气副词在对话中的频率高于其在叙述中的频率。语气副词表达说话人的主观情感认识，具有典型的交际互动功能。认识类语气副词表达说话人对命题真实性的判断，义务类语气副词体现说话人/施事的意志、情感和评价（史金生，2003），后者的互动功能更强。这两点差异说明，小说对话的互动性要远强于小说叙述。

7.4 "的"频率

表18 "的"在小说叙述和对话中的频率（次/万字）对比②

	全部"的"	句末"的"								句中"的"
		的、	的，	的；	的。	的？	的！	的——	的……	合计	
对话	242.56	0.33	21.56	0.44	18.77	5.20	6.02	0.38	1.63	54.33	188.23
叙述	321.41	1.18	12.47	0.36	9.03	0.21	0.25	0.11	0.13	23.74	297.67
倍数	0.75	0.28	1.73	1.22	2.08	24.76	24.08	3.45	12.54	2.29	0.63

虽然由于句中句末的位置不同，不能精确区分结构助词"的₁"和语气词"的₂"，不过一般来说，"的₁"位于句中要多于句末，而"的₂"位于句末则多于句中。从表18看，全部"的"在小说叙述中的频率要高于对话，而句末"的"的频率对比则相反。由此可以推断，"的₁"在小说叙述中的频率要高于对话；而"的₂"在小说对话中的频率则高于叙述。作为结构助词的"的₁"的多寡可以体现句子结构复杂程度的不同，而作为语气词的"的₂"的多寡则体现了话语互动性的强弱不同。因此可以说，小说叙述的句子要比对话复杂，而小说对话的互动性则强于叙述。张伯江（2012）也发现，话剧电影这种互动性很强的对话尽量避免简单的"定＋的₁＋名"结构，小说对话的互动性虽然不如电影对话，但这

---

① 因为单音节语气副词（如可、并、太、才、真）大多是兼类词，所以本文没有统计。
② 句中"的"之频率＝全部"的"之频率－句末"的"之频率。

种倾向是一样的。

7.5 "了₁""了₂"频率①

表 19 "了₁""了₂"在小说叙述和对话中的频率(次/万字)对比

了	了₂									了₁
	了、	了，	了；	了。	了？	了！	了——	了……	合计	
对话	169.47	0.06	38.69	0.55	35.28	7.49	15.88	0.37	2.37	100.69	68.78
叙述	177.56	0.03	28.83	0.69	35.42	0.40	1.55	0.11	0.26	67.29	110.27
倍数	0.95	2.00	1.34	0.80	1.00	18.73	10.25	3.36	9.12	1.50	0.62

从表 19 看,"了₁""了₂"在小说叙述和对话中的频率对比正好相反:叙述中"了₁"高于"了₂",而对话中"了₂"高于"了₁"。作为最常用的时体助词,"了₁"表达事件的先后关系;作为句末语气词,"了₂"则体现交际双方的近距离互动(王洪君等,2009)。

7.6 处置介词频率

现代汉语处置介词有"把"和"将",根据沈家煊(2002)、张伯江(2007)等的研究,"将"字句多用于客观表达,主观表达则多用"把"字句。下表是它们的频率对比②。

表 20 "把""将"在小说叙述和对话中的频率(次/百万字)

	全部文本	叙述	对话	倍数
"把"	1 161.01	1 272.25	956.22	1.33
"将"	69.63	93.03	13.09	7.11
倍数	16.67	13.68	73.05	—

从表 20 看,小说叙述和对话的相同点有两点:一是叙述中"把""将"的频率都高于对话。原因在于,除用于祈使外,处置句多为事件句,所以更常用于叙事。二是无论是叙述还是对话"把"的频率都远高于"将",这可能是由于"将"的书面文言性质造成的。

不同点在于:其一,小说对话中"把""将"的频率差异远大于叙述③,这是由对话中"将"的频率极低导致的。其二,"把"在叙述和对话中的频率差不多,而"将"在叙述中的频率大幅高于对话(7 倍多),这说明"把"的使用频率远比"将"稳定。

因此同样表示处置,除了主、客观对立外,"把"字句、"将"字句还有两点差异:一是"把"远多于"将";二是"将"很少用于口语,而"把"在这方面的差异不明显。

---

① "了₁"的频率="了"频率－"了₂"的频率。
② 表中"全部"指不分叙述和对话的完整文本(下同),末列"倍数"指叙述中的次数与对话中的次数相除,末行"倍数"指"把"的出现次数与"被"的出现次数相除,"—"指此处不计算倍数(无意义)。
③ 相差倍数为 5.34 倍,计算方式为 73.05÷13.68＝5.34。

7.7 介词"把""被"的频率

表 21 "把""被"在小说叙述和对话中的频率(次/百万字)

	全部文本	叙述	对话	倍数
"把"	1 161.01	1 272.25	956.22	1.33
"被"	264.78	335.04	115.05	2.91
倍数	4.38	3.80	8.31	—

从表 21 看,小说叙述中"把""被"的频率都高于对话,这与小说叙述部分叙事性更强有关。"把"字句、"被"字句属于典型的事件句(除用于祈使),因此叙事语篇中更常见。

不同点在于:无论是小说叙述还是对话,"把"的频率都大大高于"被",尤其是在对话中。这说明处置句和被动句在使用频率上是不对称的。"被"在小说叙述和对话中的频率差异要大于"把"。因此可以说,"把"字句既比"被"字句更常用,其使用频率也比"被"字句稳定。

7.8 句类分布

现代汉语中最常用的句末点号为句号、问号和叹号,下表是根据这三种点号计算出来的三种句类所占的比例①。

表 22 小说叙述和对话中三种句类所占比例

	字数(万)	三种句类的句子总数	句号句(%)	问号句(%)	叹号句(%)
叙述	2 533.60	798 052	89.21	5.97	4.81
对话	784.50	454 951	48.62	24.39	27.00
倍数	3.23	1.75	1.83	0.24	0.18

从表 22 数据看,叙述部分字数是对话的 3 倍多,而三种句类的数量差距却不到 2 倍,这说明对话部分的句子比叙述部分要短。在叙述部分,句号句占比将近 90%,问号句、叹号句合计只占 10%;在对话部分,句号句占比不到 49%,而问号句、叹号句合计则超过 51%。这说明小说叙述部分的陈述句占绝大多数;而对话部分疑问句、祈使句和感叹句等则超过一半②。不同句类具有不同的表达功能,陈述句多用于叙事,而疑问、祈使和感叹句则更能体现言语交际的互动性、主观性。

---

① 省略号和破折号也可用于结句,不过二者也有很多用在句中表省略、夹注、言语间断或拖长,后两种用法在对话中尤其常见,因此其频率也远高于叙述。由于省略号和破折号的句中用法与句类没有关系,且是否用于结句也很难截然分开,用于结句时也与句类没有对应关系,我们的统计暂不考虑这两种标点。

② 虽然句号与陈述句、叹号与感叹句和祈使句并不完全对应,不过大多数句子还是对应的,统计数据只是反映这种差异的倾向性。

八、结　论

综合上文的对比,可以得出以下几点结论:第一,小说叙述部分的词汇比对话部分要丰富;第二,小说叙述部分的语言及其结构比对话部分要复杂;第三,小说叙述部分的书面性更强、对话部分的口语性更强;第四,小说叙述部分的叙事性比对话部分要强;第五,小说对话部分的主观互动性比叙述部分要强。因此,我们在使用小说语料作为叙事材料时应该区分其叙述部分和对话部分,实际上小说对话部分并不属于叙事语篇,跟小说叙述部分相比至少是不典型。

语体差异是由多种因素(功能、表达和语境等)综合作用的结果,"每一种语体都是多种特征的集束"(张伯江,2012)。这些差异最终都会在语言形式上体现出来,这就为从形式上量化这些差异提供了可能。同时,形式上的量化比较方法也可以增强语体对比研究的客观性和可信性,从而避免仅凭语感而笼统说明的主观和模糊。

参考文献

崔希亮(2020)正式语体和非正式语体的分野,《汉语学报》第 2 期。
方　梅(2007)语体动因对句法的塑造,《修辞学习》第 6 期。
冯胜利(2006)《汉语书面用语初编》,北京语言大学出版社。
冯胜利、王　洁、黄　梅(2008)汉语书面语体庄雅度的自动测量,《语言科学》第 2 期。
冯胜利主编(2013)《汉语书面语的历史与现状》,北京大学出版社。
黄　伟、刘海涛(2009)汉语语体的计量特征在文本聚类中的应用,《计算机工程与应用》第 29 期。
刘海涛主编(2017)《计量语言学导论》,商务印书馆。
刘海涛主编(2018)《计量语言学研究进展》,浙江大学出版社。
陆俭明(2003)《现代汉语语法研究教程》,北京大学出版社。
申　丹(2004)《叙述学与小说文体学研究》(第 3 版),北京大学出版社。
沈家煊(2002)如何处置"处置式"?——论把字句的主观性,《中国语文》第 5 期。
史金生(2003)语气副词的范围、类别和共现顺序,《中国语文》第 1 期。
王洪君、李　榕、乐　耀(2009)"了$_2$"与话主显身的主观近距交互式语体,《语言学论丛》第 40 辑,商务印书馆。
张伯江(2007)语体差异和语法规律,《修辞学习》第 2 期。
张伯江(2012)以语法解释为目的的语体研究,《当代修辞学》第 6 期。
Woods, A., Fletcher, P., Hughes, A. (1986/2000) *Statistics in Language Studies*. Cambridge: Cambridge University Press.《语言研究中的统计方法》,陈小荷、徐娟、熊文新、高建忠译,北京语言文化大学出版社,2000 年。

(300071　天津,南开大学文学院)

论汉语动词从"力量撑顶"到"语言顶撞"的演变*

胡丽珍　蒋　铖

摘　要：汉语动词"撑""顶""扛""挺"都具有"力量撑顶"语义。四个动词在论元跨域投射下，动词语义随着论元的不断变化而抽象化，最后都演变成言语上的"顶撞"义。四个动词言说义的形成，主要是论元扩展形成跨域投射的结果。但论元扩展始终围绕着四个词的核心义进行，而四个词的核心义都蕴含有"对抗"的语义特征，在言语使用中共同凸显这一语义特征，使得四个动词都演变出相同的言说义。

关键词：动词；论元；扩展；核心义

从具体的行为动词义向言说义演变应该是汉语语义演变的一大规律。首先关注较多的是从手部动词向口部动词的演变（董正存，2009、2012、2015；王丽玲，2011；朱青，2014）；其次，还有对汉语各种行为动词向言说义动词演变进行研究的，马云霞（2010、2012）曾指出汉语中表身体行为的十多类动词可以向言说义演变。这两类研究，前者侧重具体个案的演变过程探讨，后者则侧重类别的归纳。后者研究虽然涉及了诸多类别动词的研究，然皆为举例性质的浅尝辄止，甚至有些类别的概括和动词的归类不够准确，如"提"归为"悬挂类"，"揎"归为"撑持类"，"扛"归为"对抗摩擦类"等都是不够准确的①。我们认为行为动词向言说义演变的研究更需要挖掘动词的语义到底是如何发生演变的，重点是要关注动词的论元在汉语史中发生了怎样的变化，以及论元的变化促使动词语义又发生了怎样的变化。

---

*　本文为重庆师范大学人才引进项目"汉语常用单音节动词的语义演变研究"（项目编号：19XWB004）的研究成果。感谢匿名专家和编辑部的宝贵修改意见！文责自负。

①　马文是根据动词的本义来归类的，而"提"的本义，《说文解字·手部》云："提，挈也。"《汉语大词典》做"悬持"，马文可能误将"悬持"义作"悬挂"义。"悬持"是偏正结构，义为"悬空拎起"。马文用"揎"之"推"义，则与"撑持"无涉。"扛"本义是"双手举重物、抬物"，故"扛"应为"撑持类"，而非"对抗摩擦类"。

本文主要从动词论元变化的角度来研究学界关注较少的"撑顶"义汉语单音节动词向"顶撞"言说义的演变,这类动词有"撑""顶""扛"以及"挺"。

一、"撑顶"义动词论元变化及其言说义的产生

1.1 动词"撑"的论元变化及其言说义的产生

《康熙字典》对"撑"的解释为:"《唐韵》丑庚切,《集韵》抽庚切,并音瞠,与樘同。《说文》:'樘,衺柱也。'"《说文解字·木部》:"樘,柱也。"①段玉裁注:"各本'柱'上有'衺'字,今删。……惟'樘'字,或作'牚',或作'撑',皆俗字耳。《玉篇》云:'樘,柱也。'亦无'衺'。"因"樘"为支柱,起着支撑作用。因此,"撑"的本义也就是"抵拄,支撑"义。如:

(1)罗丰茸之游树兮,离楼梧而相<u>撑</u>。(西汉·司马相如《长门赋》)

例(1)中施事论元和受事论元都为树木。"离楼"指众木交加之貌,"离楼梧而相撑"的意思是"树木枝叶交加而相互抵住","撑"表示"抵住"义。这种"抵住"蕴含了"用力"的义素,那么相互抵拄的两个物体就会有因力的作用而分开的趋势,这个语义决定了"撑"的语义发展路径。当"撑"的支配对象是可移动之物时,如船,则"撑"表达"以篙抵住河岸或河床使船移动"义,如:

(2)<u>撑</u>舟昆明度云锦,脚敲两舷叫吴歌。(唐·韩愈《奉酬卢给事云夫四兄曲江荷花行见寄并呈上钱七兄阁老张十八助教》)

(3)<u>撑</u>舡而冲破莲荷,奏曲而惊飞鸳鹭。(《敦煌变文·长兴四年中兴殿应圣节讲经文》)

《汉语大词典》释此类"撑"为"以篙行船"义,较为笼统,未突出动作特征。"撑舟/舡"应是"以篙抵住河岸或河床使舟行驶",这与"摇/划船"是不一样的,"摇/划船"是用桨拨动水波而使船前行。如果动作"撑"所支配的对象是静止的,那么"撑"即是"(用力)顶住"或"(用力)支撑"。如:

(4)一条挂杖<u>撑</u>天地,三尺昆吾斩鬼神。(唐·吕岩《七言》)

(5)打狗<u>撑</u>门,双峰掉在无事甲里。(南宋·普济《五灯会元》卷十七)

例(4)"撑天地"即"顶住天地"或"支撑着天地",例(5)"撑门"的意思是用手或东西抵住门,"撑"表示"抵住"义。

---

① 《康熙字典》中用的是《说文解字》原本,我们用的是段玉裁注解本,故"樘"字的注解已没有了"衺"字。段玉裁注解中提到了删除"衺"字,并解释了《说文解字》中为何会多一"衺"字:"俗间谓撑拄必用衺木,遂沾一衺字"(段玉裁《说文解字注》,1998:254,浙江古籍出版社)。

"撑"的受事无论是可移动之物,还是静止之物,施事总是从受事的外部用力并发出"撑"这个动作的。当动作"撑"是在受事内部施力,而受事是非坚固且易发生形状变化之物时,"撑"的语义变为"填饱;充满"。如:

(6)吃得肚婴撑,寻思绕寺行。(唐·杨苎萝《咏垂丝蜘蛛嘲云辨僧》)

(7)撑肠拄肚礧傀如山丘,自可饱死更不偷。(唐·卢仝《月蚀诗》)

(8)汤怕老,缓煮龙芽凤草。七碗徐徐撑腹了。(宋·吴潜《谒金门·和韵赋茶》)

以上三例"撑"的受事分别是"肚""肠""腹",人体的这三个部位在吃饱时都会被食物撑起而鼓胀,因此,这种"撑"应理解为"填饱"。当然,施事也可以不是食物类的事物,受事因为施事的填充而鼓胀(如例(9)),亦或受事非可变形事物,施事填充其间(如例(10)),皆应理解为"充满"义。如:

(9)三万牙签插高架,五千黄卷撑枯肠。(宋·陆游《题梅汉卿醉经堂》)

(10)中嵌一物,形若牛筋。意度必是当间煮之胖胀,撑塞双轴,入窍关住,所以宛转无碍。(元·陶宗仪《南村辍耕录》卷二十三)

例(9)是"书卷充满了枯肠";例(10)是"形若牛筋之物充满了双轴"。

动作"撑"的施事从受事内部施展时,如果使受事从闭合状态变为张开状态,则动作"撑"应理解成"张开"之义。如:

(11)则见他努眼撑睛大叫呼,不邓邓气夺胸脯。(元·杨显之《临江驿潇湘秋夜雨》第三折)

(12)你这老头儿不要琐碎,你只是把眼儿撑着,看我这架子衣服如何?(元·秦简夫《东堂老劝破家子弟》第二折)

(13)不多时,老陈将一把雨伞撑开。(明·冯梦龙《警世通言》卷二十八)

(14)人瑞接过来,撑开封套口,朝里一窥,便揣到怀里去,说声"知道了",更不住的嘻嘻价笑。(清·刘鹗《老残游记》第十七回)

(15)从常高山到吴家沟连绵的山巅上,都撑起了黄煞煞的篷帐。(柳青《铜墙铁壁》第十四章)

"撑眼""撑睛"都是把眼睛"张开"之义;而"撑开伞""撑开封套口""撑起篷帐"之"撑"也都是将受事"张开"之义。这种撑开事物的动作会扩展到嘴巴的动作上。如:

(16)这王尚书说的话,都是个正正大大的道理。谁无个恻隐之心,把个三宝老爷撑了个嘴,把个天师张真人扫了一树桃。(明·罗懋登《三宝太监西洋记》第十九回)

例(16)中"把个三宝老爷撑了个嘴"表达的是"(王尚书说的话)使得三宝老爷张开嘴(而无言)"之义,这种由于"撑"的动作而说不出话的状态容易形成转喻的用法。如:

（17）只这一句话儿不至紧，把个天师就撑得他哑口无言。（明·罗懋登《三宝太监西洋记》第十四回）

"一句话儿"是无形的事物，却像一个有形的物体一样"撑"得他的嘴巴无法言语。具体"支撑"的动作已经抽象化，"撑得他哑口无言"这个动补结构转喻为"说不出话"。这样一来，"撑"通过和"话儿""嘴"这种论元搭配从而向言说义演变。当"撑"的论元直接变成话语或者是人物的时候，其言说义就形成了。如：

（18）匡超人支吾不过，只得同他硬撑了几句。（清·吴敬梓《儒林外史》第十六回）

（19）不要说别人打头客，朱苟牛马要来，就是三爷打头客，不过面子大些，他可以多住些时，没人敢撑他；可是他能常年在山上吗？（清·刘鹗《老残游记续集》第四回）

例（18）"撑了几句"应为"顶撞了几句"之义。例（19）"没人敢撑他"根据上下文可知其义是"没人敢说他"，《汉语大词典》将此"撑"理解成"排挤"之义，其实亦无不可。但"排挤"更多的还是利用语言或者是势力等方式使别人失去地位或利益。因此，该例或多或少还是可以理解成与语言有关的"言说"义。到现代汉语中，"撑"的"言说"义很难见到用例，更多的是用为"支撑、支持"义。

1.2 动词"顶"的论元变化及其言说义的产生

《说文解字·页部》："顶，颠也。"又云："颠，顶也。""顶"的本义就是人头的最上端，即头顶，是一个名词，后发展出动词义"用头顶支撑"之义。用名词所表示的事物或者部位进行某种动作，这是一种语义的相关引申，是认知转喻的结果。如：

（20）〔张俛〕时初落第，两手捧《登科记》顶之，曰："此千佛名经也。"（宋·王谠《唐语林·企羡》）

例中"顶之"，即"用头支撑《登科记》这本书"之义。如果是用头支撑帽子类的物品，则这种"用头支撑"可以理解成"戴"。如：

（21）菩萨改为大士，罗汉改尊者，和尚改德士，皆留发顶冠执笏。（宋·赵与时《宾退录》卷一）

（22）此僧出入常顶一笠。（宋·朱熹《朱子语类》卷十二）

二例中，"顶冠"即"戴帽子"义，"僧出入常顶一笠"即"僧出入常常戴着一顶斗笠"义。

无论是一般的"用头顶支撑"还是"戴"，力的方向都是从下往上的。再如：

（23）但我韩厥是一个顶天立地的男儿，怎肯做这般勾当！（元·纪君祥《冤报

冤赵氏孤儿》第一折)

当然,用头顶的对象也不都是具体实物。当"顶"后的论元变成抽象的事物后,"顶"的意义就会发生变化。如:

(24)也曾腿厮压齐声儿和曲,头厮顶难字儿闲吟。(元·陆登善《一枝花·悔悟》)

"头厮顶难字儿"中,"顶"的意义就比较抽象了,因为"头"无法发出"顶"字这样的具体动作,"顶"就会通过隐喻认知机制从而引申出"使用"义。论元结构中,论元的变换必然会带来动词语义的变化。动词演变出言说义,其中关涉的一个重要的论元角色就是"嘴",上文的"撑"是如此,形成"撑了个嘴"用法,"顶"同样也有"顶嘴"的用法。如:

(25)师父传你道法,如何不学,却与师父顶嘴!(明·吴承恩《西游记》第二回)

虽然"顶嘴"中的"顶"还没有言说义,但整个论元结构"顶嘴"已经表达言说义了。当"顶"前后的论元与言语有关或者是言语发出者时,"顶"从"从下往上用力支撑"义引申出表示言说的"顶撞"义。如:

(26)我也是个大丈夫!"一言既出,驷马难追。"岂又有污言顶你?(明·吴承恩《西游记》第八十三回)

(27)你在这里老爷面前少顶一句儿罢!我有一千日的不好,还有一天的好呢。(清·曹雪芹《红楼梦》第一百一十二回)

(28)这几句话儿,把王安阁顶得闭口无言。(清·漱六山房《九尾龟》第一百一十三回)

(29)朱延年猜到他的心思,并不揭露,却从侧面顶他一句。(周而复《上海的早晨》第一部)

这种意义从近代汉语中产生,一直沿用到现代汉语中。《现代汉语词典》(2016:305)收录了"顶"的这一言说义项,释为"顶撞"。而"顶撞"一词,《现代汉语词典》(2016:306)释之为:"用强硬的话反驳别人(多指对长辈或上级)。"《现代汉语词典》(2016:306)也收录了"顶嘴",并释之为"顶撞;争辩(多指对尊长)"。需要注意的是,在《现代汉语词典》中,无论是对"顶撞",还是对"顶嘴",其中的释义都强调了"下对上"的言语行为。这说明,"顶"的言说义还是保留了其具体动词"支撑"义的力的使用方向特征。

1.3 动词"扛"的论元变化及其言说义的产生

《说文解字·手部》释"扛"为"横关对举也。"段玉裁注:"以木横持门户曰关,凡大物而两手对举之曰扛……即无横木而两手举之,亦曰扛。"

(30)扛鼎、抃牛,非绝力邪?(西汉·扬雄《法言》卷十一)

例(30)中,"扛鼎"即用双手举鼎之义。

(31)手扛千钧,足躡惊飚。(东晋·葛洪《抱朴子·辨问》)

此例中的"扛"还是"双手将重物举起"之义。当动词"扛"的施动者是两人及以上的时候,"扛"的语义是"抬"。如:

(32)以一个人家,一火人扛个棺槺入来哭,岂不可笑!古者大夫入国,以棺随其后,使人抬扛个棺槺随行,死便要用,看古人不讳凶事。(宋·朱熹《朱子语类》卷八十三)

此例,前者用"扛个棺槺",后者用"抬扛个棺槺",可见,此类"扛"为"抬"义。不管"扛"理解成"举"义,还是理解成"抬"义,都有一个核心的语义特征"向上用力对抗"。这一语义特征和"顶"有相似之处,只是所使用的人体部位不同而已。因此,当动词"扛"的前后论元变成人和表示言语的抽象名词时,"扛"无法表达具体的动作,就会引申出言说义。如:

(33)亚夫问:"黄叔度是何样底人?"曰:"当时亦是众人扛得如此,看来也只是笃厚深远底人。"(宋·朱熹《朱子语类》卷三十五)

(34)只从外面见得些皮肤,便说我已会得,笔下便写得去,自然无暇去讲究那精微。被人扛得来大,又被人以先生长者目我,更不去下问。(宋·朱熹《朱子语类》卷九十七)

"众人扛得如此"和"被人扛得来大"两个例子中,被"扛"的受事在句中省略了。但是从上下文可以得知,受事是人,可补充为"黄叔度被众人扛得如此"与"我被人扛得来大",由于"扛"后有结果补语,"扛"的具体动作义受到压制,而其具体"扛"动作义中还含有将物体抬高的语义特征,所以这里的"扛"只能理解成言语上的"抬捧"或"吹捧",这一变化是隐喻机制运作的结果。

"扛"的言说义还有另外一条演变路径。动词"扛"在元代开始有"横挡、阻拦"义。如:

(35)则我这丈八矛,咭叮生扛折那厮方天画杆戟。(元·郑光祖《虎牢关三战吕布》第三折)

(36)八戒听说,扛住行者道:"哥哥,这等一个小孩子家,你只管盘诘他怎的!"(明·吴承恩《西游记》第四十回)

例(35)"生扛折那厮方天画杆戟"就是"生生地横挡并折断那厮的方天画杆戟"之义;例(36)的"扛"即"阻拦、阻挡"之义。这种动词语义含有施动者和受事之间用力碰撞的语义特征,这一特征与动词"顶"具有相似之处。因此,从这一语义出发,"扛"引申出"用言语顶撞"这样的言说义。如:

(37) 你将那舌尖儿扛，咱则将剑刃儿磨，咱心头早发起无明火。(元·尚仲贤《汉高皇濯足气英布》第一折)

例中"将那舌尖儿扛"是一种隐喻的说法，舌尖无法发出"横挡"这样的动作，人也无法将舌头横放。但是，舌头是发音器官，动词"扛"与之结合就容易引申出言说义，这和"顶嘴"的"顶"引申出言说义的机制是一样的。某些动词在与发音器官名词连用，且具体动作受到压制不能凸显时，就容易引申出言说义。如动词"磨"与"舌头"的搭配使用即是如此：

(38) 我为娶这妇人呵！整整磨了半截舌头。(元·关汉卿《救风尘》第二折)

(39) 老身磨了半截舌头，依倒也依得，只要娘子也依他一件事。(明·凌濛初《二刻拍案惊奇》卷二)

"磨了半截舌头"即"说了很多话"之义。因为舌头是不能用来磨的，具体动作不能实施，加上"舌头"是发音器官，也可以说"磨破了嘴皮"这样的搭配来凸显其言说义。"磨"正是在这种与发音器官搭配的论元结构中获得言说义的。

动词"扛"表达言说义，还可以直接和话语论元搭配进行表达。如：

(40) 谁不知道！你讨保头钱，分与那个一分儿使也怎的？教我扛了两句，走出来，不想哥哥这里呼唤。(明·兰陵笑笑生《金瓶梅》第五十二回)

现代汉语中，"扛"的言说义已经不见。双音节词"抬扛"①虽包含了言说义，但此"扛"(gàng)是同"杠"的，与言说义的"扛"(gāng)是无关的。

1.4 动词"挺"的论元变化及其言说义的产生

《说文解字·手部》："挺，拔也。从手，廷声。"如：

(41) 被甲带剑，挺铍摺铎。(春秋《国语·吴语》)

韦昭注："挺，拔也。"

(42) 垂饵出入，挺叉来往。(晋·潘岳《西征赋》)

李善注："挺，拔也。"

从"挺"的早期用例来看，"挺"的本义是"将兵器或工具类的刀剑拔出来"。刀剑等拔出来的状态就像刀剑从刀鞘中生长出来一样，因此，当"挺"用于可以生长的事物之上时，"挺"引申出"生长、长出"之义。如：

(43) 于是乎邛竹缘岭，菌桂临崖。旁挺龙目，侧生荔枝。(晋·左思《蜀都赋》)

---

① 《汉语大词典》(1995，6：933)作"抬扛"，而《现代汉语词典》(2016：1263)作"抬杠"。二辞书皆释之为"争辩"，《现代汉语词典》还指出这种争辩多指无谓的。根据《汉语大词典》，"抬扛"中的"扛"在这个意义上是同"杠"的，所以，"抬扛"中的"扛"与言说义无关。

该例中,动词"挺"与"生"互文见义。旁边长出龙眼,一边又生出荔枝。

(44)宝跨荔枝,芳轶木兰;怀藥挺实,涵黄糅丹。(南朝梁·江淹《草木颂·杨梅》)

"怀藥挺实"中,"怀"与"挺"互文见义,即"孕育花蕾,长出果实"之义。"挺"的"长出"义蕴含有"向外""向上"这样的语义特征,这个语义特征是从其本义"拔出"承继而来的,因为"拔出"刀剑之类的兵器或者工具都具有"向外、向上"这样的语义特征。这样的语义特征与表示人物的论元主体搭配在一起,"挺"引申出"向前""奋起"义。如:

(45)家贫无以市马,刀楯步出,单身挺战,众莫能当。(南朝梁·沈约《宋书·宗越传》)

(46)追项王之故台,迹霸楚之遗端。挺宏志于总角,奋英势于弱冠。(同上,《谢灵运传》)

(47)昔魏氏将亡,群凶挺争,诸贤戮力,想得其朋。(南朝·徐陵《与齐尚书仆射杨遵彦书》)

例(45)"单身挺战"即"独自一人奋起抗战";例(46)中"挺"与"奋"互文见义,"挺宏志"就是"立宏志";例(47)"群凶挺争"即"众恶人奋起争斗"之义。无论是"挺战"还是"挺争",它们都将这种"向前"的语义特征带入了一种含有"对抗"义的语境中。这种语义特征如果与言语类的论元搭配的话,这种动作上的奋起与对抗则会引申出言语的"顶撞"义。如:

(48)他不曾说一句话,我直挺的他脚梢天。(元·秦简夫《东堂老劝破家子弟》楔子)

(49)他元来要奏丹墀,敢和我厮挺相持。(元·高明《琵琶记》第十四出)

(50)待要和他硬挺几句,又晓得章秋谷武艺精通,不是好惹的人物,况且王云生吃过他的亏苦,被他轻轻的随手一掌,就跌了一个鹞子翻身。(清·张春帆《九尾龟》第二十八回)

"挺"表示"顶撞"义从元代开始就有用例。例(48)中,根据例句前文"他不曾说一句话"则"挺的他脚梢天"应理解为"我用言语顶得他无话可说"。例(49)"厮挺"是指言语上的相互顶撞。例(50)中的"挺几句"形成"挺+话语论元"的结构,加上前面还有副词"硬"的修饰,更突显了"挺"的言语"顶撞"义。这种"顶撞"义的"挺"还可与"撞"搭配,形成复合动词"挺撞"。如:

(51)便是我谢衙内现做的朝中臣宰,你也不该挺撞我。(元·无名氏《谢金吾》第一折)

(52)薛蟠有时仗着酒胆,挺撞过两次。(清·曹雪芹《红楼梦》第八十回)

(53)众官明知塞谔酒色之徒,故意妆幌子说着大话。谁敢去挺撞半句。(清·

吕熊《女仙外史》第六十六回)

以上三例中的"挺撞某人"和"挺撞半句"之"挺撞",都不是肢体行动上的"撞击",而是指出言不逊的言语上的顶撞,"挺撞"和"顶撞"义同。这种意义的"挺撞"用例较多,BCC 语料库古汉语分库显示"挺撞"有 159 例用例。而且,这种"挺撞"还可以说成"撞挺",如:

(54)想着我朋友上费了些抢白,想着他母亲行受了些<u>撞挺</u>。(元·无名氏《集贤宾·佳遇》)

此例"撞挺"与"抢白"互文,其言说义很明显。"挺撞"和"撞挺"构成同素逆序词,二词义同。但"撞挺"的用例极少,这也许是受到了"挺撞"高频使用的压制。"挺撞"也好,"顶撞"也罢,其言语上的"对抗"义,都是从具体行为动作的"对抗"义引申而来的。

此外,近代汉语中还有"挺触"的说法,该词义同"挺撞"。如:

(55)急的俺忐忑忑忑把花言巧语谩支吾,当初当也波初,俺也拼的厮<u>挺触</u>。(元·无名氏《抱妆盒》第四折)

(56)这生员说,已经受聘,抵死不从,又<u>挺触</u>了他几句。(清·佚名《好逑传》第一回)

(57)谁想菽麦不分,出言<u>挺触</u>!我便执法,与汝做一对头,便待怎么?(清·清溪道人《媚史》第二十四回)

"挺触"具有这种用法是因为"触"具有"撞"义,如《左传·宣公二年》:"(鉏麑)触槐而死。""触槐"即"撞槐树"之义。既然"触"与"撞"同义,而"挺撞"能够表达"言语顶撞"义,那么"挺触"发展出"言语顶撞"义也就是很容易理解了。这其实也是一种同步构词的现象。王云路(2014:445)曾指出,一组意义相近的单音词往往以相同的构词方式或者与同一个语素结合的形式构成一组双音节同义词。王先生说的正是同步构词。当然,到现代汉语中,表示言语顶撞的词语最常用的双音节动词是"顶撞"。"挺撞"极少见用例①,"撞挺"与"挺触"已经不用。

二、论元变化下的动词语义演变认知解释

Firth(1957:12)曾指出,"词的意义从与它结伴同现的词中体现"②。动词意义的体现尤为如此,从上文的研究可见,动词语义演变最根本的原因就是其所搭配的论元发生

---

① 通过 BCC 语料库和 CCL 语料库两个语料库的现代汉语分库进行检索统计,"挺撞"的用例仅见 10 例。如金庸《天龙八部》:"段誉见他对阿朱的话也要驳斥,才相信阿碧先前的话不错,此人果然以挺撞旁人为乐。"

② 原文为:You shall know a word by the company it keeps。

了变化。这正如陶红印(2000)所说,"动词的论元结构在本质上有开放性和动态变化的特征;论元结构的主要方面从根本上来说是受制于实际的语言运用的",这种论元的动态观和我们所描写的四个动词的论元变化情况是相符合的。下面我们主要研究动词论元结构中论元到底发生了什么变化,动词的语义在论元的变化中又是怎样演变的。

2.1 论元变化与跨域映射

论元的变化虽然会引起动词语义的变化,但动词的论元只要还是在一个事件范畴内,其论元的变化都不会带来动词语义的变化。如动词"吃",只要"吃"的论元还是属于"吃饭事件"这个语义框架内,则无论是"吃食堂""吃大碗",还是"吃中餐""吃火锅""吃烧烤",动词"吃"的语义和"吃饭""吃苹果"的语义都是一样的,都是"把食物等放到嘴里咀嚼并吞咽"的意义。这因为这些论元搭配都是属于"吃饭"事件域的,不同的论元只是凸显吃饭事件中的不同语义关系对象,有的凸显动作受事,有的凸显动作工具,有的凸显动作地点,有的则凸显动作方式,等等。但是这些论元基于吃饭事件的相似性和相关性,形成了一个"吃饭"事件论元聚合,这些论元共同作用促使"吃饭"这个认知事件框架的形成,这是一个范畴化的过程。那么这些论元就是范畴中的不同成员,不同成员的身份具有一定的差异,"饭""苹果"等论元是范畴原型(Berlin & Kay,1969),是典型成员,而"食堂""中餐"等是非典型成员。语言的使用往往都是从典型成员到非典型成员的扩展。从"吃饭""吃苹果"发展到"吃利息""吃低保",说明动词"吃"已经突破了原有的认知事件框架,运用到另一个事件域中了,这样,跨域映射就完成了。跨域映射之所以能够发生,是基于不同的事件域之间的相似性和相关性的。这样看来的话,跨域映射不仅是隐喻的工作机制(Lakoff & Johnson,1980),相关、相近范畴之间的转喻同样也离不开跨域映射的操作。

我们再来看"撑顶"义的动词。从1.4节"挺"的语义演变描写中我们可以看到,具有言说义的"挺"并不是从其本义直接跨域映射而来的。因为"拔(刀剑等)"与"言语顶撞"两个事件域之间相距太远,相似度不够,因此这样的跨域映射难以发生。"挺"是先从本义"拔(刀剑等)"的动作投射到动植物的"生出、长出"事件域,因为二域都有"从里往外冒出"的范畴特征,进而再投射到人的"向前奋起或立志奋起"上,因为"奋起"事件域也具有"冒出头"这样的范畴特征。这种"奋起"的"往外冒"的动作过程如果是朝着一定的对象,必然就会形成冒犯、冲撞行为。动作行为上的冲撞就是碰撞,而言语上的冲撞就演变成了言语顶撞。论元搭配同步变化就形成了"挺他几句"这样的表达。因此,在论元搭配变化与跨域映射的互动之下,"挺"就从手部动作的动词演变成了具有言说义的口部动词。其他几个词的演变也大抵如此。需要注意的是,相邻域之间的连续投射,既减小了投射的难度,同时又形成了一个相似链,相似链呈现出具体到抽象的范畴相似特征序列,这个特征序列是我们探讨语义演变的主要线索,也是语义得以承继的基础,这一点我们下文还要谈到。

2.2 论元变化与核心义承继

动词论元的扩展变化是否是杂乱无章的?是不是任何论元都可以与相关动词搭配呢?回答当然是否定的,因为动词论元的扩展需要恪守一个原则,即核心语义承继原则。就是说,动词虽然形成了跨事件域的论元搭配,但其语义始终会保留核心语义的遗传基因,即使是扩展到最边缘的范畴,其语义或多或少还保留有核心义的因子。这里涉及一个很关键的对象就是核心义,宋永培(1994:282)早就指出:"引申义列的多层与多向是由本义决定的。具体地说,是由本义蕴含的形象特征及形象特征凝聚的核心义决定的。"从中可以看到,核心义不是本义,而是蕴含在本义中的语义特征。王云路、王诚(2014:19)也曾说:"核心义不是本义,不是主要意义,不是常用意义,而是由本义概括而来,贯穿于所有相关义项的核心部分,是词义的灵魂,因而是看不见的,通常没有一个具体词是这个意义。"我们赞成宋永培和王云路两位先生的意见。也就是说,核心义不是某个具体的词义,它需要我们去提取。提取出的核心义具有统摄词义的作用,可以解释词义发展演变的制约机制和词语内部意义之间的深层联系(王云路,2017;王云路、王诚、王健,2019)。这样的思想贯穿了我们的研究,有所不同的是,我们的核心义主要体现在动词论元变化的线索中,是连接动词本义与其引申义的关键所在。

我们来看看"撑顶"义动词的核心义在言说义形成过程中所起的作用。从前文的论元搭配描写中,我们可以提取出"撑"的核心义是"二物抵拄(使事物分开)",所举例子中,无论是其本义的"抵拄"①,还是"撑舟(使舟与岸分开)""撑腹(使腹部的前后分开)""撑睛(使上下眼皮分开)""撑伞(使伞面与伞柄分开)""撑嘴(使上下嘴唇分开)"都包含了这一核心义。具体到其言说义"顶撞"上,其实也包含了这一核心义,因为言语上的顶撞一般会使得两个人之间的关系疏远,这种疏远也可看成是人际关系在距离上的分开。而动词"顶"的核心义则是"二物相抵",在"顶冠""顶着房子""顶罪"以及"一个顶一个"等论元搭配结构中,"顶"都包含"二物相抵"的核心义。其中"顶嘴""少顶一句"这样的言说义中,"顶"表示"顶撞"义,"顶撞"就是一个人用言语抵住另外一个人所说的话。虽然"撑"和"顶"都发展出"顶撞"之义,但是二者的核心义还是有所差别,因此二词的词

---

① 如例(1)中,树木枝叶交加而相互抵住,那么,二物会因相抵而相斥,在这种力的作用下,相抵的枝叶会具有向相反方向分离的趋势。

义系统中,还有不少义项存在差别,但是二词在表示"撑船""支持"义的时候还是相同的,这是因为二词的核心义有一个相似处,即"二力相持"这样的语义特征,正是因为有这样共同的特征才使得二词都发展出"言语顶撞"义。但二词该义的形成路径还存在一些差异:"撑"侧重"二物分开"的动作结果视角,而"顶"则侧重"二物相持"的动作过程视角。其他两个动词,其中"扛"的核心义是"阻碍","扛"的"双手举重物、抬物""阻拦""言语顶撞"等义都包含了"阻碍"这个核心义。这个语义特征是从认知主体的视角来分析的:所"抬"之"物"即是阻碍;言语所扛的对象对认知主体来说也是一种阻碍。而"挺"的核心义是"使事物出现",无论是"挺铍""挺叉"的"拔"义,还是"挺龙目""挺实"的"长出"义,"挺"都包含"使事物出现"的核心义,"挺宏志"也含有"让宏志显现"语义。"挺"的"言语顶撞"义是从核心义动作所带来的结果的视角进行凸显的,事物出现、向前会蕴含"对抗"义,所以当言语论元与"挺"搭配时,"挺"的言说义自然就得到了凸显。

三、结 语

"撑""顶""扛""挺"四个"撑顶"义动词向言说义演变具有共同的路径。它们都是在"撑顶"义下演化出了"言语顶撞"义。虽然我们提取它们的核心义是有差别的,但它们的核心义都具有一个相同的语义特征,那就是"对抗"。在这四个动词中,有的本义就具有"对抗"的语义因子,如"撑"的"抵住"义明显蕴含有"对抗"义,而"扛"在《说文解字》中就被认为"或作抗";有的在词义扩展后才有了"对抗"这样的语义特征,如"顶"发展出"支撑"义才蕴含有"对抗"的语义特征,而"挺"一直到"向前、引身而上"义的产生才具有了"对抗"的语义遗传因子。而且每个动词在凸显"对抗"语义中的侧重点是不一样的,这在前面已讨论过了,不再赘述。

在核心义的贯穿下,"撑顶"义动词通过论元扩展从而产生出新的意义,这种语义演变充分利用了汉语这个系统的运作机制。我们知道,语言是一个利用组合与替换进行运作的系统,而汉语的这种系统特征体现得尤为明显。如在"VX"这样的组合中,V是动词,X是可以进入结构的成分,汉语的特点是直接可以将词语本身放置到X的位置进行直接组合,X的进入不需要任何的形态变换和其他条件的限制,如汉语可以说"吃馆子",英语却不可以说"eat restaurant",汉语可以说"扛了几句",数量短语直接位于动词后,英语却是不行的。汉语除了可以说"挺叉""挺实"这样的"动词+名词"的论元组合结构,还可以是"挺战""挺争"这样的"动词+动词"的搭配。英语的动词是不可能在没有词形变化的情况下而直接位于动词之后的,而汉语的动词却可以"肆无忌惮"地直接进入到这样的搭配中,这使得进入"VX"结构的X的性质非常多,这也就为动词语义的发展提供了更多的机会。不断变化的、不同性质的 X 进入"VX"结构,而形式上不变的 V 要与不断变化的 X 进行搭配,必然要求语义与之产生和谐,这样才能具有接受度。所以,X 的扩展变化变得尤为重要,我们可以看到 X 的扩展是从一个事件范畴内部开始扩展的,先从典型成员到非典型成员的扩展,然后再到跨事件域的扩展,但无论怎么扩展,始终是围绕着动词的核心义进行的,不会进行毫无关联的跨域投射。

参考文献

董正存(2009)词义演变中手部动作到口部动作的转移,《中国语文》第 2 期。
董正存(2012)动词"提"产生言说义的过程及动因,《汉语学报》第 2 期。
董正存(2015)言说动词"操"的句法—语用表现及相关问题研究,《语文研究》第 1 期。
段玉裁(1998)《说文解字注》,浙江古籍出版社。
汉语大词典编辑委员会、汉语大词典编纂处(1995)《汉语大词典》,汉语大词典出版社。
马云霞(2010)从身体行为到言说行为——修辞动因下言说动词的扩展,《当代修辞学》第 5 期。
马云霞(2012)从身体行为到言说行为的词义演变,《语言教学与研究》第 4 期。
宋永培(1994)《〈说文解字〉与文献词义学》,河南人民出版社。
陶红印(2000)从"吃"看动词论元结构的动态特征,《语言研究》第 3 期。
王丽玲(2011)也谈动词"提"言说义的来源,《中国语文》第 6 期。
王云路(2014)《中古诗歌语言研究》,世界图书出版西安有限公司。
王云路(2017)论核心义在复音词研究中的价值,《浙江社会科学》第 7 期。
王云路、王 诚(2014)《汉语词汇核心义研究》,北京大学出版社。
王云路、王 诚、王 健(2019)再论核心义在复音词研究中的价值,《汉字汉语研究》第 3 期。
中国社会科学院语言研究所词典编辑室编(2016)《现代汉语词典》(第 7 版),商务印书馆。
朱 青(2014)《汉语"提"类言说动词研究——从手部动作义到言说义》,上海师范大学硕士学位论文。
Berlin, Brent & Kay, Paul (1969) *Basic Color Terms: Their Universality and Evolution*. Berkeley: University of California Press.
Firth, John Rupert (1957) *Papers in Linguistics* 1934–1951. London: Oxford University Press.
Lakoff, George & Johnson, Mark (1980) *Metaphors We Live By*. Chicago: The University of Chicago Press.

(401331 重庆,重庆师范大学文学院)

谓词性成分前"要"的句法性质与判定标准*

王伟民

摘　要：谓词性成分之前的"要"应归属于哪个词类，还存在争议。解决这一争议的根本途径是从句法语义入手，寻找它们在句法语义上的细微差别，以此做出合理判断。除此之外，还要考虑词类的系统性问题，确定某些词的归属时，不能破坏相应词类内部的系统性和完整性。

关键词：要；副词；情态动词；句法语义

〇、引言

各家对谓词性成分之前"要"的分类和解释，目前还存在一定差异（详见附录）。①例如：

(1)孩子，你拿水来，杯子要洗干净。（鲁迅《过客》）

(2)平流雾的出现，一般预示两三天内要下雨。（《中国儿童百科全书》）

(3)时候不等人，天要亮了，爹妈抢着叫我下手。（冯骥才《一百个人的十年》）

例(1)中的"要"，《现代汉语词典》等研究成果认为它是情态动词，《现代汉语虚词词典》和《现代汉语虚词例释》将其归为副词。例(2)中的"要"，《现代汉语情态研究》等研究成果将其归入情态动词，《现代汉语虚词例释》则认为这个"要"为副词。例(3)中的"要"，《现代汉语八百词》等研究成果将其归入助动词（情态动词），《现代汉语虚词例释》和《现代汉语虚词词典》将其归入了副词。综合来看，这些"要"归属于哪个词类，目前还

---

* 本文得到了张谊生教授的悉心指导，在此表示衷心的感谢。《对外汉语研究》匿名审稿专家提出的宝贵意见，完善了论文，同样致以诚挚谢意。本文曾在"第五届汉语副词研究学术研讨会"上宣读，与会专家赵春利教授给予了宝贵意见，在此一并表示感谢。文中谬误，概由本人负责。

① 谓词性成分之前还有一个"做某事的意志"的"要"。例如："她忽然萌发奇想，要学时装设计。"（百合《哭泣的色彩》）关于这个"要"的争议较少，一般将其看作情态动词，本文暂不讨论。

没有统一答案。综观已有研究,也未发现专门论述这一问题的成果。基于这两个原因,本文拟对这一问题进行专门研究,文章除去引言和小结,分为三个部分,第一部分讨论情态动词"要"及其与 VP 的结构关系;第二部分讨论副词"要"的句法语义特征;第三部分讨论认识情态"要"的归类问题。

为论述方便,依据例句顺序,分别将上述"要"记为"要$_1$""要$_2$""要$_3$"。本文语料主要来自 CCL 语料库,个别语料来自网络和他人用例,需要时也自拟例句。CCL 语料库、网络语料、他人用例皆统一标注出处,自拟例句标注"自拟"。

一、道义情态与述宾结构

"要$_1$"的句法表现与副词不同,更接近情态动词。

1.1 正反提问与单独回答

副词一般不能进入 X 不 X 提问格式,而"要$_1$"可以进入该格式。例如:

(4)对这些不再属于地方政府序列的单位,地方人大及其常委会<u>要不要</u>进行监督?(《人民日报》2000 年)

(5)合营后,经理这一级<u>要不要</u>保留呢?沪江虽说不是大企业,可是麻雀虽小,五脏齐全,向来有总管理处的。(周而复《上海的早晨》)

例(4)、例(5)中的"要"都是"要$_1$",意义接近"须要、应该",它们构成的正反提问,都比较常见。动词一般可以进入正反提问格式,"要$_1$"的表现与动词相同。而副词除"经常、常"等极少数词外,基本都不能进入这个格式。

"要$_1$"可以单独回答,这一点也是大部分副词不具备的。例如:

(6)在这种情况下,粮食部门还<u>要不要</u>发挥主渠道作用呢?回答是:<u>要</u>!这是因为……(《市场报》1994 年)

(7)我国的摄像机产业<u>要不要</u>发展?人们的共识是:<u>要</u>。消费者有需求,就得满足。(《市场报》1994 年)

(8)新疆那么遥远,看杏花一定要去那里吗?答案是:<u>要</u>,肯定<u>要</u>,因为,新疆太值得了!(搜狐网,2019 年 2 月 25 日)

例(6)、例(7)是正反问句,"要$_1$"可以单独回答问题。例(8)是是非问句,"要$_1$"同样可以应答。①

---

① 需要说明的是,虽然能找到一些"单独回答"用例,但同其他道义情态动词相比,这些用例出现的频率很低。即使如此,这方面的表现也可作为重要证据,证明"要$_1$"不是副词。

1.2 承前省略与程度修饰

述宾结构中的宾语较容易承前省略,状中结构的中心语较难省略,"要₁ + VP"这方面表现接近述宾结构。例如:

(9)身着各色校服的中学生们,在教师的带领下不断高呼:"不要再现广岛、长崎!""不要!不要!"(《人民日报》1998年)

(10)顽童一脚踏死数百蚂蚁,我劝他不要。(《读书》)

(11)2019年女神节马上就要来了,你准备好如何向女朋友求婚呢?现在凡事都讲究创意,求婚当然也要,男孩子想要一次性求婚成功,当然更需要花点小心思了。(《2019年女神节创意求婚妙招,成功百分百》,Tell love网,2019年2月21日)

(12)请问怀孕一定要去做唐氏筛查(吗)?如果一定要,什么时候做最好?(《普通咨询》,拇指医生,2014年5月13日)

例(9)中后两个"不要"承前省略了"再现广岛、长崎",例(10)中"不要"后面省略了"踏",例(11)中"要"承前省略了"讲究创意",例(12)省略了"去做唐氏筛查"。

一般情况下,副词不能受相对程度副词"更"修饰,但"要₁"可以。① 例如:

(13)鼓要敲哩,果园更要管好,如今陈星和你有了竞争,你要不如了他,我可就不依了!(贾平凹《秦腔》)

(14)既无往,何从来?来和往要有经济为基础,更要有心情为基础。(张洁《世界上最疼我的那个人去了》)

例(13)、例(14)中"要"都是"须要、应该"义的"要",其前加"更"形成的结构比较常见,这一表现与多数情态动词相近。

1.3 主语提升与句式变换

古川裕(2006)认为"'要'字句有小句主语的提升(raising)现象"。他所举的例子如下:

(15)a. 我　　　要[你]　　吃苹果

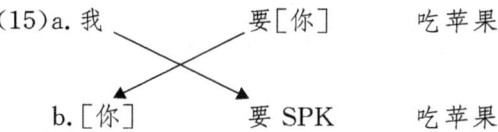

　　b.[你]　　要 SPK　　吃苹果

b句主语"你"是a句中的小句主语"你"经过"提升"而来。因为这样的"提升","要"的实际语义指向不再是句中主语,它实际指向的是发话者,即所谓的言者主语

---

① 某些情况下,相应副词前可以出现"更",但那是"共现","更"不是直接修饰限制副词。本文认为"更"直接修饰限制"要₁",证据是其后的 VP 可以省略。

"SPK",表示的是说话者的意愿。

a句中的"要"是动词,b句中的"要"是本文讨论的"要₁"。从上述的分析,可以发现二者有相同性质,它们所在句式的互相变换,可以证明这一论断。例如:

(16)但是,现在你已长大成人,你不应该再这样下去,随你怎么做,但是你要向我保证(我要你向我保证),从今以后,你必须自己为自己擦一回屁股了。(朱文《我爱美元》)

(17)我可以帮你最后一次,或许利用得好,你非但不用赔偿,还有可能捞回来一笔,但是,我要你向我保证(你要向我保证),所得所有要听从我的安排。(《顶级宠婚:总裁老公狠狠爱》,八月文学网,2019年1月19日)

(18)领导上已经安排好,让张姨来照顾你的生活。你要听张姨的话(我要你听张姨的话),我会经常回来的。(鲍昌《芨芨草》)

(19)我要你听妈妈的话(你要听妈妈的话),不管发生什么事,不许往后看,只准往前跑,听见没?往前跑……(《先有后爱:豪门总裁的弃妇》,言情小说吧,2010年8月8日)

例(16)"你要向我保证"可以变换为"我要你向我保证",同样例(17)中的"我要你向我保证"也可以变换为"你要向我保证",变换后意义虽然有细微差别,但基本意思不变。例(18)"你要听张姨的话"可以变换为"我要你听张姨的话",例(19)中的"我要你听妈妈的话"也可变换为"你要听妈妈的话",同样意义没有发生根本的改变。这样的变换虽然不能证明这两个"要"相同,但可以证明"要₁"和动词"要"具有某些相同的性质。

"要₁"在正反提问、单独回答、承前省略、主语提升上的表现,证明"要₁VP"应为述宾结构,这从根本上否定了"要₁"为副词的可能。受"更"修饰则能进一步证明"要₁"不是副词。综合这些句法表现,本文认为,"要₁"不是副词,应归入情态动词,属道义情态,意义接近"须要、应该"。由此观之,《现代汉语词典》(第7版)、《现代汉语八百词》(增订本)、《现代汉语基本助动词语义研究》等成果将"要₁"处理为情态动词,是比较合理的。

二、情态淡化与功能转变

本小节讨论"要₃",下一节讨论"要₂"。《现代汉语虚词词典》和《现代汉语虚词例释》将"要₃"归入副词,比较合理。

2.1 情态意义与语用环境

情态动词应有"情态意义",如果某个词没有情态意义,那就不宜将其看作情态动词。"要₃"并不具备严格意义上的情态意义,某些情况下看似有情态义,实则是语境带来的。"要₃"本身不是情态义的主要承载者,语境带来的意义在一定条件下可以取消。例如:

(20)他要回来了。(转自《现代汉语八百词》)

(21)麦子眼看就要割完了。(转自《现代汉语八百词》)

(22)他快要毕业了。(转自《现代汉语八百词》)

例(20)"他要回来了"似乎可以理解为,说话人推断"他回来"这个事件即将发生,也就是这句话包含说话人的观点。例(21)、例(22)似乎也都可以理解出主观推测或推断的意思,接近认识情态。但这些例子,适当调整所在语境,也可以表达相对客观的意思,没有推测或推断意思,或者说推测或推断的意味很轻。例如:

(23)小李说他24号回来,今天已经22号了,他要回来了。(自拟)

(24)咱们有10亩地麦子,现在已经割了9亩多了,麦子眼看就要割完了。(自拟)

(25)他大学是4年制,今年已经大四下学期了,他快要毕业了。(自拟)

例(23)小李计划24号回来,说话人说话的时间是22号,距离小李回来的时间很短,"他要回来了"更应该理解为客观陈述"他即将回来"。例(24)中客观事实为麦子将马上割完,所以"麦子眼看就要割完了"也应理解为客观述说。例(25)中毕业的时间快到了是客观事实,"他快要毕业了"陈述的是这一客观事实。如果上面例句还能感受到一些主观推断的话,下面的就基本没有了。例如:

(26)真的不吃,叔叔要下车了。(转自鲁晓琨,2004)

(27)时间已经进入2月份,春节要到了,大家都在准备着年货。(自拟)

例(26)中是说话人述说自己的行为,没有明显的推测或推断,述说的是事实,基本没有情态在里面。例(27)距离春节的时间是客观现实,人们的普遍观念里,进入2月份,离春节就不远了,所以"春节要到了"陈述的也是客观现实,没有情感或态度在里面。

2.2 句法差异与性质区别

在正反提问、单独回答、承前省略、程度修饰等方面的表现,"要₃"不同于"要₁"。例如:

(28)a.陈玉芳掀起一面窗纱,抬头隔着玻璃向天上一看,只见日色无光,一片黑云,青隐隐的,说道:"哎呀,要下雨了。"(张恨水《金粉世家》)

b.*更要下雨了。

(29)a. 只能说,大概因为正逢星期五下午,要下班的警卫因为即将下班太过兴奋……(《肖申克的救赎》)

　　b. *要不要下班?

(30)a. 我们要出国旅游了。(转自《现代汉语词典》)

　　b. *我们要出国旅游了吗?要。

(31)a. 不仅小张要回来了,小李也要回来了。(自拟)

　　b. *不仅小张要回来了,小李也要。

例(28)—例(31)的 a 句中"要"都是"要₃"。例(28)中,"要下雨了"大意为"快下雨了",如果在"要₃"前加"更",所得结构基本不说。例(29)中的"要下班",不能进入"X不X"提问格式。例(30)中,"要₃"不能单独回答问题。例(31)中有两个"要₃",第2个"要₃"后的"回来"不能承前省略。从这些句法表现上看,"要₁"和"要₃"二者的性质差别较大。"要₁"是情态动词,"要₃"就不宜再归入情态动词了。

2.3 句末分布与近义替换

"要₃"在一定条件下可以临时性地分布在句末,可以被近义的副词替换,这两点也可证明其为副词。先看临时句末分布,在口语中"要₃"可以临时性置于句末。例如:

(32)a. 新赛季马上开始了又要,没有什么小道消息曝光的吗?(百度贴吧,2020年5月31日)

　　b. 新赛季马上又要开始了。(自拟)

(33)a. 我心脏骤停了要。(微博,2021年6月15日)

　　b. 我心脏要骤停了。(自拟)

例(32)、例(33)中的"要₃",因为追补等原因,临时性分布在句末,它们也可以回到VP之前,句义基本不变。这种表现与一些典型副词接近。例如:

(34)a. 大家来了都。(自拟)

　　b. 大家都来了。(自拟)

(35)a. 累死了快。(自拟)

　　b. 快累死了。(自拟)

例(34)、例(35)中"都、快"也是因为追补的原因,临时地分布在句末,将它们移回VP之前,句义基本不变。

再看近义替换。"要₃"一般可以用副词"快"替换,意义基本不变。例如:

(36)眼看又要(≈快)到春节,很多人都会选择……(《春节三亚租车自驾游成时尚》,三亚租车网,2015年2月13日)

(37) 眼看又<u>快</u>(≈要)到春节了,我开始积极准备回家探亲。(张抗抗《爱的权利》)

(38) 然而记者在采访中发现,也有很多同学直到<u>快</u>(≈要)毕业了还无求职目标,"看哪个岗位薪水高"成了第一选择因素。(《职场用人兴起"务实风"大学生警惕装"老"》,长沙晚报,2007年4月21日)

(39) 就业工作不是到学生<u>要</u>(≈快)毕业了才考虑要抓,而是要从头抓起。(《选专业比选学校更重要》,扬子晚报,2006年4月26日)

例(36)中的"要"可以替换为副词"快",句义变化不大。例(37)中"快"替换为"要₃",句义也未见明显变化。例(38)、例(39)情况也是这样。

"要₃"的情态义在一定条件下可以取消,在正反提问、单独回答、承前省略、程度修饰、句末分布、近义替换等方面的表现,也都与典型副词相同。综合这些句法语义表现,本文认为"要₃"是副词,其意义接近"即将、将要、快"。①

三、认识情态与词类归属

"要₂"表达对命题是否成真的必然性推断,其句法表现,有些接近副词,但也有一些方面与情态动词相同,其词类归属要全面考虑。②

3.1 相近表现与归属可能

"要₂"在正反提问、单独回答、承前省略、比字位置等方面的表现接近副词。例如:

(40) a. 张燮林说,在这方面,男运动员<u>要</u>比女运动员困难,因为他们的攻球速度快,而且高速旋转。(《河北日报》1983年)

b.[?] 男运动员<u>要不要</u>比女运动员困难?

(41) a. 无滤镜的天空,莲藕排骨汤的节奏,明天<u>要</u>下雨吗?(微博,2020年10月23日)

b.[?] 明天<u>要</u>下雨吗? <u>要</u>。

---

① 张谊生(2000:21)所确立的副词系统,包括一个副词"要",分属时间副词,应该就是本文所讨论的"要₃"。

② 《现代汉语八百词》《现代汉语虚词例释》《现代汉语虚词词典》《现代汉语词典》还分出了一个用于"比较"的"要"。例如:"在抗日民主根据地,灾民比往年<u>要</u>苦一些,但在政府有计划有组织的救济之下,仍然充满了对敌人对自然作斗争的活力。(《邓小平文选》)"《现代汉语八百词》等成果将该例中的"要"看作情态动词。《现代汉语虚词例释》《现代汉语虚词词典》则将其处理为副词。彭利贞(2007:140)认为该例中的"要"与本文所讨论的"要₂"是同一个"要",都表达对命题是否成真的必然性推断,只不过例(1)中的"要"是说话人在对比的基础上做出的必然性推断。本文认可该观点,将它们看作同一个"要",统一记为"要₂"。

(42)a. 他怕姐姐<u>要</u>受罚,因为谁让妈妈着急生气,都<u>要</u>受罚的,可是……(宗璞《鲁鲁》)

b. ?都要的,可是……

(43)a. 我母亲<u>要</u>比父亲明白一些,在我临走的那些日子,母亲总是不安地看着我哥哥,她更为希望的是我哥哥去上大学。(余华《在细雨中呼喊》)

b. 我母亲比父亲<u>要</u>明白一些……

例(40)中"要"为"要₂",表示推断"男运动员比女运动员困难"必然发生,其构成的"X 不 X"格式接受度很低。例(41)中也为"要₂",用"要₂"单独回答问题接受度很低。例(42)中两个"要₂"后的 VP 相同,第二个"要₂"不能承前省略其后的 VP。例(43)"要₂"在"比"字之前,在一定条件下,也可移到"比"字之后,句义基本不变。这一表现与某些评注性副词接近。例如:

(44)a. 你老婆<u>比</u>你<u>可</u>漂亮多啦!(《云水谣》)

b. 你老婆可比你漂亮多啦!

(45)a. 指距<u>比</u>身高<u>竟然</u>长 10 厘米。(1994 年《报刊精选》)

b. 指距竟然比身高长 10 厘米。

例(44)、例(45)中"可""竟然"是典型的评注性副词,它们可以自由地分布在"比"字前后。

单看以上表现,"要₂"与评注性副词很接近,将其归入评注性副词,似乎也说得过去。但从分类的系统性和标准的统一性来看,这一归类还须继续讨论。

3.2 统一表现与严谨划分

"要₂"与评注性副词也有不同之处,首先,"要₂"可受相对程度副词"更"修饰。例如:

(46)逐步改造都这样闹事,要是没收的话,<u>更要</u>闹翻天了。(周而复《上海的早晨》)

(47)假如市街空旷起来,<u>比</u>旷野<u>更要</u>空旷得多。(萧红《马伯乐》)

例(46)、例(47)中"要"都是"要₂",前加"更"后,接受度都比较高。

评注性副词一般情况下不能受程度副词修饰,相对程度副词"更"也不行。例如:

(48)慕堂(*更)<u>大概</u>也看到这一层了,他说田地记在我的名下,同你没关系。(周而复《上海的早晨》)

(49)大堤上,人声铁铲声乱成一个,看样子,水(*更)<u>也许</u>会发的,老蒋想。(孙犁《风云初记》)

例(48)、例(49)中"大概、也许"是典型的评注性副词,它们都不能受"更"的修饰。

其次,"要₂VP"可以作定语。例如:

(50)旧时的中国传说,岁值丙午、丁未是国家的"厄会",即<u>要倒霉</u>的年头。(《读书》)

(51)柱子的基石润湿了,就是<u>要下雨</u>的征候。(《中国成语大辞典》)

例(50)中"要倒霉"是推断"倒霉"必然发生的意思,"要"为"要₂"。"要倒霉"作"年头"的定语。例(51)情况同于例(50)。

张谊生(2000)认为评注性副词的分布具有动态性,"它同其他成分之间的组配关系,只能是动态的句子层面的组合,而不是静态的短语层面的组合",凡是评注性副词所构成的谓词性短语"基本只能充当表述性成分——谓语和补语,而不能充当修饰性成分——定语和状语"。例如:

(52)*那个<u>果然老奸巨猾</u>的赵守义。(转自张谊生,2000)

(53)*高志云<u>着实喜欢</u>地说。(转自张谊生,2000)

例(52)"果然老奸巨猾"充当定语构成的结构接受度很低。例(53)中"着实"是评注性副词,"着实喜欢"很难做状语。

在程度修饰和动态分布这两方面,评注性副词的内部表现比较统一,一般都不能受"更"修饰,且都具有动态分布。"要₂"的表现与评注性副词相反,以此观之,"要₂"不应归入评注性副词。"要₂"在意义上与其他类副词差别明显,将其归入其他副词也不妥。总之,将"要₂"归入副词遇到的问题较多。

3.3 情态系统与合理分类

彭利贞(2007)依据 Palmer 等人的研究,将汉语情态动词所表达的情态分为三类:动力情态、道义情态和认识情态。该分类系统中可以表示认识情态的有"要、应该(该、应、当、应当)、得(děi)、能(能够)、会、可能、必然、一定、准"等词,①其中的"要"大体就是本文讨论的"要₂"。这些词中,除"可能、能(能够)、会"之外,在正反提问、单独回答、承前省略、比字位置等方面的表现,与"要₂"大体相似。例如:

(54)a.他明知现在已有张小姐和刘小姐在那里慰劝,太太<u>应该</u>早已收泪,然而一只耳朵的嗡嗡然如故。(茅盾《蚀》)

b.ʔ太太<u>应该不应该</u>早已收泪?

---

① 彭利贞(2007)认为表"假设"的"要"也为认识情态动词,这个表"假设"的"要"一般认为是连词,本文暂不讨论。

(55)a. 要环境改变了,生命的性质就要改变,创造的力量也必然改变。(张炜《激情的延续》)

b. ?创造的力量也必然改变吗?必然。

(56)a. 这可得比我们平时穿的鞋高不少啊。(《撒贝宁姚明同框画风太清奇不忍看》,新浪网,2017年12月16日)

b. 这比我们平时穿的鞋可得高不少啊。

(57)a. 甲:我敢说,三年后,赵国准向秦国投降。

乙:不仅赵国,楚国也准向秦国投降。(自拟)

b. *不仅赵国,楚国也准。

例(54)中的"应该"表示认识情态,其构成的"X 不 X"接受度很低。例(55)中,"必然"如果单独回答问题,接受度较低。例(56)中的"得"表示认识情态,可以自由地分布在"比"字前后。例(57)中"准"后的 VP 如果承前省略,接受度很低。其他词也同例句中的词表现相似,不再列举。

如果依据上述 4 种句法表现,将这些词排除在情态动词之外,那么认识情态动词就只剩下了"可能、能(能够)、会"。其中"能(能够)"一般只出现在否定句和疑问句中,因此还不算是完全表示认识情态的情态动词,去掉"能(能够)",真正意义上的认识情态动词就只有"可能、会"两个。相比较动力情态和道义情态动词,认识情态动词太少,情态动词系统比例严重失衡,这样划分不好。从情态动词的系统性和"要₂"的句法表现考虑,"要₂"归在情态动词内比较合理。

综合以上讨论,本文讨论的情态动词"要"和副词"要"的句法语义差异,可以简列为表1。

表1 副词"要"与情态动词"要"的句法语义表现

	情态意义	句法语义表现							
		主语提升	单独回答	承前省略	正反提问	比字位置	更字修饰	副词替换	追补分布
道义"要₁"	+	+	(+)	+	+	(−)	+	−	−
认识"要₂"	+	−	−	(−)	−	+	+	−	−
副词"要₃"	(−)	−	−	−	−	−	+	+

依据句法语义表现,从合理分类的角度考虑,本文讨论的"要"应归为两类:"要₁"和"要₂"归到情态动词,"要₃"归为副词。①

---

① "要₁"在一定条件下也可分布在"比"字之后,但接受度不如"要₂","要₃"则较少与"比"字共现。主语提升方面,"要₂"和"要₃"没有表现。副词替换和追补分布方面,"要₁"和"要₂"基本没有表现。

四、小结

本文讨论的"要",只有"要₃"是真正意义上的副词。"要₃"的情态意义在一定条件下可以取消,因此从意义上将其归为情态动词不妥。更为重要的是,在句法上"要₃"与普通副词基本相同。"要₃"不能构成正反提问格式,不能承前省略其后的VP,不能单独回答问题,不能前加"更",可以被近义副词替换,可以临时分布在句末,这些都是一般副词的表现。"要₁"的句法表现与典型情态动词相近,将其归为情态动词争议较少。"要₂"的句法表现部分接近典型情态动词,部分接近典型的评注性副词,从保持情态动词的系统性和完整性角度考虑,应将其归为情态动词。与"要₂"相近的其他认识情态词,如应该(该、应、当、应当)、得(děi)、必然、一定、准等,归属哪类,也存在一定争议。判断这些词的归属时,也应参照"要₂"的处理,除了要参考相关句法表现,还要考虑相关词类的系统性,这样才能较为合理地辨别某些词的类属。①

参考文献

北京大学中文系 1955、1957 级语言班编(1982)《现代汉语虚词例释》,商务印书馆。
古川裕(2006)关于"要"类词的认知解释——论"要"由动词到连词的语法化途径,《世界汉语教学》第 1 期。
侯学超编(1998)《现代汉语虚词词典》,北京大学出版社。
鲁晓琨(2004)《现代汉语基本助动词语义研究》,中国社会科学出版社。
吕叔湘主编(1980/1999)《现代汉语八百词》(增订本),商务印书馆。
彭利贞(2007)《现代汉语情态研究》,中国社会科学出版社。
张谊生(2000)《现代汉语副词研究》,学林出版社。
中国社会科学院语言研究所词典编辑室编(2016)《现代汉语词典》(第 7 版),商务印书馆。

---

① 审稿专家提醒,从动词"要"到情态动词"要"(道义情态/认识情态),再到副词"要",具有一个连续统性:动词"要"→道义情态动词"要"→认识情态动词"要"→表时间的副词"要"。这导致某些情况下,很难将各类"要"截然分开。语言发展的连贯性、渐变性为辨别词类带来了困难,"要"的争议也与这方面因素直接相关。本文虽然分出了几个不同的"要",但在个别情况下确实较难辨别,存在模糊两可的情况。

附录

"要"的释义

成果\义项	现代汉语八百词（增订本）	现代汉语情态研究	现代汉语词典（第7版）	现代汉语基本助动词语义研究	现代汉语虚词例释	现代汉语虚词词典
义项	情态动词；做某事的意志。	情态动词；动力情态[意愿]。	情态动词；做某事的意志。	情态动词；主语的意志。		
	情态动词；将要。	情态动词；认识情态[必然]。	情态动词；将要。	情态动词；某种情况趋近出现。A组	副词；表示动作、事件即将发生。	副词；相当于"将""将要"，表示时间。
	情态动词；表示估计，用于比较句。	情态动词；认识情态[必然]。	情态动词；表估计，用于比较。		副词；表示比较，前后常有"比"承接。	副词；用于比较，含有估计的意味。
	情态动词；须要、应该。	情态动词；道义情态[义务]。	情态动词；须要、应该。	情态动词；表示情理，现实需要或说话人的要求。	副词；表示希望、提醒或命令某人做某事。	副词；表示应该如此。
	情态动词；可能。	情态动词；认识情态[必然]。		情态动词；推测某种情况出现的必然性。B组	副词；对将要发生的事件、情况的判断。	

注：《现代汉语虚词例释》中"要"还有一个义项，即表示通常出现的情况，有"需要"的意思。但已经虚化，在句子里的作用不明显。例句：隔一会儿就要看看，注意温度的变化；他经常要到医院去。第一个例句中的"要"我们认为是道义情态"要"，第二个"要"也接近道义情态，但与一般道义情态相比，确实更虚一些。《现代汉语情态研究》认为，认识情态"要"与"可能"都表达认识情态，因此将它们归为一类。在可能性强度上，认识情态"要"大于"可能"，接近"必然"，因此将其情态义记为[必然]，表达说话人对事件的事实性或命题的真值的必然性推断。

(514015　广东梅州，嘉应学院文学院)

视角型换言标记构式"从 X 方面说"*

李晓琴[1]　陈昌来[2]

摘　要：汉语中换言标记的表现形式有很多，如实体构式"换句话说、也就是说"等。现代汉语中"从 X 方面说"也有换言标记的用法，与实体构式相比，该换言标记是一个半图式构式，整体凸显换言后项的认知视角。根据进入该构式中 X 的成分，可将该构式视角分为两大类：相同视角与不同视角。该构式是说话人表达认识优化的一种手段，说话人通过视角的延伸与转换促进话语进展，完成相应的功能。

关键词：换言标记；构式；"从 X 方面说"；视角；功能

〇、引　言

换言标记（reformulation marker）是指将两个相邻的具有语义相似性（semantic similarity）①的说法关联起来的语言表达式。现代汉语中，典型的换言标记如"换句话说、或者说"等。例如②：

(1) 你似乎也同意，确定谁是本案凶手，必须以去年十一月二十日晚上谁在你家为依据，其它尽可略去；<u>换句话说</u>，凶手只能在当时在你家的人中去找。（王朔《枉然不供》）

(2) 就是这样，现在我心目中她排在你前头，<u>或者说</u>她取代了你的位置。（刘心武《多棱的帆船》）

以上由"换句话说、或者说"所连接的句子或语段，说法不同，但表达的意思相近。

---

* 本文为国家社会科学基金重大项目"中国语言学史（多类分卷本）"（项目编号：16ZDA206）和国家社会科学基金青年项目"汉语语篇意义整合的机制和手段研究"（项目编号：18CYY045）的阶段性成果。本文初稿曾在第四届汉语句式国际学术研讨会（2019 年 11 月）上宣读，修改过程中得到了《对外汉语研究》匿名审稿专家中肯的修改意见，谨致谢忱。

① 语义相似性（semantic similarity）的概念由 Blakemore（1996：338）提出，她在考察英语中的换言标记"in other words"时指出换言前后项具有语义相似性。

② 本文语料主要来自北京大学 CCL 语料库，另从人民网及新浪微博检索到部分例句，长例句有删节。

凡具有类似"换句话说、或者说"这种篇章功能的语言表达式，就是换言标记。换言标记所联系的前句或语段，我们称之为"前项"；换言标记所联系的后句或语段，我们称之为"后项"。

现代汉语中，偏正短语"从 X 方面说"①也具有换言标记功能。例如：

(3) 旅行便成了一个"放大镜"与"显微镜"，帮人们察觉很多平时生活很难发现的问题，从而检验两个人是否适合继续在一起。如果一对情侣能够默契地应对好旅行中的分歧，那么他们就能够应对好生活中的问题。<u>从这个方面说</u>，旅行是检验爱情的重要标准之一，这是有一定道理的。(《旅行检验爱情》，人民网，2018 年 9 月 21 日)

(4) 分期付款的好处很多。<u>从大的方面说</u>，它有利于疏导商品流通，扩大销售，回笼货币，减少购买力集中冲击市场的危险；有利于优化产业结构，推动生产发展。<u>从小的方面说</u>，分期付款所购商品，以定合同时价格为准，消费者日后可避免物价上涨的风险；它有助于消费者灵活而有计划地安排支出，……(《人民日报》1995 年)

例(3)中"从这个方面说"前后项的语义相似性表现在都是讲旅游和爱情的关系。例(4)中后项是从"大""小"两个视角来详细说明前项"分期付款的好处很多"，前后项之间也存在语义相似性。

不过有的"从 X 方面说/看"只充当句法成分。例如：

(5) 伊利英说："怎么说好呢？我深为抱憾。<u>从一方面说</u>我是自作自受，我受到处理后，所有其他人却事不关己……"(《作家文摘》1997 年)

(6) 其次是信息技术与生物工程技术的兼容。这种兼容可<u>从两方面看</u>。(《人民日报》1995 年)

例(5)中"从一方面说"是一个状中结构，其中的"说"与上文的"怎么说"相照应，都是作谓语，"从一方面"是介词短语作状语。例(6)中，"从两方面看"也是个状中结构，其中的"看"作谓语，前面"从两方面"也是介词短语作状语。这两例中的"从 X 方面说/看"都是作句法成分。

有的"从 X 方面说/看"充当视角标记，在句中作插入语，或篇章连接成分。例如：

(7) "柳屯的"，<u>从一方面说</u>，是他的宝贝。(老舍《柳屯的》)

(8) 到这儿来领女人的，只须花两块钱的手续费和找一个妥实的铺保就够了。这是个便宜。<u>从男人方面看</u>；据我想，这是个笑话。(老舍《月牙儿》)

---

① 该构式中的可替换项主要是"X"，其中常项"说"，也可以是"来说、讲、来讲"等，也可以是"看、来看、考虑"等，"说"与"看"语义中和，都表示认知义，而不是言语动词和视觉动词。

例(7)中,"从一方面说"处在主语和谓语中间,是个插入语。例(8)中,"从男人方面看"虽然处在篇章结构中,但其前后句之间没有语义相似关系。在这两例中,"从一方面说""从男人方面看"都只是一个单纯的视角标记,没有换言功能。

本文只研究具有换言标记功能的"从 X 方面说/看",而不涉及作为句法成分或单纯的视角标记的情况。为称说方便,本文将用"从 X 方面说"来统一指称该构式。

关于换言标记,国内外目前一般谈到的都是实体构式(entity construction)形式的,国外如 Quirk *et al.*(1985)、Blakemore(1993、1996)、Tanaka(1997)、Fraser(1999)、Cuenca(2003)、Del Saz Rubio(2003、2007)、Murillo(2004)、Negro & Fiorentini(2014)、Fiorentini & Sansò(2017)等。国内如廖秋忠(1986)、徐静(2006)、徐静和叶慧(2009)、常娜(2006、2009)、肖立成(2008)、张丽艳(2009)、杨天明(2011)等。现代汉语中还出现了一类半图式构式形式的换言标记,如"用 X 的话说"(李宗江,2017、2018、2019)、"说得 X 一点"(李晓琴、陈昌来,2020a)、"往 X 里说"(李晓琴、陈昌来,2020b)等。"从 X 方面说"也是一个半图式构式,由于其凸显换言后项语义的认知视角(cognitive perspective),因而我们称之为"视角型换言标记构式"。

一、"从 X 方面说"的视角类型

视角是观察一个情景的方式(Langacker,1987:491)。语言使用者总是从一定的视角出发,并运用视角化的语言手段来表征事物的(Ensink & Sauer,2003:9)[①]。简单地说,视角就是观察问题或事物的角度,因而带有主观性,这种主观性又常常通过一定的语言手段来表达。就"从 X 方面说"来看,由于"从"是一个表示与处所有关的介词,在与"说"组成介词短语后表示认识的着眼点,即从某个视角看问题,这种概念义保留在充当换言标记构式的"从 X 方面说"上[②],其中 X 代表具体的视角,根据进入 X 的成分,可将视角分为相同视角和不同视角两种情况,不同的视角又可分为相反视角与相对视角两种情况。

1.1 相同视角

相同视角是指当 X 为"这个、各个"等指示代词时,由于代词的回指功能,换言前后项视角一致。例如:

(9)共青团广西区委负责人余远辉说,广西农村地区高中阶段的入学率只有

---

① 参见苗兴伟(2017)。
② Takeuchi(1998)认为有些话语标记既有概念意义也有程序意义。汉语的"从 X 方面说"属于这种情况。

30%左右,这是教育资源和人才资源的巨大浪费。<u>从这方面来说</u>,希望工程任重道远。(新华社新闻报道,2002年9月)

(10)在我心里野哥真是充满力量和正能量的存在。他是纯粹,是希望,是光明,是永不放弃,是困境时拉住的那双有力的手。<u>从各个方面来说</u>,他都对我来说太重要了,也太有意义了。(新浪微博,2021年5月16日)

例(9)中"X"为定指代词"这",回指前面广西农村地区高中入学率,后项承接"这"回指的内容,从中判断希望工程任重道远。例(10)中"X"为遍指代词"各个",回指前面说话人关于"野哥"的各种评价,后项承接"各个"回指的内容,从对"野哥"的各种评价中解释"野哥"对"我"的重要性。以上两例前后项的认知角度和认知倾向是一致的。

1.2 不同视角

不同视角也分两类:一是相反视角,二是相对视角。

1.2.1 相反视角

相反视角是指当 X 为"小、大""好、坏(不好)"等反义对举形式出现的形容词时,换言前后项视角相反。例如:

(11)(A)国考中作弊,(B)<u>从小的方面讲</u>有损考试的公平正义,(C)<u>从大的方面讲</u>就是"犯罪"。(《不要以晚会心态看"3·15"》,人民网,2015年3月17日)

(12)(A)头疼很常见,几乎每个人都有过,因为头部是血管和神经分布最密集、最丰富的区域,而且头部的颅外血管和神经都比较浅,(B)<u>从好的方面讲</u>,头部的感觉和感知力,是全身最敏锐的,(C)<u>从不好的方面讲</u>,因为敏感,所以更容易受影响,也最容易发生疼痛。(《有一种头疼能要人命》,人民网,2017年3月29日)

以上两例都包含了双重换言。句 A 与句 B、句 C 之间是第一层次的换言,是相同的视角,如例(11)中,句 A 讲国考中作弊,句 B 和句 C 共同分析了作弊的危害。例(12)中句 A 讲头部血管和神经密集,句 B 和句 C 是共同指出血管和神经密集的作用。除了如上这层换言关系外,句 B 和句 C 之间还有一重换言关系,这第二重换言是从两个相反的角度说的,如例(11)是从"小"和"大"两个角度来谈作弊的危害,角度不同,性质完全不同。例(12)是从"好"和"不好"两个角度说血管和神经密集的作用。

1.2.2 相对视角

当 X 为表示行业、学科等名词性成分时,换言前后项视角相对。例如:

(13)作品鉴赏《白轮船》是艾特玛托夫创作的一个转折点。<u>从内容方面看</u>,作家从现实描绘向道德探索和哲理思考过渡；从文体方面看，它标志着作家从中短小说的写作向长篇小说的过渡；从创作手法看，它标志着作家的一次自我超越。(《当代世界文学名著鉴赏词典》)

(14)简言之，仿生学就是模仿生物的科学。……从生物学的角度来说，仿生学属于"应用生物学"的一个分支；从工程技术方面来看，仿生学根据对生物系统的研究，为设计和建造新的技术设备提供了新原理、新方法和新途径。(《仿生学》)

例(13)中前项总说"作品鉴赏《白轮船》是艾特玛托夫创作的一个转折点"，后项则转到三个相对视角分说这个转折点的不同表现。例(14)中前项先笼统说什么是仿生学，后项分别从"生物学"和"工程技术"两个相对视角对仿生学进行解说。

另外，还有少量动词性成分也可以进入"相对视角"中的X[①]，多以并列形式出现，表示双重换言。例如：

(15)客观地看长篇小说现状，可以说充满了一种过渡性特征：从创作方面看，不少人普遍意识到长篇文体的重要，却还没能做到有力而独到的把握；创作中都力求打破传统范式，但走向哪里又游移未定；从出版方面看，国家出版机构依仗名号吸引作者，非官方出书渠道施用高酬抓取书稿；一个看作者重于看作品，一个求利润甚于求文学。(《人民日报》1995年)

(16)这种认识上的变化，是改革开放新形势"催生"出来的。从改革方面来说，目前，相当一批国有中小企业进行了产权制度改革，成为市场经济条件下依法纳税、自主经营实体，政府不再是这些企业的"顶头上司"；从开放方面来说，越来越多的外商在内地投资兴业，这些企业最关心我们的投资环境和服务方式。(《人民日报》1998年)

例(15)中前项先说明长篇小说现状充满了一种过渡性特征，后项从"创作"和"出版"两个相对视角对这种特征进行说明。例(16)中前项总说这种认识上的变化来源于改革开放新形势的"催生"，后项从"改革"和"开放"两个相对视角来解释这种认识上的变化。

二、换言与认识的优化

关于换言前后项的语义关系，廖秋忠(1986)认为换言前后项是一种同义或同指关系，前项是一种抽象或难懂的说法，后项是一种通俗易懂或具体的说法。何自然主编(2006)认为换言后项是对前项的总结或概述。Blakemore(1996)认为换言前后项具有

---

① 这里的动词是表示指称而不是表示陈述。

语义相似性。Cuenca(2003)认为换言前后项之间是一种等价操作(equivalence operation),后项是对前项的解释。虽然学者们对换言前后项之间语义关系的具体说法不完全相同,但基本上都认可前后项语义具有某种相似性,后项是对前项的另一种表达。就"从 X 方面说"来讲,换言后项不是简单的由难到易或者对前项的总结等,而是说话人通过换言标记保持或转换视角,表示说话人对某事物或现象等的认识优化过程,相对于换言前项来说,后项表示认识的细化、提升、拓展。

2.1 后项表示认识的细化

前项是一种概括或在说话人看来需要解释的说法,后项从相同、相反、相对的视角来对前项进行具体细致的说明。例如:

(17)猜测离不开直觉和想象。<u>从这方面讲</u>,猜测同创造性思维紧密相联,可归入创造性思维之列。(《哈佛经理的谋略》)

(18)所以关于这个作者问题,我的基本看法就是,施耐庵是主要的作者,罗贯中是他的合作者。<u>从狭义的方面来说</u>,我们可以承认作者是施耐庵。<u>从广义的方面来说</u>,应该说《水浒传》是他们两个人共同创作的。(《〈水浒传〉的作者》)

(19)巴以总理相继访美有其复杂的背景。<u>从巴勒斯坦方面来说</u>,尽管"路线图"计划已经启动,巴各派别单方面宣布停火3个月,以军撤出部分巴勒斯坦城市,但是,巴以双方在以方释放在押巴勒斯坦人、解禁阿拉法特、停止修建隔离墙以及以军撤出更多巴城市和巴方解除激进组织武装等问题上相持不下……<u>从以色列方面来看</u>,沙龙原定今年9月访问白宫,现提前到了阿巴斯访美4天之后。虽然以色列在巴以局势中处于相对强势,但也面临着要求其按照"路线图"计划继续与巴方和谈的强大国际压力。……(新华社新闻报道,2003年7月)

例(17)后项从与前项相同的视角将"猜测离不开直觉和想象"进行分析说明。例(18)前项先概括说明说话人对《水浒传》作者问题的看法,后项则从狭义与广义两个相反视角具体说明这种看法。例(19)后项从巴勒斯坦和以色列两个相对视角对前项"巴以总理相继访美有其复杂的背景"进行细致说明。

2.2 后项表示认识的提升

前项是一种较为具体零散的说法,后项从更高的层次将其内容进行概括提升或对其本质进行揭示等。例如:

(20)但是,中国国土辽阔,经济发展不平衡,尤其是中西部地区,经济发展比较缓慢,地区差别很大。另外,中国还有国有企业、金融机构的大量不良资产等问题。

中国加入世界贸易组织不久,农业问题和就业问题都没有得到根本性解决,<u>从这些方面来看</u>,中国经济还有许多弱点。(新华社新闻报道,2003年9月)

(21)美国有人声称,人民币汇率"自由浮动"将有助于保护美国就业机会。格林斯潘就此指出,那些人假定的前提是,其他国家不会取代中国向美国出口商品。如果中国停止向美国出口,其他国家就会取而代之。<u>从这方面来说</u>,这不是中国的问题,而是一个国际竞争的基本问题。(新华社新闻报道,2004年2月)

例(20)前项具体说明中国经济发展不平衡的各种表现,后项从更高层次概括说明中国经济还有许多弱点。例(21)前项具体陈述即使中国停止向美国出口商品,其他国家也会取而代之,并不能缓解美国就业问题,后项则指出这个问题的本质是一个国际竞争的基本问题。

2.3 后项表示认识的拓展

前项陈述一个现象或事件,后项则指出由这个现象或事件所关涉的另一种现象或事件。二者之间是由此及彼的关系。例如:

(22)许海峰在谈到"老枪"与"新秀"的关系时指出,射击运动员的运动生涯往往很长,这在国际上也是一种规律,瑞典的一位射手曾打过七届奥运会。王义夫状态一直稳,多次参赛,<u>但从另一方面也说明</u>,中国在王义夫所在的项目上后继乏人。(新华社新闻报道,2003年7月)

(23)食物崇拜与性行为仪式之间有紧密联系。在原始时代,人们期望食物繁殖的心愿常常通过模拟的或实际的性行为仪式来表达,他们认为这种作法可以刺激动植物相应的生殖繁衍,从而获得丰产。<u>从另一方面看</u>,性仪式也具有保证人类自身繁衍的目的。(《中国古代文化史》)

例(22)前项是从正面认识王义夫多次参赛的意义,后项从反面认识王义夫多次参赛这一事件说明中国在相关项目上后继乏人。例(23)前项陈述"食物崇拜与性行为仪式之间有紧密联系",后项据前项"原始时代的人们常常通过模拟的或实际的性行为仪式来表达期望食物繁殖的心愿"认识到其中的另一个事实:性仪式也具有保证人类自身繁衍的目的。

三、换言视角与元话语功能

语言不仅对命题表示的成分进行编码,同时也表现说话人的态度、评价等情态成分,说话人实现这些需要通过一定的语言手段。前文已分析换言视角包括相同与不同两大类,相同视角属于视角的延伸,是指换言以后视角没有变;不同视角属于视角的转换,是指换言以后视角发生变化。篇章中,说话人通过换言延伸或转换视角促进话语进展,完成相应的功能。

Williams(1981:211)认为,元话语是"有关话语的话语,跟主题无关"。Hyland & Tse(2004:157)认为,元话语有狭义和广义之分,狭义的观点是,强调元话语的组织篇章的功能;广义的观点是,元话语体现了作者在篇章中所表现出来的运用语言和修辞的方法,以及把话语组织和话语含义结合起来的方法。总之,元话语是用于组织话语、表达作者对话语的观点、涉及读者反应的一种方法(徐赳赳,2006)。

Hyland(2005:49)根据功能把元话语分为两大类:一类是语篇交互类元话语(interactive),这类元话语反映语篇内部的关系,其作用是引导读者理解语篇;另一类是人际交互类元话语(interactional),这类元话语反映作者与读者之间的互动,其作用是吸引读者参与到交际中来。大致说来,语篇元话语属于信息层面(informative),而人际元话语属于互动层面(interactional)(方梅,2017)。根据 Hyland(2005:49)的分类,英语中的换言标记,如 namely、such as、in other words 属于语篇交互类元话语。根据以上分析,换言标记构式"从 X 方面说"的元话语功能分为语篇功能与人际功能。下面分述"从 X 方面说"的视角如何作用于其元话语功能。

3.1 语篇功能

换言标记构式"从 X 方面说"的语篇功能表现在话题延续与话题转换两个方面。话题延续是指当换言前后项视角保持一致时,话题也一致。例如:

(24)因此毛主席 1975 年 10 月的这个批示,其重要性一是有其政策上的典型意义;二是证实了即便 1953 年之后毛与梁中断了见面长谈,但在毛泽东的记忆库里并没有忘记梁漱溟这位特殊的老朋友。<u>从这两方面看</u>,毛泽东的这个批示,既是政治性的,又是充满人情味的。(《人民日报》1993 年)

上述例中说话人在已涉及的话题的基础上通过换言标记构式继续保持,对该话题进行更为具体的阐释:例(24)前项主要说明毛泽东两个指示的具体内容,说话人通过换言标记对这两个指示进行判断,接下来的内容也是与这两个指示相关。

话题转换是指当换言前后项视角不一致时,后项引出与前项不同的话题。例如:

(25)从这次会议的情况看,采取行动减缓人口增长以实现持续发展,不仅成为国际社会的广泛共识,而且正在变为实际行动。<u>从另一方面看</u>,人口问题从本质上讲是一个发展问题,所以又是一个人与自然资源的关系问题。人口过快增长自然会过快消耗自然界不可再生的资源,而人类消费模式的过度奢侈化,同样会浪费地球的有限资源。(《人民日报》1994 年)

上述例中说话人在已涉及的话题的基础上通过换言标记转换了视角,展开新话题:

例(25)换言前项是说会议内容,后项从会议内容转到另一个话题,即人口问题是一个人与自然资源的关系问题,接下来的信息主要是围绕人口增长与自然资源的关系。

3.2 人际功能

人际功能是指说话人通过视角的延伸或转换来体现对所提及的命题的看法、评价等,帮助说话人向听话人传达交际目的。

说话人通过视角的延伸来表明关于前项的看法、判断等。例如:

(26)王玄览援佛入老,对《道德经》的某些观念作了新的诠释,使老学披上佛学的新装,更为思辨化,这也是唐代道教老学的一般取向。与此同时,道教传统的神仙长生思想在他身上也发生了演变,不再是早期道教所注重的炼形,而是重视炼神,其生命观不再执著于肉体的永恒,而接近于佛教的不生不灭,从六道轮回中解脱。这一点完全和当时的道教重玄派思想家一致,甚至在思维方式和论证方法上也相同,<u>从这些方面看来</u>,可以说他是位进一步发展"重玄"思想的道教学者。(《中国道教》)

(27)官司不在钱多少,丘建东"一块二"的官司,伸张了正义,堵住了公用电话亭不按规定乱收费的歪风,为广大消费者维护了共有的合法权益。<u>从这方面看</u>,这场官司的真正价值是无法用金钱来衡量的。(《人民日报》1996年)

例(26)中换言前项一面介绍王玄览对《道德经》的某些观念作的新诠释,一面介绍道教的思想,换言后项是说话人根据前项内容表明对王玄览的看法。例(27)换言前项陈述丘建东"一块二"的官司为消费者维护了共有的合法权益,后项是说话人对此官司的看法。

说话人通过相反的视角来对换言前项进行评价。例如:

(28)《读书》已经三岁多了。虽然只是幼儿园小班的年龄,却也有点"老气横秋"。它一出生时有些毛孩子气,现在是仿佛"规行矩步"的老夫子了。<u>从好的方面说</u>是成熟,<u>从差的方面说</u>是老化。(《〈读书〉三年》)

(29)乖孩子的本质是孩子能自觉服从社会规则。<u>从积极方面说</u>,乖孩子比较机灵,擅讨大人欢心;<u>从消极方面说</u>,乖孩子缺乏探索和创造精神。(新浪微博,2016年2月17日)

例(28)中说话人分别从"好""坏"两个相反的视角对《读书》的发展进行评价。例(29)中说话人从"积极""消极"两个相反的视角来对乖孩子进行评价。

说话人利用相对视角从多个方面对同一问题或事件等进行换言,就会出现双重或多重换言,从而便于读者理解。例如:

(30)从工资制过渡到分享制的最大障碍就是宏微观损益的不对称性。<u>从工人方面看</u>,工人对劳动的报酬制度的选择只重视报酬数额的大小和稳定性,而不管是

采取什么样的报酬制度,更不注重给宏观造成的影响。从厂商方面来看,厂商也只仅仅重视报酬数额的大小。(《读书》)

(31)作品鉴赏《白轮船》是艾特玛托夫创作的一个转折点。从内容方面看,作家从现实描绘向道德探索和哲理思考过渡;从文体方面看,它标志着作家从中短小说的写作向长篇小说的过渡;从创作手法看,它标志着作家的一次自我超越。(《当代世界文学名著鉴赏词典》)

例(30)中说话人从"工人""厂商"两个视角分别论述关于从工资制过渡到分享制的最大障碍,帮助"工人"与"厂商"或者读者更好地理解这个障碍。例(31)中说话人从"内容""文体""创作手法"三个视角帮助读者更好地理解换言前项的内容。

四、结论

关于功能性成分,已有成果多是研究虚词、类虚词性的成分,或实义构式形式;就图式构式的研究来说,主要是研究具有命题功能的实义构式。本文从不同角度对现代汉语中视角型换言标记构式"从 X 方面说"进行了说明与阐释。这类功能性成分既具有篇章连接作用,同时又是半图式构式,学界给予的关注还不够充分,无论是理论探讨还是事实描写都较为少见。

除了具有换言连接功能的构式,现代汉语中还有哪些功能性半图式构式,它们在汉语的语法和语篇形式系统中发挥着怎样的作用,它们是怎么演变为功能性成分的,与作为虚词或话语标记的实体构式形式之间是什么关系,等等,都有待进行深入研究。

参考文献

常　娜(2006)《换言连接成分研究》,广西师范大学硕士学位论文。
常　娜(2009)换言连接成分"即"的研究,《云南师范大学学报》(对外汉语教学与研究版)第 3 期。
方　梅(2017)叙事语篇的衔接与视角表达——以"单说、但见"为例,《语言教学与研究》第 5 期。
何自然主编(2006)《认知语用学:言语交际的认知研究》,上海外语教育出版社。
李晓琴、陈昌来(2020a)评价性换言标记构式"说得 X 一点",《新疆大学学报》(哲学·人文社会科学版)第 1 期。
李晓琴、陈昌来(2020b)现代汉语换言标记构式"往 X 里说",《语言文字应用》第 1 期。
李宗江(2017)近代汉语"换言"类语用标记及其演变,《汉语史学报》第 1 期。
李宗江(2018)引述性换言标记构式"用 X(的)话说(讲)",《语法研究和探索》第 19 辑,商务印书馆。
李宗江(2019)《近代汉语语用标记研究》,上海教育出版社。
廖秋忠(1986)现代汉语篇章中的连接成分,《中国语文》第 6 期。
苗兴伟(2017)视角的语篇组织功能,《现代外语》第 1 期。

肖立成(2008)"换言类"元语言研究,《云南电大学报》第4期。
徐　静(2006)换言连接成分类型及其语篇特点研究,载《江西省语言学会2006年年会论文集》。
徐　静、叶　慧(2009)换言连接成分类型研究,《学理论》第11期。
徐赳赳(2006)关于元话语的范围和分类,《当代语言学》第4期。
杨天明(2011)《现代汉语换言类话语标记研究》,辽宁大学硕士学位论文。
张丽艳(2009)《论"即"》,南昌大学硕士学位论文。

Blakemore, D. (1993) The Relevance of Reformulations. *Language and Literature* 2(2):101-120.

Blakemore, D. (1996) Are Apposition Markers Discourse Markers? *Journal of Linguistics* 32(2):325-347.

Cuenca, M. J. (2003) Two Ways to Reformulate: A Contrastive Analysis of Reformulation Markers. *Journal of Pragmatics* 35(7):1069-1093.

Dal Negro, S. & Fiorentini, I. (2014) Reformulation in Bilingual Speech: Italian Cioè in German and Ladin. *Journal of Pragmatics* 74:94-108.

Del Saz Rubio, M. M. (2003) An Analysis of English Discourse Markers of Reformulation. Universitat de València: Servei de Publicacions de la Universitat de València.

Del Saz Rubio, M. M. (2007) *English Discourse Markers of Reformulation*. New York: Peter Lang Publishing.

Ensink, T. & Sauer, C. (2003) Social-functional and Cognitive Approaches to Discourse Interpretation: The Role of Frame and Perspective. In T. Ensink & C. Sauer (eds.). *Framing and Perspectivising in Discourse*. Amsterdam: John Benjamins publishing company.

Fiorentini, I. & Sansò, A. (2017) Reformulation Markers and Their Functions: Two Case Studies from Italian. *Journal of Pragmatics* 120:54-72.

Fraser, B. (1999) What Are Discourse Markers? *Journal of Pragmatics* 31(7):931-952.

Hyland, K. (2005) *Metadiscourse: Exploring Interaction in Writing*. London & New York: Continuum.

Hyland, K. & Tse, P. (2004) Metadiscourse in Academic Writing A Reappraisal. *Applied Linguistics* 25(2):156-177.

Langacker, R. W. (1987) *Foundations of Cognitive Grammar. Vol.1. Theoretical Prerequisites*. Stanford: Stanford University Press.

Murillo, S. (2004) A Relevance Reassessment of Reformulation Markers. *Journal of Pragmatics* 36(11):2059-2068.

Quirk, R., Greenbaum, S., Leech, G., Svartvik, J. (1985) *A Comprehensive Grammar of Contemporary English*. London: Longman.

Takeuchi, M. (1998) Conceptual and Procedural Encoding: Cause-Consequence Conjunctive Particles in Japanese. In Rouchota, V. & A. H. Jucker (eds.). *Current Issues in Relevance Theory*. Amsterdam/Philadelphia: John Benjamins Publishing Company.

Tanaka, H. (1997) In Other Words and Conversational Implicature. *Pragmatics* 7(3):367-387.

Williams, J. M. (1981) *Style: Ten Lessons in Clarity and Grace*. Boston: Scott, Foresman and Company.

(1.315211　浙江宁波,宁波大学人文与传媒学院；

2.200234　上海,上海师范大学对外汉语学院)

论主观大量构式"有的是NP"*

代宗艳　宗守云

摘　要：作为现代汉语高频构式，"有的是NP"的基本构式义表主观大量。主语S主要由指人或处所的名词充当，当S是指人主体时，NP具有[＋可量度][＋社会多数成员共有]等语义特征。"有"与NP之间具有领有的语义关系，整个结构凸显概念化主体认为S所具有的NP属性程度量大。在语篇层面，"有的是NP"多用于宣泄说话人的某种主观情绪，具有人际互动功能等语用特点。构式由普通动词焦点化的普遍方式"VP＋NP"→"VP＋的＋是＋NP"类推扩展、跨层分界转移而来。构式有多个变式，语法化的机制是类推、重新分析，认知理据主要是语言的象似性和交互主观性。

关键词："有的是NP"；主观大量；构式；语法化

〇、引言

在现代汉语中，"有的是NP"是一个常用又特殊的结构。例如：

(1) 我的这些朋友，<u>有的是大学教授</u>，<u>有的是电脑工程师</u>，<u>有的是博士生</u>，都是知识分子。（土一族《从普通女孩到银行家》）

(2) 这一家的名称不是司马谈新起的，其他几家的名称<u>有的是他新起的</u>。（冯友兰《中国哲学简史》）

(3) 我也老了，<u>有的是那两个儿子</u>，你就另眼照看他们些，别人也不敢呲牙儿的。（曹雪芹《红楼梦》第十六回）

(4) 反正从此以后我就要永远扎根北京了，以后<u>有的是机会</u>，大可不必争此朝夕。（卞庆奎《中国北漂艺人生存实录》）

＊ 本文得到了上海师范大学一流研究生培养项目"汉语数量构式的语义认知研究"（项目编号：209-AC9103-20-368005110）的资助。《对外汉语研究》匿名审稿专家提出了宝贵的修改意见，谨此致以谢意！

例(1)中的"有的是 NP"可分析为"有的 + 是 NP",其中"有的"用于列举;例(2)中"有的是 NP"同样是由"的"字短语、判断动词"是"与 NP 共同构成的主谓结构,其中"有的"表示存在;例(3)中的"有的是 NP"是"有 NP"的强调形式,"是"为焦点标记,凸显 NP(那两个儿子)的重要性;例(4)中的"有的是 NP"是一个表大量义的构式,从结构上看,这里的"有的是机会"只能分析为"有的是 + 机会",从语义上看,"有的是机会"既不用于列举义,也不表示存在和凸显强调,而用于指"机会很多",其"大量义"不能从"有的""是""NP"中直接推导出来。可见,此类"有的是 NP"是现代汉语中的典型"构式"。许红菊(2016)将例(3)处理为"有的是 NP"构式的下位构式,我们不认同其观点,NP 为特指仅是构式形成的构式化阶段,不能作为成熟的构式分析。

对于该构式,彭茹(2007)等主要从三个平面的角度对该构式进行了考察。王建军(2006)对习用语"有的是"的来源进行了考察,认为"有的是"的形成经历了"有"和"的"的初始黏合与"有的"和"是"的终结黏合两个阶段。刘志富(2010)主要讨论习用语"有的是"的词汇化历程,指出其词汇化的原因是由于"S 有的是 NP"中"NP"的移位和省略导致"是"失去焦点标记功能造成的。刘存伟(2016)从构式整合的角度对"S 有的是 NP"句式进行了分析,指出"S 有的"的语义指向与"NP"具有对应关系,将其"大量义"的生成归结于两大因素:一是参照点处理与数量之间的联系,二是语言的主观性。许红菊(2016)基于语法构式与修辞构式的语法理论对构式进行了解读。

已有学者注意到"有的是 NP"的独特表义功能,特别是对习用语"有的是"形成过程的研究成果较为丰富,但对构式的语法特征、生成理据、语用功能等方面还亟待深入考察。有鉴于此,本文拟先从构式的特征谈起,其次分析构式义的形成及语用功能,最后再深入考察构式的语法化与认知理据。

一、"有的是 NP"的构式特征

1.1 构式表征

"有的是 NP"构式具有明确的形式特征,构式由常项"有的是"和变项"NP"构成,"有的是"是一个大量标记。"有的是 NP"并非是构式的唯一表征方式,还存在几种变体形式。我们将构式的基式记作 S_1,变式分别记作 S_2 和 S_3。

1.1.1 构式的基式 S_1:S 有的是 NP

S_1 是构式的常规形式,"有的是"与"NP"构成述宾结构,构式义为:概念化主体认为 S 具有的 NP 属性量度大。例如：

(5)"说来话长。"她摆明不想多说。"<u>我有的是时间</u>。"他一副追根究柢的样子，由不得她不说似的。(叶小岚《相约在来生》)

(6)刘基说："我性子褊急，容不得坏人；再说年纪大了，也担当不了这样重任。<u>天下有的是人材</u>，希望陛下好好物色。"(李津《中华上下五千年》)

S_1 可以作为独立句子使用，具有完整的表达功能，语义也具有自足性，表示说话人对 S 具有大量 NP 的评判，主语 S 既可以是实指，如例(5)；也可以是虚指，如例(6)。除独立成句外，S_1 还可以充当连动句的前项，成为构句成分。例如：

(7)虽然女儿还年轻，但<u>她有的是时间和精力</u>去为这一理想而努力。(土一族《从普通女孩到银行家》)

1.1.2 变式 S_2：NP 话题化

S_2 是在 S_1 的基础上发展而来，为了凸显 NP，说话人通过 NP 移位的方式使 NP 话题化。根据 NP 话题化的方式，S_2 可分为三种表现形式："S(,)NP 有的是""NP(,)S 有的是""NP 有的是"。例如：

(8)那敢情太好了！可是闹革命就闹革命，怎么忽拉巴又要不嫁人呢？<u>赤卫队里女的有的是</u>，没听说不嫁人的。(欧阳山《苦斗》)

(9)重耳说："<u>金银财宝贵国有的是</u>，叫我拿什么东西来报答大王的恩德呢？"(李津《中华上下五千年》)

(10)不料希姆只是付之一笑，油腔滑调地说："三条腿的蛤蟆找不到，<u>两条腿的女人有的是</u>！管它去。"(李文澄《努尔哈赤》)

S_2 是 S_1 NP 话题化的结果，NP 可以放在主语后，如例(8)；可以放在主语前，如例(9)；也可以省略主语，如例(10)。S 的有无不影响构式大量义的识解，省略的主语 S 往往具有泛指性与共识性，受到规约隐含的制约。Grice(1975)指出，规约隐含是指"无须借助语境参数就可直接从语句中分析出那些非真值条件的意义"。即说话人与受话人共同已知的信息，即使不出现也能够补充出来，如例(10)可以补充主语为"天下两条腿的女人有的是"。

1.1.3 变式 S_3："有的是"独用

S_3 是由 S 与 NP 简省造成的，主语 S 和 NP 一般具有可补性、回指性和引述性。S_3 省略的主语 S 与 NP 成分可以根据上下文语境补充出来，因此 S_3 往往具有语义非自足性，主要用于对话互动语境和引述性语境中。例如：

(11) 唱可是唱，咱们可找那新鲜的唱，俗的可就别唱啦。——嗐！你放心，<u>有的是</u>。（相声《八猫图》）

(12) 轮船像公共汽车，在大街上走，"刚朵拉"是一种摇橹的小船，威尼斯所特有，它那儿都去。威尼斯并非没有桥；三百七十八座，<u>有的是</u>。（朱自清《欧游杂记》）

例(11)"有的是"表示说话人有的是可唱的曲子，例(12)"有的是"表示威尼斯有的是桥。"有的是"独用在对话语境中使用的高频化导致其走向习语化，刘志富（2010）指出，习用语"有的是"词汇化的原因是句子"S 有的是 NP"中"NP"的移位和省略造成"是"的焦点标记功能悬空，成为附着成分。"有的是"习用化程度的递增，同时也成为构式多样化的动因和理据。需要说明的是，构式应该具有自己的构式义，并且这个意义是不依赖语境的。"有的是"独用虽然属于构式的语用省略用法，但核心语义依然表示主观大量，这不是语境产生的意义，而是其自身意义的体现，因此我们认为"有的是"独用依然属于"S 有的是 NP"的变式之一。

1.2 NP 的性质

语料显示，能够进入构式的 NP 成分都是类指的，具有[＋值得拥有][＋可量度]的语义特征。例如：

(13) 那你再勾搭一个，<u>岛上有的是姑娘</u>。（王朔《一半是火焰一半是海水》）

(14) 这些老人因为已退休<u>有的是时间</u>，干啥都不慌不忙，加上腿脚不灵便，行动迟缓，所以看三个景点整整用去了四天。（周大新《湖光山色》）

例(13)的"姑娘"是类指，"姑娘"前面可以增加修饰语，如"有的是漂亮的姑娘"，但"有的是那个姑娘"一般不能说。作为 NP 的"姑娘"可以话题化位移至主语前，构成"岛上姑娘有的是"或"姑娘岛上有的是"；例(14)的"时间"是抽象名词，进入构式表示时间多，同样可以话题化为"时间有的是"。刘丹青（2002）指出，类指 NP 以其非个体性而区别于其他各种指称义，凸显内涵而抑制外延。进入构式的 NP 普遍具有某种隐含的属性义，在构式压制的作用下，NP 一旦进入构式，不能与数量结构共现，凸显内涵义。相反，凡是不具有[＋值得拥有][＋可量度]语义特征的 NP 则不能进入这一构式，如"*岛上有的是垃圾/*岛上有的是丑姑娘"（违反了[＋值得拥有]），"*有的是天空/*有的是大海"（违反了[＋可量度]）这些 NP 在社会常规中或者不值得拥有，或者无法分割量度，因而不能被接受。

二、"有的是 NP"构式的语义解析

2.1 "有＋NP"与"有的是＋NP"

现代汉语中"有""是"属于高频动词,"有＋NP"也是一个常见的短语构式,我们根据搭配整合度的高低将其分为四种子构式。例如:

(15) a. 有电脑　有汽车　有手机　有存款　有朋友
　　 b. 有实力　有自信　有礼貌　有热情　有希望
　　 c. 有理由　有组织　有学历　有原则　有作用
　　 d. 有心　有底　有劲　有喜　有种

例(15)中,a类构式是"有"和表具体物质名词搭配的述宾短语,"NP"为社会群体认定的"值得拥有的物质",它的意义是其组成成分意义之和;b类构式是"有"和表"属性"义的抽象名词的组合,发生了语义偏移,凸显内涵义,隐含程度义;c类构式是"有"和普通中性义名词的结合,语义转向高程度,构式整体凸显积极义;d类构式已经走向词汇化,部分已经被词典所收录,如"有心""有喜"等,成词的"有＋NP"多为双音节结构,契合了汉语双音化的音步规律。从 a→b→c→d,构式的整合度不断提升。统计数据表明,不论"有"与何种 NP 组合,"有＋NP"结构主要是表示积极义的,对此学界几乎达成共识,如李宇明(1995)、刘丹青(2011)等学者都曾指出这种倾向。

现代汉语中,普通动词焦点化的普遍方式为"VP＋NP"→"VP＋的＋是＋NP",如"吃苹果",为了强调宾语"苹果",我们通常使用"吃的是苹果"来表达。"有的是 NP"构式也不例外,为了凸显焦点"NP",构式由原型结构"有＋NP"发展而来。值得说明的是,虽然"有的是 NP"构式与"有＋NP"具有承继关系,但是并非所有能够进入"有＋NP"中的 NP 成分都能够进入构式构成"有的是 NP"。例如:

(16) a. 有的是电脑　有的是汽车　有的是手机　有的是存款　有的是朋友
　　 b. 有的是实力　有的是自信　*有的是礼貌　有的是热情　有的是希望
　　 c. 有的是理由　*有的是组织　*有的是学历　*有的是原则　*有的是作用
　　 d. *有的是心　*有的是底　*有的是劲　*有的是喜　*有的是种

从例(16)可以看出,a 类的 NP 既可以直接与"有"搭配,也可以进入"有的是 NP"构式中,b 类的大部分 NP 都可以进入构式,c 类的大部分 NP 都不能进入构式,d 类都无法进入构式。从语义特点上看,a 和 c 类构式凸显数量大,b 类构式强调程度量高。可见,不是所有可与"有"搭配的 NP 成分都能进入构式,"有的是 NP"构式中的 NP

成分具有特殊性与复杂性。

总的看来,"有的是 NP"构式的 NP 具有连续性或无界性,程度模糊,如果 NP 是离散的就不行,比如礼貌,要么有礼貌要么没礼貌,不存在渐进的礼貌程度高低的连续性;比如学历,博士、硕士、本科等,都是离散的、泾渭分明的,不是连续的;同时,NP 在量的规定性上是无界的,即构式整体表示主观大量的有界性,是某数量或程度的无限延伸。不能受表轻量程度副词修饰、只能受表高量程度副词修饰的 NP 一般不能进入构式,如"这个人很有实力""这个人很有礼貌"都可以说,而"这个人有点实力"可以说,"这个人有点礼貌"似乎不能接受。另一方面,不同的 NP 成分进入构式后,构式义有所不同。

2.2 构式的表义类型

根据以上分析,发现"有的是 NP"构式中 NP 分为两种类别:一是具体类名词性结构,如"房子""车"等,"房子""车"等在没有个体化的情况下,即在不加数量词的情况下,是无界的(沈家煊,2004);二是抽象类名词性结构,如"希望""热情"等。当 NP 由具体类名词性成分充当时,构式整体表数量的大量义;当 NP 由抽象类名词性成分充当时,构式整体表程度的大量义。"希望""热情"等抽象名词都具有程度性,可以说"希望不大、希望比较大、希望很大""热情不高、热情比较高、热情很高"等,可见其程度性①。

2.2.1 数量的大量义:凸显数量多

NP 由具体类名词性结构充当时,构式表现出[+数量大]的语义特征。例如:

(17)将军手里<u>有的是兵马</u>,要消灭几个宦官,还不是像炉火上烧几根毛发那样容易?(李津《中华上下五千年》)

(18)给你钱你也不会要,<u>我娘家有的是地</u>。你要是有心,就去吧。活人要紧。(柳建伟《天凉好个秋》)

例(17)的"兵马"、例(18)的"地"都是具体名词,且是一般人都想要拥有的东西,整个构式表示说话人主观认为主语 S 拥有的 NP 数量多。

2.2.2 程度的大量义:凸显程度高

程度高也可以识解为大量,这就是程度大量(姚占龙,2005)。NP 由抽象类名词性结构充当时,构式表现出[+程度高]的语义特征。例如:

---

① 北京大学 CCL 语料库有"我们还年轻,<u>有的是希望和信心</u>""蒙古人<u>有的是热情和体力</u>",加横线处成分的意思分别是"希望很大、信心很大""热情很高"。

(19)今年一个赛季的失利,比起那几年的冠军荒、低谷,不算什么!<u>晖哥有的是实力</u>!《扬子晚报》2015年3月26日)

(20)让文化走出去,<u>淮阴人有的是自信</u>。(《新华日报》2014年12月8日)

例(19)的"实力"是抽象名词,构式表示晖哥的实力很强;例(20)的"自信"也是抽象名词,构式表示淮阴人有很强的自信。在这两例中,构式的构式义强调说话人主观认为S具有的NP程度大。抽象名词具有名词特征,有些也不受程度副词修饰,但仍然可以表现出程度性质,程度是"事物变化达到的状况"(《现代汉语词典》),像"实力、自信"等都具有强弱变化的状况,因此都具有程度性,其程度性可以通过"NP很强/大/高"等表现出来。

现代汉语中表示大量义的程度副词有很多,如"很""太"等,这些都可以与NP成分构成大量义结构,那么与这些表程度义的句法结构相比,"有的是NP"构式表现出的大量义有什么区别呢?我们对具有同样真值语义的不同大量义结构表量度进行梯度对比分析,得出结果如下:

表数量:有+NP＜有很多NP＜有的是NP

表程度:有+NP＜很有NP＜有的是NP

不论是表数量还是程度量,"有的是NP"构式表达的量幅都是最大的。从语义背景看,"有的是NP"表主观大量义至少包含以下几个因素:其一,存在某个主体S;其二,存在NP所代表事物为社会多数成员共有,且NP具有[＋值得拥有][＋可量度]的语义特征;其三,S所具有的NP量度超过一般水平;其四,说话人由于反预期、申辩等语用目的想要用强烈语气来表达S具有的NP大量义;其五,说话人用"有的是NP"来表达S所具有的NP数量/程度量大。

凡不满足上述其中任何一个条件,"有的是NP"都没有主观大量之义。基于构式语法的理论框架(Goldberg,2007),我们认为"有的是NP"是一个整体表达式,体现了说话人的态度和情感,具有典型的语境适切度,构式义可以概括为:说话人出于反预期、申辩等语用目的来表达主体S所具有的NP数量/程度量大。

三、"有的是NP"的语用适切性

Goldberg(2007)指出,考察一个构式,需要指出这一构式的语境适切度,即说话人是在什么语境下会说这样的话,是怎么说的。作为一个典型的构式,"有的是NP"有其特殊的使用语境及语用价值。在语用环境中,随着其构式义的逐渐固化,说话人的立场、态度和感情越发凸显。

3.1 语境条件

交际是语言的主要功能,说话人在使用某一构式进行交际时,往往会带有自己的主观认知。"有的是 NP"这一构式表示说话人对某一主体属性的主观评价,既能出现在肯定性评价语境中,也能出现在否定性评价语境中。值得注意的是,构式一般仅用于表达说话人强烈语气的语境中,而在语气平和的语境中一般不予使用。试比较:

(21)在韩城,晨钟村名气很大。一是这个村很有钱,资产数亿元,村民年年都能得到分红。二是这个村的村干部处事公道,不多领一分钱的工资,不多拿一分钱的分红。(《陕西日报》2018 年 9 月 26 日)

(22)我将一肚子火都发泄到售楼小姐身上:"老子有的是钱,老子买房不是暂住,是常住北京,知道吗?"(卞庆奎《中国北漂艺人生存实录》)

以上两例"很有钱""有的是钱"都表示"钱很多",但例(21)"很有钱"的表达倾向于客观陈述,多用于语气平和的语境中;而例(22)的"有的是钱"则含有驳斥、夸耀等语义色彩,常用于表达说话人语气强烈的语境中,宣泄说话人的某种主观情绪。

"有的是 NP"构式表示的是说话人对某人或某事物具有的 NP 量度的主观评注,说话人的强烈主观评价蕴含其中。例如:

(23)a. 他有钱。

b. 他很有钱。

c. 他有的是钱。

例(23)中,三例都表达"钱多"的语义特征,语义真值基本相同,但使用语境与主观化等附加语义色彩有所不同。例(23)a 是客观陈述,例(23)b 受程度副词的影响,主观化程度较例(23)a 高,例(23)c 体现的高程度主观化特征从构式中得到凸显。从例(23)a 到例(23)c,主观化程度渐次递增,说话人的视角在其中体现出来。信息最大化原则与经济最大化原则的互动下构式呈现高程度主观化趋势。

语气词、时体标记词等是表达情感的重要手段。说话人使用"有的是 NP"来表达大量义时,其后往往接带有评价性的小句或常与语气词等共现,使得说话人的主观情感得到凸显。例如:

(24)二人虽然没有读过多少书,可是他们并不觉得可惜,反而感到骄傲,因为他们做生意赚了钱,有很多钱,否则他们怎敢来这里偷渡时间隧道呢!牛斤挺起胸脯,骄傲地说:"我们有钱,有的是钱!""钱,当然是个好东西。有钱能使鬼推磨呀!"那人忽然一本正经说。(刘咏《偷渡客》)

(25)毛毛娘舅说:天下又不只桥牌一种,有的是玩法呢!他接过牌来,在手

里很熟练地洗着。(王安忆《长恨歌》)

例(24)"有的是钱"表现出说话人的骄傲之情,例(25)中的"有的是玩法"与语气词"呢"共现,表现出说话人满不在乎的情绪。

同时,考察发现,当主语所指代的事物数量大于一时,"有的是 NP"常与全量范围副词"都"共现来表示对数量大于一的主体对象的全量肯定。例如:

(26)男女双方同意,木兰的婚礼要大事铺张,要算北京空前壮观的婚礼。第一,因为双方都有的是钱;第二,姚先生最喜爱这个女儿,曾家娶到这位新娘也最为光彩。(林语堂《京华烟云》)

3.2 语境类型

构式在使用时,往往有一个语义预设:有人认为没有 NP 或具有 NP 的量级程度少,说话人用"有的是 NP"来传达"反预期"意义,话语中 NP 的数量或程度与言谈事件参与者所具有的既定预期相反。例如:

(27)刘邦好言好语地劝他们把这些东西拿回去,他说:"粮仓里有的是粮食,不要再让你们费心了。"(李津《中华上下五千年》)

(28)"他关在牢里,怎么会还债呢?""听说他这几年生意做得很发达,手里有的是钱。他在牢里,你婶婶可没在牢里。"(周而复《上海的早晨》)

例(27)刘邦用"有的是粮食"来传达与对方对粮食数量的原有预期相反的信息;例(28)"有的是钱"表达与有人认为他没钱还债的预期相悖。

"有的是 NP"主要应用于表说话人强烈主观情绪的语境中,经考察,构式在语境使用中带有一定的申辩意味。一种是语境中直接申辩。例如:

(29)荣轩用冷硬的口吻打断母亲:"让大家去吃点东西吧!""我还没叙完旧呢!"雅惠瞪了儿子一眼。"爱叙旧,以后有的是机会。"(言妍《带翼天使》)

例(29)荣轩用"有的是机会"来反驳雅惠"还没叙完旧"的抱怨,带有明显的申辩色彩。

一种是想象中间接申辩:说话人或作者先设想一个情景,有人会以为没有或具有 NP 的量级程度少,说话人或作者对这一想象的事实进行申辩。例如:

(30)虽然总要花费许多天的时间才能把"魅惑人间"的所有首饰整理完,但她仍玩得不亦乐乎。反正时间对她这种人没有任何意义,苏恋荷有的是时间。(凌玉《魅惑你的心》)

例(30)没有交际双方,作者设想了一个情景,在作者心中有一个虚拟发话人,并且该发话人以为没有或具有 NP 的量级程度少,于是作者用"有的是 NP"对这一想象的事实进行申辩。根据 Jef Verschueren(1999/2003)，在语言使用中，虚拟发话人所起的作用比人们料想的还要广泛。大多数强调一个对比级阶的某一端的话语，都会暗中调用这类发话人。

此外，构式在表达说话人的主观评述时，常具有一定的夸张色彩。例如：

(31)胡里听了，立即说道："只要能买来，多付些钱没问题，俺王爷有的是银子！请推事大人说个价，咱就把银子付出来。"(李文澄《努尔哈赤》)

(32)"别自弃，你这小伙子除了个头矮些，不是蛮精神吗！我看姑娘有的是，怕是还攀不着你呢。"牛尚周拍了一下宋查理的肩膀说。(史传《宋氏家族全传》)

例(31)中"有的是银子"表示银子的量是无论多少都能付出的，明显带有一定的夸张意味，体现出说话人对自己银子多的炫耀；例(32)中"姑娘有的是"在表达说话人主观大量的语义背景下，也具有一定程度的夸张色彩，以实现劝慰的语用效果。

Traugott(1995)认为主观化无处不在，说话人要达到交流信息的目的，总要不断借助一些表达实在意义或用作客观描述的词语，加上自己对客观情形的主观"识解"，从而把说话的目的和动机传递给对方。"有的是 NP"构式属于主观化程度较高的主观大量构式，具有一定的评价功能，"反预期"是构式使用的基本语用条件，同时具有申辩和夸张的意味，申辩是基于说话人态度的，夸张则是基于事实本身的。

四、"有的是 NP"的语法化与认知理据

4.1 "有的是 NP"的语法化

语言的主观化往往伴随着语法化，"有的是 NP"构式的固化是语法化的结果。王建军(2006)指出，"有的是 NP"最早出现于元代，只见于存现句中。例如：

(33)今日清晨，熬下这一盆稀粥，看有甚么人来买吃？(关胜上，云)有粥么？(店小二云)老叔，有粥，有粥。(徐宁上，云)有稀粥么？(店小二云)老叔，有的是稀粥。(花荣上，云)有粥么？(店小二云)老叔，有粥，有粥。(无名氏《争报恩三虎下山》)

(34)(张道南云)你那里还有何人？(正旦唱)俺那里有的是秦人晋人，你可也休将咱盘问，则管里絮叨叨拔树寻根。(无名氏《萨真人夜断碧桃花》)

例(33)、例(34)中"有的是 NP"是早期用例，例(33)"有的是稀粥"真值语义上和上下文"有粥"相当，例(34)作为应答语，"有的是秦人晋人"真值语义上和"有秦人晋人"相当，但语用上"有的是 NP"比"有 NP"语气强烈，这是因为例(33)、例(34)如果用"有 NP"，那么 NP 是自然焦点，如果用"有的是 NP"，那么 NP 是对比焦点。对比焦点具有

排他性,语气上比自然焦点强烈。

例(33)、例(34)中的 NP 是有界 NP,范围是确定的。当"有的是 NP"的 NP 类推扩展到无界 NP 的时候,NP 范围不确定,整个结构的性质就发生了改变:首先,NP 不再是对比焦点,而是自然焦点;其次,"有的是"由短语凝固为谓词,句法上出现重新分析;再次,整个结构表示数量多或程度高,具体说来,如果 NP 是具体无界 NP,表数量多;如果 NP 是抽象无界 NP,表程度高。

"有的是 NP"从表强调发展为表数量多和程度高,是近代汉语的共时语法化现象,表强调的"有的是 NP"和主观大量构式"有的是 NP"在元代都已经出现。到明清时期,主观大量构式"有的是 NP"大大发展,非常多见。例如:

(35)太公道:"恁地时最好。我这里有的是酒肉,只顾教师父吃。"(施耐庵《水浒传》第五回)

(36)庄家田户出身,惯使一把铁锹,有的是气力,亦能使枪抡刀。(施耐庵《水浒传》第四十一回)

(37)薛家有的是钱,老爷断一千也可,五百也可,与冯家作烧埋之费。(曹雪芹《红楼梦》第四回)

主观大量构式"有的是 NP"语法化的机制是类推和重新分析。类推(analogy)是指"有的是 NP"在各种语境中的经常化运用。构式由普通动词焦点化的普遍方式"VP + NP"→"VP + 的 + 是 + NP"类推扩展而来,由于"有"的大量义,"有的是 NP"的语义发生了改变,由强调 NP 发展为凸显 NP 量度大。重新分析(reanalysis)是指在没有改变表层结构形式的情况下,在句子表层形式不变的情况下,由于人的理解起了变化,经过重新分析同一种语言形式,被赋予了一种新的解释(张谊生,2019)。基于 NP 为有界和无界在性质上的相似性,NP 由最初的有界扩展到无界。"有的是 NP"通过临界模式与 NP 从有界到无界的类推扩展,获得了主观大量的表义性质,最终实现构式化的完成。

随着语法化进程的发展,构式在语法化的基础上发生了词汇化,"有的是"逐渐习语化,成为表示主观大量标记语。例如:

(38)乌二小姐笑道:"你这人看也惹不得,第一回刚到手,又预定着借第二次了。"燕西道:"不要紧,有的是,尽管来要。"(张恨水《金粉世家》)

4.2 "有的是 NP"形成的认知理据

4.2.1 语言的象似性

刘丹青(2011)指出,"有"字自古就有表多的倾向,有些训诂家直接以"多""富"释

"有"。所谓表"多",是指主观大量,即说话人认为数量超出通常水准。如"有学问"表"学问深、学问多"。"有的是 NP"语法化为主观大量构式与"有"本身具有表大表多的语义倾向有关,这就牵涉到语言符号的象似性问题。沈家煊(1993)指出,"量大的信息,说话人觉得重要的信息,对听话人而言很难预测的信息,表达它们的句法成分也较大,形式较复杂。"正是语言符号的象似性,为"有的是 NP"语法化为主观大量构式提供了语义基础和形式依据。

4.2.2 交互主观性

语言是交际的重要工具。张博宁(2015)指出,主观性是说话者个人观点和态度的体现,是交互主观性的前提,交互主观性则体现说话者对听者"面子"以及"自我形象"的关注。Traugott & Dasher(2002)认为,交互主观性(inter-subjectivity)是指说话人对听话人的关注。"有的是 NP"构式常用于语言交际中,传达说话人的主观情感,如满不在乎、愤怒、不满、骄傲等。例如:

(39)燕西笑道:"那就更好了,正是我不好出口的话哩。"冷太太道:"这值什么呢,将来放了暑假,就写个十张八张,也<u>有的是工夫</u>呀。"(张恨水《金粉世家》)

(40)副官以为他这就要漫天要价了。"他<u>有的是钱</u>,手头又大方。他会好好待承您,还有她。他心眼好,这点您放心好了。"宝庆的脸发了白,但还是勉强笑了一笑。(老舍《鼓书艺人》)

例(39)燕西不好意思向冷太太要条幅,冷太太用"有的是工夫"来表达写条幅并没有什么不妥,带有满不在乎的情绪;例(40)副官使用"有的是钱"来安慰宝庆。

总之,"有的是 NP"多用于反预期的语境下,对方认为 S 没有 NP 或 NP 数量/程度量不高,说话人强调 S 具有的 NP 量度大,于是编码为"S 有的是 NP"。随着高频使用,作为主观大量义构式的"有的是 NP"语义逐渐固化,这是交互主观化的语法化的结果。

五、结 语

"有的是 NP"构式是一个半开放式的标记性结构,也是一个表达说话人主观大量义的语法构式,构式义可以概括为:说话人出于反预期、申辩等语用目的来表达主体 S 所具有的 NP 数量/程度量大。构式的语用功能倾向于表达说话人的主观情感,既可表达说话人的正向评价,也可以用于表负向评价,其语义的表达对语境具有一定程度的依赖性。从表义类型看,构式主要有凸显数量多与凸显程度高两种语义类型。构式存在多种变体形式,语法化的机制是类推、重新分析,认知理据主要是语言的象似性和交互主观性。

参考文献

李宇明(1995)能受"很"修饰的"有 X"结构,《云梦学刊》第 1 期。
刘存伟(2016)对应关系:汉语"S 有的是 NP"句的构式整合,《外国语文》第 2 期。
刘丹青(2002)汉语类指成分的语义属性和句法属性,《中国语文》第 5 期。
刘丹青(2011)"有"字领有句的语义倾向和信息结构,《中国语文》第 2 期。
刘志富(2010)习用语"有的是"的词汇化,《语言教学与研究》第 4 期。
彭　茹(2007)《"X 有的是 Y"句式的研究》,广西师范大学硕士学位论文。
沈家煊(1993)句法的象似性问题,《外语教学与研究》第 1 期。
沈家煊(2004)再谈"有界"与"无界",《语言学论丛》第三十辑,商务印书馆。
王建军(2006)"有的是"源流探略,《语言教学与研究》第 4 期。
许红菊(2016)"(S)有的是 NP"句的语义生成原理和习语化历程——基于语法构式和修辞构式的分类理论,《语言研究》第 4 期。
姚占龙(2005)《现代汉语程度量表达研究》,上海师范大学博士学位论文。
张博宁(2015)话语标记语的主观性与交互主观性探析,《外语学刊》第 3 期。
张谊生(2019)"很/太 + 名/动"的形化模式与演化机制及其表达功用——兼论程度副词在相应组配中的四种功用,《汉语学习》第 5 期。
中国社会科学院语言研究所词典编辑室(2016)《现代汉语词典》(第 7 版),商务印书馆。
Goldberg, A. E. (1995/2007) *Constructions: A Construction Grammar Approach to Argument Structure*. Chicago: Chicago University Press.《构式:论元结构的构式语法研究》,吴晓波译,北京大学出版社,2007 年。
Grice, H. P. (1975) *Logic and Conversation*. New Work: Academic Press.
Traugott, E. C. (1995) Subjectification in Grammaticalization. In Stein, D. & Wright, S. (eds.). *Subjectivity and Subjectivisation: Linguistic Perspectives*. Cambridge: Cambridge University Press.
Traugott, E. C. & Dasher, R. B. (2002) *Regularity in Semantic Change*. Cambridge: Cambridge University Press.
Verschueren, J. (1999/2003) *Understanding Pragmatics*. London: Edward Arnold.《语用学诠释》,钱冠连、霍永寿译,清华大学出版社,2003 年。

(200234　上海,上海师范大学人文学院)

"啊"的音变规律与用字规范问题再议*

黄梦迪

摘 要："啊"在语流里因受到前字韵母或韵尾的影响而形成多种语流音变,口气强弱变化决定了它的音变形式、口气功能及其音义关系,难以确立精准的规范原则;同时由于音变的多样性和汉字的有限性,也给用字规范带来了困难。本文认为"啊"的音变规律及其用字规范包含日常会话的天然成分和京剧语言的艺术成分,不宜贸然简化,在语言教学领域可适当放宽要求,在艺术及其教育领域应当继续遵守。

关键词："啊"音变规律;用字规范;简化;京剧艺术

一、"啊"的音变规律

关于普通话"啊"的音变规律及其用字规范,《现代汉语词典》(第 7 版)的说明如下："啊"用在句末或句中,常受到前一字韵母或韵尾的影响而发生不同的变音,按音变写成不同的字,并列有下表:

表 1 "啊"音变规律及其用字规范

前字的韵母或韵尾	"啊"的发音	"啊"的写法
a、e、i、o、ü	a→ia	呀
u、ao、ou	a→ua	哇
-n	a→na	哪
-ng	a→nga	—①

表 1 列出了"啊"的 4 种发音及其 3 种写法。表中 nga 音变没有注明汉字,默认写作"啊"。可见"啊"共有 4 种写法。例如:

(1)一年多没回家,家乡的变化真大**呀**。(大啊→大呀(ya))

(2)这锡伯族**哇**,就是满族,新疆的满族,他们说的话,全是满文。(族啊→族哇(wa))

---

* 感谢《对外汉语研究》编辑部和匿名审稿专家为本文提出的修改意见,谨致谢忱!
① 此处的"—",默认写作"啊",详见《现代汉语词典》(第 7 版)第 2 页。

(3) 堵住人的嘴,不让人说话,比堵住河流还要危险哪!(险啊→险哪(na))

(4) 妈,咱别干这工作了,看到你这样子,我心里疼哪!(疼啊→疼哪(nga))

上表所列"啊"音变规律及其用字规范,滥觞于黎锦熙(1924/1953)提出的"六个条例"。黎锦熙(1924/1953)指出:"'啊'是一个纯粹的元音(韵母),但因紧连上面的词,往往上面的词'收'什么音,它就跟着'发'什么音,因此它添上了许多的声母,假借了许多的字样。"据此他归纳出"啊"音变规律及其用字的"六个条例",按照叙述顺序可以代为归纳如下表(原文的注音字母改用汉语拼音,"强式""弱式"为笔者所加):

表2 黎锦熙提出的"啊"音变规律及其用字六个条例

前字收声		-i、-ü	-u、-o	-n	-i[ʅ]/[-ɿ]	-ng	-a、-r
"啊"音变及用字	强式:a	ya呀(吓、嘎)	wa哇	na哪	a啊	ngo哦/呕	ya呀
	弱式:o/e	yo哟/唷	wo噁/喔	no喏	e[ɤ]啯/啰	nge[ɤ]啯/啰	yo哟

黎氏所立六个条例显示出如下三个特点:

其一,依据的语料包括日常会话、话剧、儿歌和戏剧(尤其是旧京剧)。如"凡助词转声之处,都是依着北方演员的'口'实验出来的",并且,"北方的儿歌,都合此例"(黎锦熙,1924/1953:334)。

其二,发音大体可分强弱两式,依据的是黎氏如下两句话:"啊(阿、呵)"的"语气舒张则读a,稍稍敛抑则读e[ɤ]",并且"常转声而入[a][ɤ][o](稍弇为[e])三韵"(黎锦熙,1924/1953:330)。也就是说,黎氏主张"啊"音变可粗分为二,即[a]与非[a];细分为四,即[a][ɤ][o][e]。一共9个音变形式,包括5个强式(a、ya、wa、na、ngo)和4个弱式(yo、wo、no、nge)。相比之下,表1所列显然已经大为简化了。

其三,对用字不做硬性规定。理由是,当时"在语体文用字的习惯上,诸助词往往任意写用,并不能合于本节所举的六个条例"(同前)。换句话说,黎氏仅仅从社会习惯用字里选择了上表所列12个,没作硬性规定。但"说起话来,只就语音去辨别,就全合于这六个条例了"(黎锦熙,1924/1953:335)。

二、关于"啊"的音变及其用字规范的讨论

据孙锡信(1999),黎锦熙(1924/1953)六个条例反映的"啊"音变系统最终形成于19世纪后半叶。这说明六个条例是以当时的语言事实为基础的,所以问世不久,就受到学界广泛关注。

赵元任(1926)认为:"阿音跟前字连起来生出 liaison 的音类甚多。照黎锦熙《国语

文法》三三〇至三三四页上所载的,有下列的规则。"转录如下表①:

表 3　赵元任对"啊"音变规律及其用字的简化表述

上词的收音	"啊"的发音	例句
① i,iu(ü)	ya 呀	你呀(ni a)。谁呀(shui a)?
② u	wa 哇	在那儿哭哇(ku a)。姓周哇(zhou a)。
③ n	na 哪	您哪(nin a)。天哪(tian a)!
④ ng[ŋ]	nga[ŋa]	你听 nga(ting a)。先生 nga(sheng a)!
⑤ a,o,e,ê,y(ri)	不变	是我阿(wo a)。哥哥阿(ge a)!
⑥ a,el(er)	可用 ya 呀	他呀(ta ya)!

表 3 虽然也是 6 条,但将表 2 里的 9 个音变形式合并为 5 个:a、ya、wa、na、nga,特别是将 ngo、nge 两个音变形式合并为一个 nga。简言之,表 3 没采纳表 2 里的弱式音变形式,而且 nga 音变形式后没有注明用字(《现代汉语词典》不注用字的做法当是依据上表)。赵氏的简化表述得到众多学者②、辞书、各级现代汉语和对外汉语教材的一致认可,并进入了《普通话水平测试大纲》③,在国内外产生了持久而广泛的影响。此后,学者围绕"啊"音变的讨论都是针对赵氏简化表述的。除了有关社会各界"啊"音变及其用字失范的讨论之外,讨论主要集中在如下两个方面的简化建议。

2.1　减少音变形式

赵元任(1926)提出"简化表述",同时还从语体角度指出:"大概在诗词戏剧里头注重咬文嚼字的时候,这些'呀''哇''哪''nga'就都出来了,平常就是'哪'字要紧些,其余的不大听见。所谓不大听见,并不是不常听见,是听不很真的意思。"显然赵元任将"啊"的音变明确区分为两种语体,即"诗词戏曲"和"日常话语"两种语体,并对平常说话里"啊"音变情况具体解释说:"在平常说话的时候,只有 n 收音的用'哪'是差不多一定的,其余的因为收音不很咬的紧,所以'呀''哇''nga'等音就不大清楚了,例如,'您好阿?''nin hao a?''好'字的尾音在 o、u 之间,所以'哇'音不能成立,听来还像是原来的'阿'。同样,'买阿!''mai a!'的'阿'也不能成清清楚楚的'呀'音。"换言之,赵氏的主张很明确:只有诗歌戏剧语言里才会全部出现"呀、哇、哪、啊(nga)"四个音变形式,日常会话里只有"哪"才是必要的,其余都可忽略不计。也就是说,"啊"音变形式及其用字只需要"啊、哪"两个。

林焘(1963)、金有景(1981)和周一民(2002)先后主张,将"啊"音变分为不自由音变

---

① 原文的罗马字拼音改写为汉语拼音,第三栏的表头"例句"一词为笔者所加。
② 主要见吕叔湘(1944)、丁声树等(1961)、林焘(1963)、朱德熙(1982)、北京大学中文系 1955 级和 1957 级语言班(1982)、刘月华等(2001)、齐沪扬主编(2011)等。
③ 参见教育部与国家语言文字工作委员会关于印发《普通话水平测试大纲》的通知(教语用[2003]2 号文件)。

和自由音变。前者只要音变条件出现,音变就必然产生;后者音变条件虽然出现,但音变不一定必然产生,即变与不变是两可的。不自由音变有两种:前音节末尾音素是-n时,"啊"必然变读为"哪";前音节末尾音素是-a、-i、-ü时,"啊"必然变读为"呀"。其余条件下均可自由读"啊"或变读为"呀"。他们的结论和赵元任(1926)殊途同归。

胡明扬(1981)通过对北京话的深入调查进一步提出,"啊"音变只出现在常速语流的日常会话里,而且是老北京话的特色,和普通话相比"显得有点'土'",所以不少北京人有意识地要避免这种'土腔',尤其是几乎不说"哇"这个最土的音变形式。据此,他主张只有"哪""呀""啊"三个音变书写形式。

此外,徐晶凝(2018)发现,-u后的音变形式正趋向合并于"啊",-n后的音变形式可任意读成"哪""啊"或"呀"。总体看,只有"啊、呀"两个变体最为稳定,这比赵元任(1926)之后的几位学者更加简化了。

最后,多位学者还讨论过"呀"的独立成词问题。林焘(1963)最早提出"呀"不一定总是"啊"的音变形式,还表示罗列和对"啊"的语气的强调作用,方梅(1994)认为"呀"具有使句子"语气轻松"的作用,李顺群(1999)认为它的语气比"啊"来得强些,胡明亮(2014)认为它更多表示知道对方会感到惊讶,徐晶凝(2018)认为"啊"高频用于祈使句、陈述句和感叹句,"呀"高频用于无疑而问。一句话,"呀"正在摆脱"啊"的语流音变的附庸身份而趋于独立成词。果真如此的话,"啊"的语流音变形式就只剩下"哪""啊"这两个了。

2.2 简化书写形式

前文曾提到黎锦熙(1924/1953)搜集整理了当时"啊"音变的12个社会用字,但承认它们"往往任意写用"。吕叔湘(1944)搜集整理出两组8个用字(啊、阿、呀、哪、哇;哟、呦、呕),也指出"常有一词异写的情形,或因音变而字未变而又有新字切今音,或因旧字虽存而另行简笔,或因本无定字而作者各以方音借写"。赵元任(1926)建议精简为"哇、哪、呀、阿(啊)"4个并得到了广泛认可,但同时又认为记录日常会话只要"哪""啊"两个就够了。而后,胡明扬(1981)、徐晶凝(2018)建议只用"呀""啊"两个,张桂权(2002)建议只用一个"啊"。

2.3 小结

回顾近百年来学界关于"啊"音变及其用字的讨论,可归纳为如下两条简化路线。

其一,音变形式的简化,可概括为:9个(a/ya/wa/na/ngo;yo/wo/no/nge)→5个(ya/wa/na/nga/a)→2个(a/na 或 a/ya)。

其二,用字的简化,可概括为:12 个(任意写用)→4 个(啊/呀/哪/哇)→2 个(啊/哪或啊/呀)→1 个(啊)。

简言之,"啊"音变的形式及其用字的简化,似乎已成为学界共识。

三、"啊"音变的本质及其规范难度

3.1 "啊"音变的音义关系象似性

首先从宏观上看,语气词不参与句子的句法结构和命题的构建,有无、异同和多寡都不影响句子的合语法性与命题内容,只能位于述题后和语调(或疑问标记)一起构成述题的语气结构——"语调/疑问标记$^{n=1}$ + 语气词$^{n=0到3}$"。语调/疑问标记强制性表示上位语气(speech act mood),语气词可选性表示其下位口气(tone of voice),两者一起表示言者对述题的"语气 + 口气"综合值。这一功能性质决定了语气词的发音与所表口气必然和调尾经常发生互动变异。如曲调与"啊"高频共现时,构成"曲调 + 啊"语气结构,表示"感叹语气 + 惊讶口气"综合值。当它与平调低频共现时,构成"平调 + 啊"语气结构,表示"陈述语气 + 惊讶口气"综合值,这时则会受到平调的制约而降低惊讶的强度(王珏,2020a)。

其次,古汉语语气词分别是上声和平声,上声语气词表示肯定口气,平声语气词表示不定或惊讶口气。两类迭用时,上声在前,平声在后,即遵循声调"上声前—平声后"的规律(王珏,2011)。另外,王珏(2020b)还指出,现代汉语单音节语气词都是无调的最轻声,失去了声调这个重要的别义手段,即内部成员不再能以声调别义。因此,迭用顺序不再遵循声调"上声前—平声后"的规律,而是遵循元音(或整个音节)的响度"低前—高后"的规律,并与所表交互主观性功能"弱前—强后"顺序同步,同时伴随以声母异同或有无。可简示如下(>表示前后关系,/表示择一出现,//表示择类出现,下划线标识语气词类别):

	齿音	唇音	零声母
	的[tə] > 了[lə] > 呢[nə] >	吧[pa]/吗[ma]//	啊[a]/哎[ai]/哦[o]
口气类别:	肯定	不定	惊讶
口气强弱:	弱 ──────────────────────────→		强
响度高低:	低 ──────────────────────────→		高
迭用顺序:	前 ──────────────────────────→		后

图 1 普通话语气词的语音类型与其所表口气、迭用顺序

由上可知,王珏(2020b)从共时和历时两个角度说明了普通话语气词以声母异同或有无表示口气类型,齿音语气词表示肯定口气,唇音语气词表示不定口气,零声母语气词表示惊讶口气。同时,以韵母或整个音节的响度表示口气强弱,韵母为[a][ai][o]者,口气强于韵母为[ə]者;韵母同为[ə]者,音节的响度依次渐高(的[tə]>了[lə]>呢[nə]),口气依次渐强。这可简述为:声母异同或有无区别口气,韵母响度区别强弱,亦即语气词的音义关系具有象似性。传统所谓语气词具有"标音性质",应当作此解释。据此,"啊"音变及其功能之间也理应具有音义象似性关系。

3.2 "啊"音变及其用字的规范难度

"啊"音变除了具有自由和不自由之别(林焘,1963)和个人风格(胡明扬,1981)外,同一口气的强弱也会伴随着同一个语气词的"开口度可大可小","语音上是不稳定的"(胡明扬,1981),因此对它们的刻画和归纳也往往带有明显的人为痕迹。如黎锦熙将"啊"音变细分为9个(见前),上神忠彦(1968)至少分出5个(e、a、ou、ei、ao……)①,郭小武(2000)粗分为强弱两式(a、e)。② 其次,关于普通话究竟有几个元音语气词,学界认识也不尽一致,有的只认可"啊"一个,有的认可"啊(阿、哇、呀)"和"哟(唷、呦)"两个,有的认可"啊""呕(哦)"和"欸(哎)"3个。③ 这里仅以朱德熙(1982)归纳的"啊""呕""欸"这3个语气词的音变形式为例(见表4)。

表4 朱德熙(1982)所归纳元音语气词的音变形式

	-n	-ng	-[ʅ]	-[ɿ]	-i	-u	-ü	-a	-e	-o
啊 a	na	nga	[z]a	ra	ya	wa	ya	ya	ya	ya
呕 ou	nou	ngou	[z]ou	rou	you	wou	you	you	you	you
欸 ei	nei	ngei	[z]ei	rei	yei	wei	yei	yei	yei	yei

由上述可知,"啊"音变数量的确认和规范都难以排除人为因素的干扰,也不排除时代的差异。

最后,由于语气词的用字几乎都是假借或新造"口"旁字(啊、哦、哎、呢、呗、吧、吗、

---

① 上神忠彦(1968)为6个基本语气词分别列出5个元音开口度不一、单复不同的明显变体:的(de、da、dou、dei、dao)、了(le、la、lou、lei、lao)、呢(ne、na、nou、nei、nao)、吗(me、ma、mou、mei、mao)、吧(be、ba、bou、bei、bao)、啊(e、a、ou、ei、ao)。如果忽略声母并将复韵母视为单韵母的强式变体,上表里的e(呃)可视为单纯语气词的弱式,其余均为其强度不等的变体。

② 郭小武(2000)提出,语气词的"开口度随'情绪—语气'的强弱变化而变化",都具有弱式e和强式a两套发音类型,分别表示强弱对立的两种"情绪—语气",如"强式(a):啊、哒、啦、哫、哗、哪、吧、嘛、吗、哈","弱式(e/o):哦、的、了、嘞、喽、呐、呗、啵、嘿、唭"。

③ 关于普通话中元音语气词的数量,黎锦熙(1924/1953:330)、吕叔湘(1944)、吕叔湘主编(1980)、徐晶凝(2018)和齐沪扬主编(2011)等主张只有一个,北大语言班(1982)、王自强(1998)和郭小武(2000)等主张有两个,赵元任(1926、1979)、胡明扬(1981)和朱德熙(1982)主张有3个。

嘛),因此也就很难证明其本字(赵元任,1926),李小凡(1998)甚至认为语气词无所谓本字。而且,整个音节的能量小于前面的正常音节(曹剑芬,1995),因而不是"音系字",而只能是"边际音节"(王洪君,1999)。至于"啊",它既在语流中受到前字韵母或韵尾的顺同化因而增音而形成多种音变,又因口气强弱的变化,决定了它的音变、口气功能及其音义关系都是变动不居的特点,所以很难给出硬性的、精准的、说一不二的规范。同时,"啊"在音变方面的多变性,也给用字规范带来了不小难度。这必然会影响到"啊"音变规范的贯彻和应用。

四、"啊"音变规律和京剧的关系

赵元任(1926)曾提及"啊"音变与诗歌戏剧的关系,但语焉不详。初步考察发现,当初"啊"音变规律的提出和当今所谓失范的现状,都与京剧盛衰的进程存在密不可分的关系。

1790年(清乾隆五十五年),四大徽班进京以后,徽剧大量吸收北京一带早已普遍流行的江苏的昆曲、湖北的汉剧、北京的京腔和陕西的秦腔等多种艺术营养,融合多种声腔、唱法而得以不断发展、完善,同时深受北京话、北京风俗的潜移默化而最终形成了京剧,并在19世纪八九十年代达到了第一个高峰。1927年,享有"粉墨王侯"之称的谭鑫培"联络五方之音,合为一致",正式确立了以北京、武汉语音为主,包含湖广韵、中州调的"复合型"京剧音韵体系,正式由徽、汉、昆、梆诸腔转化为成熟的京剧剧种,确立了京剧表演艺术体系的基本风格,极大地推进了京剧表演体系的规范化、体系化。

"千斤话白四两唱",更生动地说明了念白是京剧塑造人物形象的必要手段,也是有别于其他舞台艺术念白的地域特色之一。京剧艺术里的"唱、念、做、打"向来被称为京剧演员的四项基本功,其中半数都与语音息息相关(史震己,2019)。对此,京剧界前辈曾精辟地概括为四句话:"声母是字音标准的基础;韵母是字音响亮的关键;声调是字音抑扬的核心;音变是语言流动的表征。"(刘凤至,2018)换言之,词语的声、韵、调及其语流音变都是京剧艺术的重要手段,是京剧唱腔、韵白和京白的重要构成成分。其中,"啊"音变在京剧唱腔、韵白和京白里的艺术化、夸张化,更是其特色中的特色,既是语言现象,也是艺术现象。

黎锦熙(1924/1953)提出"啊"的音变规律,并对所用的京剧语料特地加以说明:"旧歌剧如京曲等歌唱或道白时,每遇要延音之字,无论是煞句,是过渡,常转声而入[a][ɤ][o](稍变为[e])三韵;因其舌降、唇放,音势开张,不但能使听者觉得浏亮而爽快,并且容易显出所表的情态,和这种助词有同样的性质和效用。可是所转之'声'('声母''声纽'之'声'),也完全合于这六个条例。"所举京剧《武家坡》的唱词片段如下(省略号照录原文,删除原文所用注音字母,并以下划线代替原文所用双引号):

(5)一路离了<u>哇</u>……。……泪<u>哪</u>洒胸怀。柳林<u>哪</u>下。……太<u>也</u>迟慢。有理<u>呀</u>有理!……打雁充饥<u>呀</u>。怎么开口便伤人<u>哪</u>?失落你的书信<u>哪</u>!八月十五<u>哇</u>……。那里来得灯亮<u>啊</u>?……修书文<u>哪</u>。到<u>喽</u>也安宁。……受<u>喽</u>尽了苦刑。自然有<u>哇</u>!……贫寒出身<u>哪</u>!善财难施<u>吓</u>。这汗<u>哪</u>,少不得要出在病人的身上<u>啊</u>!当真<u>哪</u>……也枉<u>嚷</u>然。……少年的夫<u>嚷</u>妻……。……来在大道<u>喽</u>旁。……奔西凉<u>啊</u>。上马<u>呀</u>!妻<u>呀</u>!提起了当年<u>哪</u>……。……都督府<u>嚷</u>。打下了半<u>哪</u>幅<u>喽</u>血罗衫。嫌他老<u>哇</u>。不曾作梦<u>啊</u>!……抖抖锦战<u>哪</u>袍。……要子细瞧<u>喽</u>。骂得我好<u>哇</u>!……重<u>嚷</u>相见。

如果忽略流派、唱念和念白的内部区别,上面所举35处"啊"音变可归纳为如下8种:

其一,-n后变na(10例),分别是"林哪、人哪、信哪、文哪、汗哪、身哪、真哪、年哪、半哪、战哪";

其二,-u后变wa(5例),分别是"了哇、老哇、好哇、五哇、有哇";

其三,-i/a后变ya(4例),分别是"理呀、饥呀、妻呀、马呀";

其四,-ang后变a(4例),分别是"亮啊、上啊、凉啊、梦啊";

其五,-ao/ou/u后变wo(7例),分别是"到喽、道喽、瞧喽、受喽、府喽、幅喽、夫嚷";

其六,-uang/ueng后变e(2例),分别是"枉嚷、重嚷";

其七,-ei后变ye(2例):分别是"泪哪、太也";

其八,-i[ɿ]后变he(1例),如"施吓"。

显然,上述1—4种都符合"啊"音变的一般规律,可视为当时日常会话和京剧共有的音变规律。但是,5—8种则不符合或不完全符合"啊"音变的一般规律。如,"啊"在-ao/ou/u后读wo,在-uang/ueng后读e,在-ei后读ye,在-i[ɿ]后变he。显然,5—8种音变只能理解为当时京剧唱念艺术的独有规律,亦即黎著所谓"啊"字"转声而入[a][ɣ][o](稍鼻为[e])"的强弱两式艺术音变形式,对"吐字归音"区分得更加精细,以满足京剧艺术创作的需要。

此外,对于"啊"在eng、ing后的音变形式,黎锦熙还在该条的"附言"里具体说明如下:"eng韵的开口(eng)、齐齿(ing)两呼,除北方语系外,多与en韵不分。即如旧歌剧之'京曲',原出于汉调(着重号为笔者所加),其庚、青等韵应收音于eng韵之字,却常收en韵,而用舌尖抵腭之n母转出延长之音na(哪)或ne(喏),而不作nga或nge;如……月光明 na——,……放在地平 ne——川;……万古留名 ne——,都可证明。所以,本项公例,eng 韵的开齐两呼,不免有多少例外——即是本项与上第 3 项①常多相混之处"(同前)。这段文字进一步坐实了黎氏所归纳"啊"音变六个条例的确吸收了当时京剧唱念字音特有的"啊"音变要素,既包括他所谓"北方语系"的北京话,也包括他所谓"汉调"的武汉话的"啊"音变。换言之,黎锦熙当年归纳出的"啊"音变规律里必然杂有京剧唱念里的方言语音要素。

对于京剧唱念艺术吸收各地方言语音这一事实,俞敏(1984)曾明确指出,京剧起源于湖北,本来就有陕西的西皮调和湖北黄冈、黄陂的二黄调两个组成部分。后来流传到徽州,由四大徽班带到北京。但他们的说白大体保存湖北话原样,唱腔则由徽班丰富起来。所以京剧艺术最负盛名的"徽腔""汉调"和"中原音韵"三大特色,分别代表着三个方言的语音要素。舒桐(2010)更进一步指出,京剧的"念白"分为"韵白""京白""方言白"和混合白的"风搅雪"。韵白用"中州韵",即河南话;京白是一种美化、夸张化了的北京口音的舞台念白;流行于武汉一带的汉剧则以中州音和陕西话两种方言语音为主,剧中人物往往以乡籍而说各地方言,唯独异族番邦和宫廷内侍角色才一概用京白,即北京话念白。

近几十年来,电影、电视、网络和手机日益普及,京剧演出面临新的挑战。就京剧行业看,年轻一代从业者,唱念做打的基本功往往很不扎实,吐字归音经常难以做到严格遵守"啊"音变规律(史震已,2019),与普通话"啊"的实际读音已有不一致的地方。

五、结　语

自从"啊"音变规律及其用字规范提出以来,陆续有学者主张对音变形式和书写形式进行简化。但是,"啊"音变的功能属性和象似性本质决定了它的音义关系都是变动不居的,很难对其语音做到精准规范;而且由于汉字非表音的局限,更难对其书写形式进行精准规范。如[ŋa][z̥a][za]三个音变形式至今没有准确对应的汉字。其次,"啊"音变规律主要是日常会话的真实发音,也杂有京剧唱念艺术的特有要素。因此,今天面对表 1 所列"啊"音变已有规范及其书写形式规范,不免进退两难。如果严格执行,既没必要,也实在难以做到,贸然简化显然也并非明智之举,因此我们提出"两条腿走路"的方针。

一方面,推广普通话和汉语教学领域可适当放宽要求,以减少教学、评判和考核困难,对汉语国际教育领域尤其应该如此。首先,目前全国会说普通话的 70% 人口中,

---

① 即 an、en 之后的音变。

"只有10%的人口可以用标准普通话顺畅沟通"(王辅政,2015)。然而,"啊"音变即使在北京人的日常口语中也只是一种可能性而非必然性(胡明扬,1981),绝不是一条违反不得的"铁律"(王晖,2012),实在没有必要用"啊"音变的现有规范作为普通话推广、考核的标准。另据白朝霞(1996)、肖永华(1999)、张桂权(2002)和王辅政(2015)等学者对社会用字的广泛调查发现,"啊"音变及其用字失范现象普遍存在,不仅文学作品、报纸杂志上比比皆是,而且在规范化程度要求很高的中小学语文课本中也屡见不鲜。① 中小学语文教材尚且如此,其他场合和其他行业的混乱状况就可想而知了,即便对外汉语教材也同样存在此类问题(李顺群,1999)。因此,如果要求上述领域一律严格执行该规范,不仅会影响诵读,会增加额外的学习负担,还会令教师和学生均感无所适从,外国人和少数民族汉语学习者一定倍感困难。因此,实在没有必要依据北京话中可能而非必然发生的"啊"音变现象而硬性规定全国各地、各行各业乃至外国人学习汉语都非得如此不可。因此我们倾向于接受赵元任(1926)、胡明扬(1981)和徐晶凝(2018)的意见,建议将普通话日常会话里"啊"音变的规律及其用字规范简化如下两条:一是"啊"在前字韵尾-n后读/写为"哪"或"呀";二是其余韵尾后读/写为"啊"或"呀"。换言之,教学中只需说明"啊"有"哪""呀"两个变体即可。

另一方面,在语言艺术尤其是京剧艺术及其教育领域,为遵守艺术规律起见,应该继续沿用现有规范,以保证艺术创造、继承和发扬不同流派风格的需要。当然,对京剧念白的现有"啊"音变规范应该继承还是改革,业内也有不同意见(丁方豪,1964;舒桐,2010),语言学家最好不要跨界干预。

参考文献

白朝霞(1996)现代汉语语气词"啊"的规范问题,《德州师专学报》第3期。
北京大学中文系1955、1957级语言班编(1982)《现代汉语虚词释例》,商务印书馆。
曹剑芬(1995)汉语普通话语句时长分布的基本格局,《中国语言学报》第7期。
丁方豪(1964)试谈京剧现代剧中韵白改革问题,《上海戏剧》第5期。
丁声树等(1961)《现代汉语语法讲话》,商务印书馆。
方 梅(1994)北京话句中语气词的功能研究,《中国语文》第2期。
郭小武(2000)"了、呢、的"变韵说——兼论语气助词、叹词、象声词的强弱两套发音类型,《中国语文》第4期。
胡明亮(2014)有合有分的"啊"和"呀",《现代语文》(语言研究版)第7期。
胡明扬(1981)北京话的语气助词和叹词(下),《中国语文》第6期。
金有景(1981)《普通话语音常识》,北京出版社。

---

① 张桂权(2002)发现,"啊"音变用字的失范率在小学语文教材里高达34%,在初中语文教材里更是高达46.9%。而且,其中没有一篇作品或一位作者能完全规范地使用"啊、呀、哇、哪"等4个音变用字。

黎锦熙(1924/1953)《新著国语文法》,商务印书馆。
李顺群(1999)对外汉语口语教学中的语气助词,《北京第二外国语学院学报》第 6 期。
李小凡(1998)《苏州方言语法研究》,北京大学出版社。
林　焘(1963)北京话的连读音变,《北京大学学报》(人文科学)第 6 期。
刘凤至(2018)普通话语音一般规律在语境中的应用,《内蒙古艺术学院学报》第 4 期。
刘月华等(2001)《实用现代汉语语法》(增订本),商务印书馆。
吕叔湘(1944)《中国文法要略》,商务印书馆。
吕叔湘主编(1980)《现代汉语八百词》,商务印书馆。
齐沪扬主编(2011)《现代汉语语气成分用法词典》,商务印书馆。
史震己(2019)有关京剧字韵的两个问题,《文艺报》,3 月 4 日。
舒　桐(2010)浅谈京剧净行的念白特色及教学,《戏曲艺术》第 3 期。
孙锡信(1999)《近代汉语语气词:汉语语气词的历史考察》,语文出版社。
王辅政(2015)普通话"啊"音变存疑,《才智》第 7 期。
王洪君(1999)《汉语非线性音系学:汉语的音系格局与单字音》,北京大学出版社。
王　晖(2012)必然性与或然性——论"啊"音变的教学与测试,《长江学术》第 2 期。
王　珏(2011)单音节语气词系统的语音格局历时变迁初探,载李葆嘉、贺胜主编《语言科技人才培养论坛文集》,南京师范大学出版社。
王　珏(2020a)由功能模式出发研究语气词口气及其系统,《中国语文》第 5 期。
王　珏(2020b)普通话语气词的本质与聚合系统,《华东师范大学学报》(哲学社会科学版)第 6 期。
王自强(1998)《现代汉语虚词词典》,上海辞书出版社。
肖永华(1999)初中语文教材语气助词"啊"的音变及写法亟待规范,《郴州师范高等专科学校学报》第 2 期。
徐晶凝(2018)普通话口语中"啊、呀、哪、哇"的分布,《语言文字应用》第 2 期。
俞　敏(1984)北京音系的成长和它受的周围影响,《方言》第 4 期。
张桂权(2002)语气词"啊"的音变及其用字规范问题,《桂林师范高等专科学校学报》(综合版)第 1 期。
赵元任(1926)北京、苏州、常州语助词的研究,《清华学报》(自然科学版)第 2 期。
赵元任(1979)《汉语口语语法》,商务印书馆。
中国社会科学院语言研究所词典编辑室编(2016)《现代汉语词典》(第 7 版),商务印书馆。
周一民(2002)《现代北京话研究》,北京师范大学出版社。
朱德熙(1982)《语法讲义》,商务印书馆。
上神忠彦(1968)文末語氣助詞類内連用のきまりについて,《中国語学》第 179 号。

(200234　上海,上海师范大学对外汉语学院)

《对外汉语研究》征稿启事

《对外汉语研究》由上海师范大学对外汉语学院主办，由商务印书馆出版，向国内外发行。本刊以"促进国内外对外汉语教学与研究，及时反映汉语教学与研究领域的最新成果和学术动态，全面提升对外汉语教学界的教学和科研队伍，为学术讨论、研究和理论创新提供平台"为宗旨。竭诚欢迎世界各地从事汉语研究和教学的学者、专家、教师、研究生围绕以上栏目及相关内容给《对外汉语研究》赐稿！

栏目设置：

作为第二语言的汉语本体研究；语言测试研究；语言学习理论；汉语作为第二语言的习得与认知；中外汉语教学的历史与现状；语言文化教学；对外汉语学科教学论；教材建设；对外汉语教育技术；学术评论和学术动态等。本刊特别欢迎论证充分、材料翔实，联系实际的新观点、新成果。

来稿注意事项：

1. 字数：论文以 8 000 字左右为宜，重要文章可做适当调整。
2. 题目、摘要和关键词：摘要一般不超过 200 字，关键词一般不超过 5 个。
3. 例句：

例句全部用小五号宋体，用(1)(2)(3)……统一编号，按顺序排列，并在例句后面用小括号注明出处。

4. 注文：注文一律采用脚注，用①②③……编号。
5. 参考文献：

例如：马箭飞(2001)以"交际任务"为基础的汉语短期强化教学教材设计，《对外汉语教学与教材研究论文集》，华语教学出版社。

沈家煊(1994)"语法化"研究综观，《外语教学与研究》第 4 期。

朱德熙(1982)《语法讲义》，商务印书馆。

Wilkins, D. A. (1976) *National Syllabuses*, Oxford University Press.

6. 投稿要求：来稿请以 WORD.DOC 格式用 E-mail 通过附件的方式发送至本刊编辑部。详细的格式、体例请参看本刊近期文献。

7. 来稿时写明:作者姓名,工作单位,通信地址(含邮政编码),联系电话,E-mail 地址和主要研究方向等内容。

8. 来稿审读时间一般为 6 个月,6 个月内未接到用稿通知,可自行处理。

《对外汉语研究》编辑部
邮政编码:200234
地址:上海市桂林路 100 号上海师范大学对外汉语学院
电话:021-64328691;电子信箱:dwhyyj@shnu.edu.cn
联系人:杜轶

图书在版编目(CIP)数据

对外汉语研究.第25期/上海师范大学《对外汉语研究》编委会编.—北京:商务印书馆,2022
ISBN 978-7-100-20983-0

Ⅰ.①对… Ⅱ.①上… Ⅲ.①汉语—对外汉语教学—教学研究—文集 Ⅳ.①H195.3-53

中国版本图书馆 CIP 数据核字(2022)第 055689 号

权利保留,侵权必究。

DUÌWÀI HÀNYǓ YÁNJIŪ

对 外 汉 语 研 究

第 二 十 五 期

上海师范大学《对外汉语研究》编委会 编

商 务 印 书 馆 出 版
(北京王府井大街36号 邮政编码100710)
商 务 印 书 馆 发 行
北京虎彩文化传播有限公司印刷
ISBN 978-7-100-20983-0

2022年5月第1版　　开本787×1092　1/16
2022年5月北京第1次印刷　印张13¼

定价:69.00元